U0643004

2024年版

电力物资供应商信息分类及编码

第七册 电网电源工程服务及相关设备

国家电网有限公司 组编

中国电力出版社
CHINA ELECTRIC POWER PRESS

图书在版编目（CIP）数据

电力物资供应商信息分类及编码. 第七册, 电网电源
工程服务及相关设备 / 国家电网有限公司组编. -- 北京 ：
中国电力出版社, 2024. 11. -- ISBN 978-7-5198-9352-1

Ⅰ. F426.61

中国国家版本馆 CIP 数据核字第 20242HY304 号

出版发行：中国电力出版社
地　　址：北京市东城区北京站西街 19 号（邮政编码 100005）
网　　址：http://www.cepp.sgcc.com.cn
责任编辑：王蔓莉
责任校对：黄　蓓　郝军燕
装帧设计：张俊霞
责任印制：石　雷

印　　刷：三河市航远印刷有限公司
版　　次：2024 年 11 月第一版
印　　次：2024 年 11 月北京第一次印刷
开　　本：787 毫米×1092 毫米　16 开本
印　　张：21.5
字　　数：481 千字
印　　数：0001—2500 册
定　　价：120.00 元

编　委　会

编 写 人 员

储海东　陈金猛　李　凌　张婧卿　倪长爽　李　萍
王　兵　崔　强　汪　贝　张　颖　许志斌　杨　涛
宫杨非　陈　鹏　章言鼎　陈清兵　廖　红　储昭睿
程海飞　江　沛　张藏龙　汪　海　张晨晨　汪江节
吴春生　何梦媛　刘宇峰　郭　宇　郭慧卿　周　京
李梦渔　李素璇　刘恩静　谢先明　夏宁泽　汤颖丽
陈雅婷　吴　云　谭　豪　刘　敏　江　洪　郭大海
周　扬　李云龙　马玲玲　孟祥辉

前　言

在数字经济时代，数据是形成新质生产力的关键生产要素，加强数据治理、激活数据的要素潜能是企业抢抓数字经济发展机遇、培育新质生产力的务实举措。电力物资供应商信息分类及编码是国家电网有限公司在供应商管理领域开展的一项重要的数据治理工作，旨在提升供应商数据质量、促进供应商数据共享共用和挖掘增值，从而提高供应商信息数据管理和供应商关系管理水平，助力公司绿色现代数智供应链建设。

电力物资供应商信息分类及编码研究工作自启动以来，取得了丰富成果。2021年，出版首套《电力物资供应商信息分类及编码》丛书，包括《通用线圈类设备》《开关类设备》《线缆类物资》《装置性材料》《二次设备与营销》5个分册。丛书明确了供应商信息分类和数字化编码的基本规则，形成了电力物资供应商基础信息和通用信息规范，以及38类电力物资供应商专用信息分类规范。

为建立起公司统一描述的供应商信息数据规范体系，进一步扩展电力物资供应商信息分类及编码覆盖范围，2024年，国网物资部借鉴前期丛书工作思路，新编电缆故障检测仪等49类电力物资供应商专用信息分类规范，并按照物资类别进行分类，出版《仪器仪表》《电网电源工程服务及相关设备》《通信与测控设备》《电力辅助设备设施》4个分册。各分册内容主要包含：信息分类及编码规则，明确了供应商信息的分类分级和数字化编码的基本规则；基础信息和通用信息规范，提炼各物资类别中基础和通用的信息项目；专用信息规范，根据各物资类别的特有信息，明确专用信息分类。由于时间原因，编码部分尚未完成，后续将再行出版。

丛书编写过程中，得到了国家电网有限公司各单位、相关专家的大力支持与配合，在此表示衷心的感谢！

由于电力物资供应商信息数据海量且类型多样，丛书涉及内容非常复杂，不足之处在所难免，希望国家电网有限公司系统内外单位及供应商在应用过程中多提宝贵意见。

编　者
2024 年 11 月

总　目　录

前言

信息分类及编码规则 ……………………………………………………………… 1

基础信息 …………………………………………………………………………… 6

通用信息 …………………………………………………………………………… 14

35kV 及以上电网工程监理供应商专用信息 …………………………………… 50

35kV 及以上电网工程设计供应商专用信息 …………………………………… 62

35kV 及以上电网工程施工供应商专用信息 …………………………………… 74

水电工程监理供应商专用信息 ………………………………………………… 89

水电工程勘察设计供应商专用信息 …………………………………………… 105

水电工程施工（工程安全监测）供应商专用信息 …………………………… 118

水电工程施工（金属、土建试验检测）供应商专用信息 …………………… 132

水电工程施工（主体、洞路、机电安装）供应商专用信息 ………………… 141

水电站工程安全监测设备供应商专用信息 …………………………………… 170

水电站机组状态监测系统与计算机监控系统供应商专用信息 ……………… 182

水电站静止变频启动装置供应商专用信息 …………………………………… 194

水电站离相封闭母线供应商专用信息 ………………………………………… 206

水电站主机设备、闸门及金属结构设备供应商专用信息 …………………… 219

调相机供应商专用信息 ………………………………………………………… 231

换流阀供应商专用信息 ………………………………………………………… 243

电源系统供应商专用信息 ……………………………………………………… 271

信息分类及编码规则

目　　次

1　范围 ·· 3

2　规范性引用文件 ·· 3

3　信息分类说明 ··· 3

4　信息编码规则 ··· 3

信息分类及编码规则

1 范围

本部分规定了电力物资供应商信息分类及编码的规则。

本部分适用于国家电网有限公司供应商资质能力信息核实工作，以及涉及供应商数据的相关应用。

2 规范性引用文件

下列文件对于本文件的应用是必不可少的。凡是注日期的引用文件，仅注日期的版本适用于本文件。凡是不注日期的引用文件，其最新版本（包括所有的修改单）适用于本文件。

GB/T 1.1—2020　标准化工作导则　第 1 部分：标准文件的结构和起草规则

GB/T 20001.3—2015　标准编写规则　第 3 部分：分类标准

GB/T 36625.2—2018　智慧城市　数据融合　第 2 部分：数据编码规范

3 信息分类说明

电力物资供应商信息分类按照隶属关系自上而下共 4 级，依次是模块、表、字段、字段值。模块层级的数据维度包括 10 类，分别是企业信息、财务信息、报告证书、研发设计、生产制造、试验检测、原材料/组部件、售后服务、产品产能。各项模块层级包括若干个表。每个表下包含一系列性质相近或相关的供应商信息数据字段。字段下设字段值，以满足字段存在的多种可选属性。

4 信息编码规则

4.1 信息编码的构成

电力物资供应商信息编码由前缀标识代码、模块代码、表代码、字段代码、字段值代码五部分组成。物资类别标识码后加"."进行分隔。

4.2 信息编码的表示形式

电力物资供应商信息编码的表示形式如图 1 所示。

4.3 信息编码的规范

4.3.1 前缀标识代码

4.3.1.1 前缀标识代码的用途

前缀标识代码用于唯一标识供应商信息所对应的物资类别。供应商信息物资类别包括基础信息、通用信息和具体物资（如变压器）专用信息三个大的门类。基础信息和通用信息适用于全部物资，专用信息仅适用于特定物资。

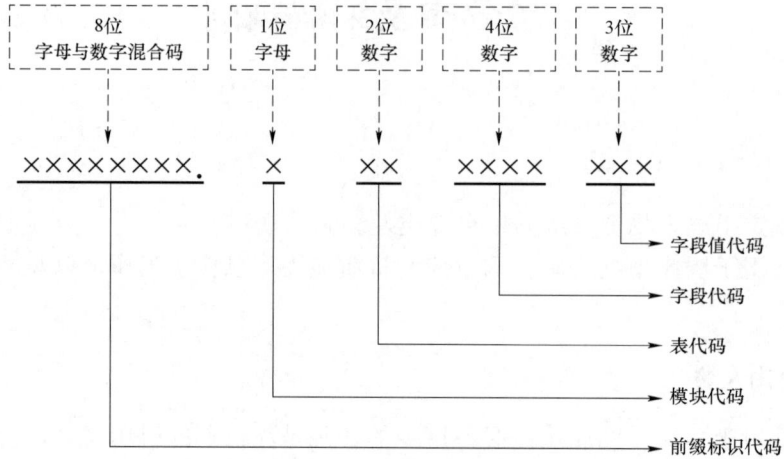

图 1　电力物资供应商信息编码表示形式

4.3.1.2　前缀标识代码的规范

前缀标识代码由 8 位字母和数字混合组成。

基础信息门类下不设具体的小类。基础信息的前缀标识代码为"G0000001"。

通用信息门类下不设具体的小类。通用信息的前缀标识代码为"G0000002"。

专用信息门类下设若干个小类，分别对应物料主数据中各个特定的物资名称。例如，交流变压器供应商专用信息下，"G1001001"表示 6kV 交流变压器。各部分专用信息规范中，应标注该专用信息规范适用的物料主数据中的物资名称。

4.3.2　模块代码

模块指供应商信息划分的维度，包括企业信息、财务信息、报告证书、研发设计、生产制造、试验检测、原材料/组部件、售后服务、产品产能共 10 个模块。

4.3.2.1　模块代码的用途

模块代码是供应商信息特定模块维度的唯一标识码，由 1 位英文字母表示。

4.3.2.2　模块代码的规范

模块代码及其对应的供应商信息模块维度如表 1 所示。

表 1　供应商信息模块维度及其代码

供应商信息模块维度	模块代码
企业信息	A
财务状况	B
报告证书	C
研发设计	D

表1（续）

供应商信息模块维度	模块代码
生产制造	E
试验检测	F
原材料/组部件	G
售后服务	H
产品产能	I

4.3.3 表代码

表是指供应商信息各个模块纬度下性质相近的信息项目的组合。不允许存在"其他"表。

4.3.3.1 表代码的用途

表代码用于标识特定模块纬度下某个表纬度的代码，隶属于模块。

4.3.3.2 表代码的规范

表代码由 2 位数字组成，根据各模块纬度下表的顺序，从"01"起，依次编码。若某个表同时出现在不同物资专用信息的相同模块下，则优先对此表进行编码。

4.3.4 字段代码

字段是指供应商具体的某项信息，隶属于表。不允许存在"其他"字段。

4.3.4.1 字段代码的用途

字段代码是用于标识供应商具体某项信息字段的代码。

4.3.4.2 字段代码的规范

字段代码由 4 位数字组成。

电力物资供应商基础信息中的字段，按照各表下字段的顺序，从"0001"起，依次编码。

通用信息中的字段，按照各表下字段的顺序，从"0101"起，依次编码。

各具体物资专用信息中的字段，按照各表下字段的顺序，从"1001"起，依次编码。若某个字段同时出现在不同物资专用信息的相同表下，则优先对此字段进行编码。

4.3.5 字段值代码

字段值指字段下多项可选属性的选项，如字段"电压等级"下，包含了 6kV、10kV、35kV、110kV 等多个字段值。

4.3.5.1 字段值代码的用途

字段值代码是用于标识供应商具体某项信息字段下可选属性的代码。

若字段下还存在未全部列出的其他可选属性，则用"其他"来表示。例如，字段"电压等级"下，用"其他"表示该字段下未列出的其余电压等级。

4.3.5.2 字段值代码的规范

字段值代码由 3 位数字组成，从"001"起，依次编码。对于其他的字段值，用"999"表示。

基 础 信 息

目　　次

1　范围 ·· 8
2　规范性引用文件 ··· 8
3　术语和定义 ··· 8
4　企业信息 ··· 9
5　财务状况 ··· 9
附录A（规范性）　企业信息 ··························· 10
附录B（规范性）　财务状况 ··························· 13

基　础　信　息

1　范围

本部分规定了电力物资供应商的企业信息、财务状况等基础信息。

本部分适用于国家电网有限公司供应商资质能力信息核实工作，以及涉及供应商数据的相关应用。

2　规范性引用文件

下列文件对于本文件的应用是必不可少的。凡是注日期的引用文件，仅注日期的版本适用于本文件。凡是不注日期的引用文件，其最新版本（包括所有的修改单）适用于本文件。

GB 11714—1997　全国组织机构代码编制规则

GB/T 2659—2000　世界各国和地区名称代码

GB/T 16987—2002　组织机构代码信息数据库（基本库）数据格式

GB/T 19488.2—2008　电子政务数据元　第2部分：公共数据元目录

GB/T 22117—2018　信用　基本术语

GB/T 31286—2014　全国组织机构代码与名称

GB/T 32873—2016　电子商务主体基本信息规范

GB/T 33718—2017　企业合同信用指标指南

GB/T 36104—2018　法人和其他组织统一社会信用代码基础数据元

GB/T 50280—1998　城市规划基本术语标准

JB/T 12516—2015　现代制造服务业　装备制造业　术语

3　术语和定义

下列术语和定义适用于本文件。

3.1

企业信息　corporate information

工商行政管理部门登记的企业从事生产经营活动过程中形成的信息，以及政府部门在履行职责过程中产生的能够反映企业状况的信息。

3.2

财务状况　financial status

企业在某一时刻经营资金的来源和分布状况。

4　企业信息

企业信息主要包括基本信息、法定代表人/负责人、企业联系人等信息，企业信息见附录 A 表 A.1。

4.1　基本信息

反映企业登记注册情况的基础信息。

企业信息中的基本信息包括全国组织机构代码、通信地址、邮政编码、国家代码、城市、地区、税号、经营范围、企业简称、公司英文名称、公司介绍、公司成立时间、厂家类别、工商登记号、主管单位、主管单位编码、注册发证单位、注册审核单位、统一信用代码、产权单位。

4.2　法定代表人/负责人

企业信息中法定代表人指的是依照法律或者法人组织章程规定，代表法人行使职权的负责人，是法人的法定代表人。负责人指的是个人独资企业、合伙企业、企业分支机构（分公司、办事处、代表处）等非法人企业的负责人。

企业信息中的法定代表人/负责人信息包括企业法人。

4.3　企业联系人

企业的日常联络人员。

企业信息中的企业联系人信息包括身份证号码、电子邮箱、固定电话、传真。

5　财务状况

财务状况主要包括财务信息等信息，财务状况信息见附录 B 表 B.1。

5.1　财务信息

在财务管理中需要的有关资金及其运动的各项信息。

财务状况中的财务信息包括注册资金、注册币种、银行账号、开户银行。

附 录 A
（规范性）
企 业 信 息

企业信息见表 A.1。

表 A.1 企业信息

项目编码					项目名称	说明
基础信息标识代码	模块代码	表代码	字段代码	字段值代码		
G0000001.	A				**企业信息**	企业信息是指工商行政管理部门登记的企业从事生产经营活动过程中形成的信息，以及政府部门在履行职责过程中产生的能够反映企业状况的信息。
		01			**基本信息**	反映企业登记注册情况的基础信息。
			0001		全国组织机构代码	由组织机构代码管理部门赋予组织机构的标识。
			0002		通信地址	机构的有效邮政通信地址，包括省（自治区、直辖市、特别行政区）、市（地区、自治州、盟）、县（自治县、市、市辖区、旗、自治旗）乡（镇）、村、街名称和门牌号。
			0003		邮政编码	与通信地址对应的邮政编码。
			0004		国家代码	按照 GB/T 2659 规定的世界各国和地区名称代码，确定本国对应的代码元素。
			0005		城市	以非农业产业和非农业人口集聚为主要特征的居民点。在中国，包括按国家行政建制设立的市、镇。
			0006		地区	作为行政区的地区，包括地级和乡级两种类别。
			0007		税号	即纳税人识别号，是税务部门为纳税人分配的唯一税务登记编号。
			0008		经营范围	由法律、法规规定的组织机构登记机关或批准机关核发的有效证照或批文上的经营范围、宗旨和业务范围或主要职能范围，又称业务范围。
			0009		企业简称	企业较复杂的名称的简化形式。
			0010		公司英文名称	公司根据文字翻译原则自行翻译使用的公司英文全称。
			0011		公司介绍	介绍公司基本情况。

表 **A**.1（续）

项目编码					项目名称	说明
基础信息标识代码	模块代码	表代码	字段代码	字段值代码		
			0012		公司成立时间	由法律、法规规定的组织机构登记机关或批准机关核发的有效证照或批文上的成立日期或批准成立日期，又称注册日期、批准日期。采用 YYYYMMDD 的日期形式。
			0013		厂家类别	企业是自身制造或者属于销售代理。
				001	制造商	对采掘的自然资源或农业生产的原材料进行加工和再加工，为其他经济部门提供生产资料、为社会提供日常消费品的生产制造部门。
				002	贸易商	受制造商委托，负责销售制造商某些特定产品或全部产品的代理商。
				003	设计	
				004	施工	
				005	监理	
				999	其他	其他企业类别。
			0014		工商登记号	企业在国家行政主管部门申请登记注册时，行政主管部门为其分配的统一标识代码。
			0015		主管单位	上级行政主管部门（或业务归口管理、业务主管部门、举办单位）的名称，又称主管机关、业务主管单位、举办单位。
			0016		主管单位编码	上级行政主管部门（或业务归口管理、业务主管部门、举办单位）的统一社会信用代码。
			0017		注册发证单位	
			0018		注册审核单位	
			0019		统一信用代码	每一个法人和其他组织在全国范围内唯一的、终身不变的法定身份识别码。
			0020		产权单位	单位（或机构）产权所有人。
		02			**法定代表人/负责人**	法定代表人：依照法律或者法人组织章程规定，代表法人行使职权的负责人，是法人的法定代表人。负责人：个人独资企业、合伙企业、企业分支机构（分公司、办事处、代表处）等非法人企业的负责人，又称经营者、执行事务合伙人。

表 A.1（续）

项目编码					项目名称	说明
基础信息标识代码	模块代码	表代码	字段代码	字段值代码		
				0001	企业法人	依法代表法人行使民事权利，履行民事义务的主要负责人。
		03			企业联系人	
				0001	身份证号码	企业联系人身份证件上记载的、可唯一标识个人身份的号码。
				0002	电子邮箱	企业联系人的电子邮件的收发地址。
				0003	固定电话	企业联系人的联系电话号码；完整的电话号码包括国际区号、国内长途区号、本地电话号和分机号，之间用"–"分割。
				0004	传真	企业联系人的传真号码；完整的传真号码包括国际区号、国内长途区号、本地电话号和分机号，之间用"–"分割

附　录　B
（规范性）
财　务　状　况

财务状况见表 B.1。

表 B.1　财务状况

项目编码					项目名称	说明
基础信息标识代码	模块代码	表代码	字段代码	字段值代码		
G0000001.	**B**				**财务状况**	企业在某一时刻经营资金的来源和分布状况。
		01			**财务信息**	在财务管理中需要的有关资金及其运动的各项信息。
			0001		注册资金	由法律、法规规定的组织机构登记机关或批准机关核发的有效证照或批文上的成立日期或批准成立日期，又称注册日期、批准日期。采用 YYYYMMDD 的日期形式。
			0002		注册币种	根据有效证照或批文上的注册资本、开办资金或注册资金，按照 GB/T 12406 规定的货币种类，用于衡量货币的种类。
			0003		银行账号	银行卡卡号或存折账号，包括银行借记卡和信用卡。每张卡上都有相应的卡号，此号即为银行账号。
			0004		开户银行	在票据清算过程中付款人或收款人开有户头的银行

通 用 信 息

目　　次

1　范围 ……………………………………………………………………… 16
2　规范性引用文件 ………………………………………………………… 16
3　术语和定义 ……………………………………………………………… 17
4　企业信息 ………………………………………………………………… 18
5　财务状况 ………………………………………………………………… 18
6　报告证书 ………………………………………………………………… 19
7　研发设计 ………………………………………………………………… 19
8　生产制造 ………………………………………………………………… 20
9　试验检测 ………………………………………………………………… 21
10　原材料/组部件 ………………………………………………………… 21
11　售后服务 ………………………………………………………………… 21
12　产品产能 ………………………………………………………………… 22
附录A（规范性）　企业信息 ……………………………………………… 23
附录B（规范性）　财务状况 ……………………………………………… 27
附录C（规范性）　报告证书 ……………………………………………… 31
附录D（规范性）　研发设计 ……………………………………………… 32
附录E（规范性）　生产制造 ……………………………………………… 39
附录F（规范性）　试验检测 ……………………………………………… 41
附录G（规范性）　原材料/组部件 ……………………………………… 43
附录H（规范性）　售后服务 ……………………………………………… 46
附录I（规范性）　产品产能 ……………………………………………… 48

通 用 信 息

1 范围

本部分规定了电力物资供应商的通用信息。

本部分适用于国家电网有限公司供应商资质能力信息核实工作，以及涉及供应商数据的相关应用。

2 规范性引用文件

下列文件对于本文件的应用是必不可少的。凡是注日期的引用文件，仅注日期的版本适用于本文件。凡是不注日期的引用文件，其最新版本（包括所有的修改单）适用于本文件。

GB 11714—1997 全国组织机构代码编制规则

GB 32100—2015 法人和其他组织统一社会信用代码编码规则

GB/T 2260—2007 中华人民共和国行政区划代码

GB/T 2900.90—2012 电工术语 电工电子测量和仪器仪表 第 4 部分：各类仪表

GB/T 4658—2006 学历代码

GB/T 4754—2016 国民经济行业分类

GB/T 12402—2000 经济类型分类与代码

GB/T 12406—2008 表示货币和资金的代码

GB/T 12407—2008 职务级别代码

GB/T 15416—2014 科技报告编号规则

GB/T 16987—2002 组织机构代码信息数据库（基本库）数据格式

GB/T 17242—1998 投诉处理指南

GB/T 18760—2002 消费品售后服务方法与要求

GB/T 19488.2—2008 电子政务数据元 第 2 部分：公共数据元目录

GB/T 22116—2008 企业信用等级表示方法

GB/T 22117—2018 信用 基本术语

GB/T 22119—2017 信用服务机构 诚信评价业务规范

GB/T 27000—2006 合格评定 词汇和通用原则

GB/T 28001—2011 职业健康安全管理体系 要求

GB/T 31286—2014 全国组织机构代码与名称

GB/T 33718—2017 企业合同信用指标指南

GB/T 34432—2017　售后服务基本术语
GB/T 36104—2018　法人和其他组织统一社会信用代码基础数据元
GB/T 36312—2018　电子商务第三方平台企业信用评价规范
JB/T 12516—2015　现代制造服务业　装备制造业　术语
DL/T 396—2010　电压等级代码
中华人民共和国国务院令第 654 号　企业信息公示暂行条例
中华人民共和国主席令第 15 号　中华人民共和国公司法
中华人民共和国主席令第 18 号　中华人民共和国民法通则
中华人民共和国主席令第 8 号　中华人民共和国专利法
中华人民共和国主席令第 78 号　中华人民共和国标准化法
中华人民共和国国务院令第 666 号　中华人民共和国认证认可条例
发改经体〔2015〕2752 号《国家发展改革委　国家能源局关于印发电力体制改革配套文件的通知》附件 5　关于推进售电侧改革的实施意见

3　术语和定义

下列术语和定义适用于本文件。

3.1

企业信息　**corporate information**

工商行政管理部门登记的企业从事生产经营活动过程中形成的信息，以及政府部门在履行职责过程中产生的能够反映企业状况的信息。

3.2

财务状况　**financial status**

企业在某一时刻经营资金的来源和分布状况。

3.3

报告证书　**report certificate**

具有相应资质、权力的机构或机关等发的证明资格或权力的文件。

3.4

研发设计　**research and development design**

将需求转换为产品、过程或体系规定的特性或规范的一组过程。

3.5

生产制造　**production-manufacturing**

生产企业整合相关的生产资源，按预定目标进行系统性的从前端概念设计到产品实现的物化过程。

3.6

试验检测　**test verification**

用规范的方法检验测试某种物体指定的技术性能指标。

3.7

原材料/组部件　raw material and components

指对于生产某种产品所需的基本原料或组成部件。

3.8

售后服务　after-sale service

设计生产等过程的延续。产品出售后，生产者或销售者对消费者，承担合同约定的有关内容和履行有关法律责任的活动。

3.9

产品产能　product capacity

在计划期内，企业参与生产的全部固定资产，在既定的组织技术条件下，所能生产的产品数量。

4　企业信息

企业信息主要包括基本信息、法定代表人/负责人、公司结构、企业联系人等信息，企业信息见附录 A 表 A.1。

4.1　基本信息

反映企业登记注册情况的基础信息。

企业信息中的基本信息包括公司名称、税务登记证号、统一社会信用代码、营业执照号、注册所在地、公司主页、执照扫描件、行业分类、企业性质、单位类型、企业简介、是否上市公司、营业执照/许可证书签发日期、营业执照有效期至、批准文号、登记机关。

4.2　法定代表人/负责人

企业信息中法定代表人指的是依照法律或者法人组织章程规定，代表法人行使职权的负责人，是法人的法定代表人。负责人指的是个人独资企业、合伙企业、企业分支机构（分公司、办事处、代表处）等非法人企业的负责人。

企业信息中的法定代表人/负责人信息包括姓名、证件类型和证件号码。

4.3　公司结构

为了实现组织的目标，在组织理论指导下，经过组织设计形成的组织内部各个部门、各个层次之间固定的排列方式，即组织内部的构成方式。还包括组织之间的相互关系类型，如专业化协作、经济联合体、企业集团等。

企业信息中的公司结构信息包括公司组织结构图、母公司全称。

4.4　企业联系人

企业的日常联络人员。

企业信息中的企业联系人信息包括姓名、职务、业务范围、手机号码。

5　财务状况

财务状况主要包括财务信息、资信等级证明、审计报告/财务报告、股权结构一览表等信息，财务状况信息见附录 B 表 B.1。

5.1　财务信息

在财务管理中需要的有关资金及其运动的各项信息。

财务状况中的财务信息包括实收资本、基本开户银行、基本户银行账户。

5.2　资信等级证明

征信机构对企（事）业单位进行的合法征信业务活动。

财务状况中的资信等级证明信息包括银行资信等级、出具银行、出具日期、有效期至、银行资信等级证明扫描件、企业信用等级、出具机构、出具日期、有效期至、企业信用等级证明扫描件。

5.3　审计报告/财务报告

审计报告指的是注册会计师根据中国注册会计师审计准则的规定，在实施审计工作的基础上对被审计单位财务报告发表审计意见的书面文件。财务报告指的是企业向财务会计报告使用者提供与企业财务状况、经营成果和现金流量等有关会计信息，反映企业管理层受托责任履行情况的书面报告。

财务状况中的审计报告/财务报告信息包括审计年度、审计报告类型、审计报告意见、资产总额、负债总额、资产负债率、流动资产、流动负债、流动比率、主营业务收入净额、实收资本、净利润、净资产、经营活动现金流量净额、经营活动现金流入小计、审计报告/财务报告扫描件。

5.4　股权结构一览表

股份公司总股本中，不同性质的股份所占的比例及其相互关系。

财务状况中的股权结构一览表模型包括股东名称、出资比例、股权结构证明文件扫描件。

6　报告证书

报告证书包括管理体系认证一览表等信息，报告证书信息见附录 C 表 C.1。

6.1　管理体系认证一览表

与管理体系有关的第三方证明。

报告证书中的管理体系认证一览表模型主要包括证书编号、证书名称、认证范围、认证日期、有效期至、认证机构、证书扫描件。

7　研发设计

研发设计主要包括设计软件一览表、设计图纸表、主要设计研发人员一览表、技术来源与支持、研发设计内容（选填）、产品专利一览表、软件著作权一览表、参与制定的标准一览表、产品获奖情况、高新（创新）企业证书等信息，研发设计信息见附录 D 表 D.1。

7.1　设计软件一览表

设计软件一览表模型包括设计软件类别、设计软件名称、设计软件开发商、设计软件来源、升级方式。

7.2 设计图纸表

设计图纸表包括图纸类型、设计图纸名称、设计图纸用途、设计图纸来源、升级方式。

7.3 主要设计研发人员一览表

主要设计研发人员一览表模型包括姓名、岗位名称、学历、职称、职称证书编号、职称证书出具机构。

7.4 技术来源与支持

技术来源与支持包括是否为国家认定的企业技术中心、是否自主研发、技术来源、技术支持、技术改造、技术先进性。

7.5 研发设计内容

研发设计内容包括新产品研发情况、新材料研发情况、关键工艺技术、质量可靠方面的研究情况、新型设计软件开发情况。

7.6 产品专利一览表

一般指产品、科技的研究和开发。

产品专利一览表模型包括专利类型、专利名称、专利号、专利权人、专利申请日、证书出具机构、授权公告日、专利扫描件。

7.7 软件著作权一览表

软件著作权一览表模型包括软件著作权名称、著作权人、证书号、首次发表日期、出具机构、证书扫描件。

7.8 参与制定的标准一览表

参与制定的标准一览表模型包括标准类型、标准编号、标准名称、参与程度、参与制定标准的人员姓名、标准扫描件。

7.9 产品获奖情况

产品获奖情况包括获奖等级、完成形式、主要完成/参与人员、奖励名称、获奖项目名称、获奖日期、颁发机构。

7.10 高新（创新）企业证书

高新（创新）技术企业一般指在国家颁布的《国家重点支持的高新技术领域》范围内，持续进行研究开发与技术成果转化，形成企业核心自主知识产权，并以此为基础开展经营活动的居民企业，是知识密集、技术密集的经济实体。

研发设计中的高新（创新）企业证书包括证书编号、发证单位、发证单位归属地、有效期至、证书扫描件。

8 生产制造

生产制造主要包括人员情况一览表、关键岗位持证人员一览表等信息，生产制造信息见附录 E 表 E.1。

8.1 人员情况一览表

公司内部的与人员相关的情况。

生产制造中的人员情况一览表模型包括从业人数、员工人数、高级职称人员数量、中级职称人员数量、硕士研究生学历人员数量、博士研究生学历人员数量。

8.2 关键岗位持证人员一览表

生产制造中的关键岗位持证人员一览表模型包括岗位名称、姓名、身份证号码、学历、资质证书名称、资质证书编号、资质证书出具机构、资质证书出具时间、有效期至、资质证书扫描件。

9 试验检测

试验检测主要包括现场抽查报告记录、试验检测管理情况表等信息，试验检测信息见附录 F 表 F.1。

9.1 现场抽查报告记录

试验检测中的现场抽查报告记录包括适用的产品类别、现场抽查报告时间、产品类别、抽查报告类型、抽查报告编号、报告抽查结果。

9.2 试验检测管理情况表

试验检测中的试验检测管理情况表包括产品类别、试验检测管理文件类型、试验检测管理文件名称、是否具有相应记录、整体执行情况、检测文件扫描件。

10 原材料/组部件

原材料/组部件主要包括原材料/组部件管理、委外加工项目一览表、现场原材料抽样测量记录表等信息，原材料/组部件见附录 G 表 G.1。

10.1 原材料/组部件管理

原材料是指企业在生产过程中经加工改变其形态或性质并构成产品主要实体的各种原料及主要材料、辅助材料、燃料、修理备用件、包装材料、外购半成品等。原材料/组部件管理指对于生产某种产品所需的基本原料或组成部件的相应管理。

原材料/组部件管理包括适用的产品类别、原材料/组部件管理文件类型、原材料/组部件管理文件名称、是否具有相应记录、整体执行情况、管理文件扫描件。

10.2 委外加工项目一览表

委外是指将工作委托给其他具有相关资质的单位实施。

原材料/组部件中的委外加工项目一览表模型包括委外加工项目名称、委外加工单位名称、委外合作方式、委外检测方式。

10.3 现场原材料抽样测量记录表

原材料/组部件中的现场原材料抽样测量记录表包括产品类别、原材料/组部件名称、原材料/组部件采购合同、原材料/组部件出厂检测报告、原材料/组部件入厂检测记录、原材料/组部件存放环境。

11 售后服务

售后服务主要包括售后服务情况、售后服务管理文件名称列表、主要售后服务人员一览表等信息，售后服务信息见附录 H 表 H.1。

11.1 售后服务情况

设计生产等过程的延续，产品出售后，生产者或销售者对消费者，承担合同约定的有关内容和履行有关法律责任的活动情况。

售后服务情况主要包括售后网点所在省份、售后服务网点数量、售后服务人数和售后服务响应时限。

11.2 售后服务管理文件名称列表

售后服务管理文件名称列表包括售后服务管理文件名称。

11.3 主要售后服务人员一览表

主要售后服务人员一览表模型主要包括姓名、岗位名称、服务地域范围、学历、从事本行业工作年限、是否具有资质证书、证书出具机构、是否具有培训证明和培训时间。

12 产品产能

产品产能主要包括生产能力表等信息，产品产能信息见附录 I 表 I.1。

12.1 生产能力表

在计划期内，企业参与生产的全部固定资产，在既定的组织技术条件下所能生产的产品数量，或者能够处理的原材料数量。

生产能力表包括产品产能电压等级、设计年生产能力、单一产品年生产能力、年产能单位、产能计算报告。

附 录 A
（规范性）
企 业 信 息

企业信息见表 A.1。

表 A.1　企业信息

通用信息标识代码	模块代码	表代码	字段代码	字段值代码	项目名称	说明
G0000002.	A				企业信息	企业信息是指工商行政管理部门登记的企业从事生产经营活动过程中形成的信息，以及政府部门在履行职责过程中产生的能够反映企业状况的信息。
		01			基本信息	反映企业登记注册情况的基础信息。
			0101		公司名称	一个机构的中文名称，该名称须经登记管理部门所核准应使用机构的全称。
			0102		税务登记证号	在税务机构的登记证号码。
			0103		统一社会信用代码	每一个法人和其他组织在全国范围内唯一的、终身不变的法定身份识别码。
			0104		营业执照号	营业执照标明的企业登记注册号。
			0105		注册所在地	公司营业执照发证机关所属省、市、县（区）。
			0106		注册地址	机构登记管理部门核发的有效证照或批文上登记的住所地址。
			0107		公司主页	公司的互联网地址。
			0108		执照扫描件	用扫描仪将营业执照正本或者副本扫描保存在电脑里面，以电子文件的形式展现出来的营业执照的表现形式。
			0109		行业分类	企业所处的行业类别，按国民经济行业划分。
			0110		企业性质	按不同资本（资金来源和资本组合方式）划分的经济组织和其他组织机构的类别。
				001	政府部门	在我国境内通过政治程序建立的、在一特定区域内对其他机构单位拥有立法、司法和行政权的法律实体及其附属单位。
				002	国资委管理的中央企业	由国务院国资委管理的中央企业，来源于国务院国有资产监督管理委员会官网一央企名录。

表 A.1（续）

项目编码					项目名称	说明
通用信息标识代码	模块代码	表代码	字段代码	字段值代码		
				003	财政部、中央汇金公司管理的中央企业	由财政部、中央汇金公司管理的中央企业，属于金融行业。
				004	国务院其他部门或群众团体管理的中央企业	由国务院其他部门或群众团体管理的中央企业，属于烟草、黄金、铁路客货运、港口、机场、广播、电视、文化、出版等行业。
				005	地方国有企业	由地方政府监督管理的国有企业。
				006	民营企业	在中国境内除国有企业、国有资产控股企业、外商投资企业和集体所有制企业以外的所有企业，包括个人独资企业、合伙制企业、有限责任公司和股份有限公司。
				007	外商企业	依照中国法律在中国境内设立的，由中国投资者与外国投资者共同投资，或者由外国投资者单独投资的企业。
				008	集体所有制企业	财产属于劳动群众集体所有，实行共同劳动，在分配方式上以按劳分配为主体的社会主义经济组织。
			0111		单位类型	以企业登记机关、机构编制管理机关和社会团体登记机关核定或确定的类型为准，参照其他法律、法规规定的组织机构等级或批准机关核定或确定的类型。
				001	企业非法人	经工商行政管理机关登记注册，从事营利性生产经营活动，但不具有法人资格的经济组织。
				002	事业法人	依靠国家预算拨款，从事非营利性的社会公益事业活动的各类法人组织。
				003	事业非法人	依靠国家预算拨款，从事非营利性的社会公益事业活动，设有代表人或管理人但未取得法人资格。
				004	社团法人	为实现一定目的，由一定数目社员结合而设立的法人。
				005	社团非法人	为实现一定目的，由一定数目社员结合而设立的非法人。
				006	机关法人	依法行使国家权力，并因行使国家权力的需要而享有相应的民事权利能力和民事行为能力的国家机关。

表 **A**.1（续）

项目编码					项目名称	说明
通用信息标识代码	模块代码	表代码	字段代码	字段值代码		
				007	机关非法人	依法享有国家赋予的权力，但不具有法人资格。
				999	其他	其他单位类型。
			0112		企业简介	企业简明扼要的介绍。
			0113		是否上市公司	上市公司是指所公开发行的股票经过国务院或者国务院授权的证券管理部门批准在证券交易所上市交易的股份有限公司；非上市公司是指其股票没有上市和没有在证券交易所交易的股份有限公司。
			0114		营业执照/许可证书签发日期	营业执照标明的登记日期，又称核准日期、发证日期（如律师事务所许可证书），采用 YYYYMMDD 的日期形式。
			0115		营业执照有效期至	营业执照标识的存续有效期的截止日，又称营业期限、经验期限、合伙期限，采用 YYYYMMDD 的日期形式。
			0116		批准文号	批准机关出具的批准文件号。
			0117		登记机关	指企业核准注册登记机关的名称，机构编制赋码机关的名称，事业单位登记管理机关的名称，社会团体登记机关的名称，其他合法的注册或登记管理机构的名称。应填写全称。又称登记管理机关、开证机关。
		02			法定代表人/负责人	法定代表人：依照法律或者法人组织章程规定，代表法人行使职权的负责人，是法人的法定代表人。负责人：个人独资企业、合伙企业、企业分支机构（分公司、办事处、代表处）等非法人企业的负责人，又称经营者、执行事务合伙人。
			0101		姓名	由法律、法规规定的组织机构登记机关或批准机关核发的有效证照或批文上的法定代表人姓名或负责人姓名。
			0102		证件类型	法定代表人（或负责人）有效身份证件类型名称。
				001	身份证	一般居民证明身份的证件。
				002	护照	华侨、外籍人士证明身份的证件。

表 A.1（续）

项目编码					项目名称	说明
通用信息标识代码	模块代码	表代码	字段代码	字段值代码		
				0103	证件号码	登记管理部门登记的法定代表人或负责人有效身份证件的号码。
		03			**公司结构**	为了实现组织的目标，在组织理论指导下，经过组织设计形成的组织内部各个部门、各个层次之间固定的排列方式，即组织内部的构成方式；还包括组织之间的相互关系类型，如专业化协作、经济联合体、企业集团等。
			0101		公司组织结构图	将企业组织分成若干部分，并且标明各部分之间可能存在的各种关系。
			0102		母公司全称	实际控制公司的母公司名称。
		04			**企业联系人**	企业的日常联络人员。
			0101		姓名	日常联络人员姓名。
			0102		职务	企业联系人担任企业职务的具体名称。
			0103		业务范围	企业联系人在企业具体需要处理的事务。
				001	投标	投标人（卖方）应招标人的邀请，根据招标通告或招标单所规定的条件，在规定的期限内，向招标人递盘的行为。
				002	核实	审核材料是否属实。
				003	合同	根据合同进行项目的监督和言理等活动。
				004	售后	交易完成后进行的相关活动。
			0104		手机号码	企业联系人的移动电话号码

附 录 B
（规范性）
财 务 状 况

财务状况见表 B.1。

表 B.1 财务状况

项目编码					项目名称	说明
通用信息标识代码	模块代码	表代码	字段代码	字段值代码		
G0000002.	B				**财务状况**	企业在某一时刻经营资金的来源和分布状况。
		01			**财务信息**	在财务管理中需要的有关资金及其运动的各项信息。
			0101		实收资本	投资者按照企业章程，或合同、协议的约定，实际投入企业的资本。
			0102		基本户开户银行	企业办理日常转账结算和现金收付的开户银行名称。
			0103		基本户银行账户	企业办理日常转账结算和现金收付的账户在银行的唯一标识号码。
		02			**资信等级证明**	征信机构对企（事）业单位进行的合法征信业务活动。
			0101		银行资信等级	银行对企（事）业单位进行合法征信业务活动后出具的资信等级证书。
			0102		出具银行	出具资信证明函件来证明客户信誉状况的银行名称。
			0103		出具日期	资信等级证书有效期的起始年月日，采用 YYYYMMDD 的日期形式。
			0104		有效期至	资信等级证书有效期的终止年月日，采用 YYYYMMDD 的日期形式。
			0105		银行资信等级证明扫描件	用扫描仪将营业执照正本或者副本扫描保存在电脑里面，以电子文件的形式展现出来的银行资信等级证明的表现形式。
			0106		企业信用等级	用既定的符号标识评级企业未来偿还能力及偿还意愿可能性的级别结果，企业信用等级表示方法：按照信用程度原则上从高到低分为 A、B、C、D 四等，每等可进一步细分为级。
			0107		出具机构	对企业信用等级进行评定的金融机构或其授权机构的中文全称。

0

表 **B**.1（续）

通用信息标识代码	模块代码	表代码	字段代码	字段值代码	项目名称	说明
			0108		出具日期	评级机构信用评级报告出具日期，采用 YYYYMMDD 的日期形式。
			0109		有效期至	主体信用评级等级生效起始日起一年内最后一天的日期；债券信用评级等级终止日期为债券存续期最后一日，采用 YYYYMMDD 的日期形式。
			0110		企业信用等级证明扫描件	用扫描仪将企业信用等级证明正本扫描保存在电脑里面，以照片的形式展现出来的信用等级证明。
		03			**审计报告/财务报告**	审计报告:注册会计师根据中国注册会计师审计准则的规定，在实施审计工作的基础上对被审计单位财务报表发表审计意见的书面文件。财务报告:企业向财务会计报告使用者提供与企业财务状况、经营成果和现金流量等有关会计信息，反映企业管理层受托责任履行情况的书面报告。
			0101		审计年度	所审计的会计报表所属年度。
			0102		审计报告类型	审计报告的类型，如年度财务审计、专项审计、其他。
				001	年度财务审计	审计机构在被审计单位会计年度结束时，对其全年的凭证、账目、报表等会计资料及其反映的经济活动所进行的审计。
				002	专项审计	审计机构对被审单位特定事项进行的审核、稽查。
				999	其他	其余审计报告类型。
			0103		审计报告意见	审计报告共有 4 种基本类型，无保留意见、保留意见、否定意见和无法表达意见。
				001	无保留意见	
				002	保留意见	
				003	否定意见	
				004	无法表达意见	
			0104		资产总额	合并资产负债表中的总资产额。

表 **B**.1（续）

项目编码					项目名称	说明
通用信息标识代码	模块代码	表代码	字段代码	字段值代码		
			0105		负债总额	企业所承担的能以货币计量,将以资产或劳务偿付的债务;其偿付形式可以用货币,也可以用资产或提供劳务的方式进行;负债一般按其偿还期长短分为流动负债和长期负债、递延税项等。
			0106		资产负债率	企业负债总额/资产总额,用于评价企业的长期偿债能力。
			0107		流动资产	可以在1年或者超过1年的一个营业周期内变现或耗用的资产,主要包括现金、银行存款、短期投资、应收及预付款项、待摊费用、存货等。
			0108		流动负债	将在1年(含1年)或者超过1年的一个营业周期内偿还的债务,包括短期借款、应付票据、应付账款、预收账款、应付工资、应付福利费、应付股利、应交税金、其他暂收应付款项、预提费用和1年内到期的长期借款等。
			0109		流动比率	企业流动资产/流动负债,用于评价企业的短期偿债能力。
			0110		主营业务收入净额	企业当期主要经营活动所取得的收入减去折扣与折让后的数额,数据可取自利润及利润分配表。
			0111		实收资本	投资者按照企业章程,或合同、协议的约定,实际投入企业的资本。
			0112		净利润	在利润总额中按规定缴纳了所得税后公司的利润留成,一般也称为税后利润或净利润。
			0113		净资产	会计主体所有资产减去所有负债后的差额,用会计等式表示为:资产−负债=净资产。
			0114		经营活动现金流量净额	经营现金毛流量扣除经营运资本增加后企业可提供的现金流量。
			0115		经营活动现金流入小计	投资项目寿命周期内发生的现金流入量;现金流入量主要包括:① 营业收入;指投资项目正常经营后的整个寿命周期内,于每期相对均匀发生的营业现金收入或营运成本的降低额;② 其他收入;指投资项目寿命周期内于某期发生的固定资产中途变价收入和投资项目寿命期满时所发生的固定资产残值收入及净流动资金收回等。

表 B.1（续）

项目编码					项目名称	说明
通用信息标识代码	模块代码	表代码	字段代码	字段值代码		
			0116		审计报告/财务报表扫描件	用扫描仪将财务报告/财务报表证明正本/副本扫描保存在电脑里面，以照片的形式展现出来的财务报告/财务报表的表现形式。
		04			股权结构一览表	股份公司总股本中，不同性质的股份所占的比例及其相互关系。
			0101		股东名称	对股份公司债务负有限或无限责任，并凭持有股票享受股息和红利的个人或单位名称。
			0102		出资比例	合营企业的合营各方在筹办时协商各自出资的比例标准，应在合营合同、章程中加以确定。
			0103		股权结构证明文件扫描件	用扫描仪将股权结构证明正本扫描保存在电脑里面，以照片的形式展现出来的股权结构证明的表现形式

附　录　C
（规范性）
报　告　证　书

报告证书见表 C.1。

表 C.1　报告证书

项目编码					项目名称	说明
通用信息标识代码	模块代码	表代码	字段代码	字段值代码		
G0000002.	C				报告证书	由机关等发的证明资格或权力的文件。
		01			管理体系认证一览表	与管理体系有关的第三方证明。
			0101		证书编号	认证证书上标明的编号。
			0102		证书名称	认证证书上标明的名称全称。
				001	质量管理体系认证	由第三方公证机构依据公开发布的环境管理体系标准（ISO 14000 环境管理系列标准），对企业的环境管理体系实施评定，评定合格的由第三方机构颁发环境管理体系认证证书，并给予注册公布，证明企业具有按既定环境保护标准和法规要求提供产品或服务的环境保证能力。
				002	职业健康安全管理体系认证	与制定和实施组织的职业健康安全方针并管理其职业健康安全风险有关的第三方认证。
				003	环境管理体系认证	由取得质量管理体系认证资格的第三方认证机构，依据正式发布的质量管理体系标准，对企业的质量管理体系实施评定，评定合格的由第三方机构颁发质量管理体系认证证书，并给予注册公布，以证明企业质量管理和质量保证能力符合相应标准或有能力按规定的质量要求提供产品的活动。
			0103		认证范围	证明所覆盖的合格评定对象的范围或特性。
			0104		认证日期	认证证书有效期的起始年月日，采用YYYYMMDD 的日期形式。
			0105		有效期至	认证证书有效期的截止年月日，采用YYYYMMDD 的日期形式。
			0106		认证机构	经国务院认证认可监督管理部门批准，并依法取得法人资格，有某种资质，可从事批准范围内的认证活动的机构。
			0107		证书扫描件	用扫描仪将认证证书正本扫描保存在电脑里面，以电子文件的形式展现出来的认证证书的表现形式

附 录 D
（规范性）
研 发 设 计

研发设计见表 D.1。

表 D.1　研发设计

项目编码					项目名称	说明
通用信息标识代码	模块代码	表代码	字段代码	字段值代码		
G0000002.	D				研发设计	
		01			设计软件一览表	
			0101		设计软件类别	按软件功能和用途等进行划分的分类名称。
			0102		设计软件名称	软件的专属名称。
			0103		设计软件开发商	研发设计软件的开发商名称。
			0104		设计软件来源	设计软件的来源。
				001	自主研发	企业通过自有资源开展设计并获得设计成果。
				002	购买	通过转让资产、承担负债或发行股票等方式，由一个企业获得对另一个企业净资产和经营权控制的合并行为。
				003	租用	在约定的期间内，出租人将资产使用权让与承租人以获取租金的行为。
				999	其他	其他来源。
			0105		升级方式	获取新版本或新功能所采取的方式，如付费、自主升级等。
		02			设计图纸表	
			0101		图纸类型	标有尺寸、方位及技术参数等施工所需细节和业主希望修建的工程实物的图示表达类型。
				001	工程图册	
				002	国网典设图册	由国家电网公司颁发的典型设计图册。
				999	其他	其他图纸类型。
			0102		设计图纸名称	设计图纸的名字。
			0103		设计图纸用途	设计图纸应用的方面、范围。
				001	组部件设计	对某种产品组成部件开展设计。

表 **D**.1（续）

项目编码					项目名称	说明
通用信息标识代码	模块代码	表代码	字段代码	字段值代码		
				002	结构设计	产品开发环节中结构设计工程师根据产品功能而进行的内部结构的设计工作。
				999	其他	除上述途径以外，其他的设计图纸用途。
			0104		设计图纸来源	设计图纸的来源。
				001	用户提供	由需求方提供的图纸。
				002	自主设计	由企业通过自有资源开展设计并获得设计成果。
				003	购买	通过转让资产、承担负债或发行股票等方式，由一个企业获得对另一个企业净资产和经营权控制的合并行为。
				004	租用	在约定的期间内，出租人将资产使用权让与承租人以获取租金的行为。
				999	其他	除上述来源以外，其他的设计图纸来源。
			0105		升级方式	获取新版本或新功能所采取的方式。
		03			**主要设计研发人员一览表**	
			0101		姓名	从事设计研发的本企业人员姓名。
			0102		岗位名称	从事设计研发的本企业人员岗位名称。
			0103		学历	经教育行政部门批准，实施学历教育、由国家认可的拥有文凭颁发权力的学校及其他教育机构所颁发的学历证书。
				001	硕士及以上	取得硕士研究生及以上毕业证书。
				002	本科	即大学本科，是高等教育的基本组成部分，学生毕业后一般可获"学士"学位。
				999	其他	除上述以外，其他学历。
			0104		职称	专业技术人员的专业技术水平、能力，以及成就的等级称号，是反映专业技术人员的技术水平、工作能力的标志。

表 **D**.1（续）

项目编码					项目名称	说明
通用信息标识代码	模块代码	表代码	字段代码	字段值代码		
				001	高级	高级职称是职称中的最高级别，分正高级和副高级两类。
				002	中级	介于高级和初级之间的职称。
				999	其他	除上述以外，其他等级。
			0105		职称证书编号	职称证书上对应的证书编号。
			0106		职称证书出具机构	职称证书上对应的发证单位。
		04			**技术来源与支持**	
			0101		是否为国家认定的企业技术中心	是否拥有国家相关部门颁发的企业技术中心资质并在国家相关网站上可查询。
			0102		是否自主研发	企业是否通过自有资源开展设计研发。
			0103		技术来源	某种产品在研发和生产（制造）过程中所运用的技术名称及出处。
			0104		技术支持	某种产品在研发和生产（制造）过程中所获得的支持机构名称。
			0105		技术改造	企业采用先进的、适用的新技术、新工艺、新设备、新材料等对现有设施、生产工艺条件进行的改造。
			0106		技术先进性	代表一个历史时期较高水平的和对社会经济发展起着领先作用的技术。此处主要指优于其他同类技术的部分。
		05			**研发设计内容（选填）**	一般指产品、科技的研究和开发。
			0101		新产品研发情况	采用新技术原理、新设计构思研制、生产的全新产品，或在结构、材质、工艺等某一方面比原有产品有明显改进，从而显著提高了产品性能或扩大了使用功能的产品研发情况。
			0102		新材料研发情况	新近发展或正在发展的具有优异性能的结构材料和有特殊性质的功能材料研发情况。
			0103		关键工艺技术、质量可靠方面的研究情况	工艺技术包括从原料投入到产品包装全过程的原料配方、工艺路线、工艺流程、工艺流程图、工艺步骤、工艺指标、操作要点、工艺控制等。

表 **D**.1（续）

项目编码					项目名称	说明
通用信息标识代码	模块代码	表代码	字段代码	字段值代码		
			0104		新型设计软件开发情况	对新式设计软件的开拓和利用情况。
		06			**产品专利一览表**	
			0101		专利类型	根据发明的基本功能又兼顾技术所属领域而编制成的分类体系，分为发明、实用新型、外观设计三种。
				001	实用新型专利	实用新型是指对产品的形状、构造或者其结合所提出的适于实用的新的技术方案。
				002	发明专利	发明是指对产品、方法或者其改进所提出的新的技术方案。授予专利权的发明，应当具备新颖性、创造性和实用性。
				003	外观设计	对产品的形状、图案或者其结合以及色彩与形状、图案的结合所作出的富有美感并适于工业应用的新设计。
			0102		专利名称	为了识别某一项专利的专属名词。
			0103		专利号	在授予专利权时给出的编号，是文献号的一种。
			0104		专利权人	可以申请并取得专利权的单位或个人，也就是专利权的主体。
			0105		专利申请日	国务院专利行政部门收到专利申请文件的日期，采用 YYYYMMDD 的日期形式。
			0106		证书出具机构	专利证书上的颁发部门。
			0107		授权公告日	国务院专利行政部门公告授予专利权的日期。
			0108		专利扫描件	用扫描仪将专利证书扫描保存在电脑里面，以电子文件的形式展现出来的专利证书。
		07			**软件著作权一览表**	
			0101		软件著作权名称	获得软件著作权的软件名称。
			0102		著作权人	依法对文学、艺术和科学作品享有著作权的人。
			0103		证书号	即证明编号，在新的证书上称为证书号（也称软著登字第号）。

表 **D**.1（续）

项目编码					项目名称	说明
通用信息标识代码	模块代码	表代码	字段代码	字段值代码		
			0104		首次发表日期	著作权人首次公开发表软件的日期。
			0105		出具机构	有权出具著作权证书的法定机构名称，如中华人民共和国国家版权局。
			0106		证书扫描件	用扫描仪将证书扫描保存在电脑里面，以电子文件的形式展现出来的证书的表现形式。
		08			**参与制定的标准一览表**	
			0101		标准类型	标准的性质或类别。
				001	国际标准	国际标准化组织（ISO）、国际电工委员会（IEC）和国际电信联盟（ITU）制定的标准，以及国际标准化组织确认并公布的其他国际组织制定的标准。
				002	国家标准	由国务院批准发布或者授权批准发布的标准，分为强制性国家标准和推荐性国家标准。
				003	行业标准	由国务院有关行政主管部门制定，报国务院标准化行政主管部门备案的标准。
				004	团体标准	由团体按照团体确立的标准制定程序自主制定发布，由社会自愿采用的标准。
				005	企业标准	企业标准是在企业范围内需要协调、统一的技术要求、管理要求和工作要求所制定的标准，是企业组织生产、经营活动的依据。
			0102		标准编号	标准应当按照编号规则进行的编号。标准编号有国际标准编号和我国的国家标准编号两种，国际标准基本结构为：标准代号+专业类号+顺序号+年代号；中国标准的编号由标准代号、标准发布顺序和标准发布年代号构成。
			0103		标准名称	规范性的必备要素，可直接反映标准化对象的范围和特征，关系到标准信息的传播效果。
			0104		参与程度	对标准内容的贡献程度。
				001	主要起草	制定标准工作中关系最大、起决定作用的。

表 D.1（续）

项目编码					项目名称	说明
通用信息标识代码	模块代码	表代码	字段代码	字段值代码		
				002	参与起草	制定标准工作中起辅助作用，是以第二或第三方的身份加入、融入之中。
			0105		参与制定标准的人员姓名	参与制定标准的人员的姓名列表。
			0106		标准扫描件	用扫描仪将标准扫描保存在电脑里面，以电子文件的形式展现出来的标准的表现形式。
		09			**产品获奖情况**	
			0101		获奖等级	获奖证书的颁发者的级别。
				001	国家级	为奖励在科技进步活动中做出突出贡献的公民、组织，由国务院设立的五项国家科学技术奖：国家最高科学技术奖、国家自然科学奖、国家技术发明奖、国家科学技术进步奖和中华人民共和国国际科学技术合作奖。
				002	省部级	中华人民共和国各省、自治区、直辖市党委或人民政府直接授予的奖励，教育部、文化部、公安部、国家国防科技工业局等国家部委和中国人民解放军直接授予的奖励。
				003	地市级	介于省级行政区与县级行政区之间的行政单位颁发的奖项。
			0102		完成形式	完成的方法，分为独立完成或参与完成。
			0103		主要完成/参与人员	独立完成或参与完成的人员姓名。
			0104		奖励名称	产品获得奖励的类型名称，如"××省科技进步奖"。
			0105		获奖项目名称	获得奖励的具体项目的名称。
			0106		获奖日期	产品所获奖励（证书等）的落款日期。
			0107		颁发机构	颁发产品所获奖励（证书等）的主管机构。
		10			**高新（创新）企业证书**	根据《高新技术企业新认定管理办法》，由科委会等审核并向通过申请的企业颁发的高新技术企业证书。
			0101		证书编号	证书上利用有序或无序的任意符号按顺序编号数或者编定的号数。

37

表 **D**.1（续）

项目编码					项目名称	说明
通用信息标识代码	模块代码	表代码	字段代码	字段值代码		
			0102		发证单位	颁发证书的机构名称。
			0103		发证单位归属地	颁发高新技术企业证书的单位所属区域，归属地的单位是市。
			0104		有效期至	证书有效的截止日期。
			0105		证书扫描件	用扫描仪将证书扫描保存在电脑里面，以电子文件的形式展现出来的证书

附　录　E

（规范性）

生　产　制　造

生产制造见表 E.1。

表 E.1　生产制造

项目编码					项目名称	说明
通用信息标识代码	模块代码	表代码	字段代码	字段值代码		
G0000002.	E				**生产制造**	生产企业整合相关的生产资源，按预定目标进行系统性的从前端概念设计到产品实现的物化过程。
		01			**人员情况一览表**	公司内部的与人员相关的情况。
			0101		从业人数	在企业中工作，取得劳动报酬或经营收入的人员总数。
			0102		员工人数	签订正式劳务合同的工作人员数量。
			0103		高级职称人员数量	具有高级职务级别的人员数量。
			0104		中级职称人员数量	具有中级职务级别的人员数量。
			0105		硕士研究生学历人员数量	在教育机构接受科学、文化知识训练并获得国家教育行政部门认可的硕士研究生学历证书的人员数量。
			0106		博士研究生学历人员数量	在教育机构接受科学、文化知识训练并获得国家教育行政部门认可的博士研究生学历证书的人员数量。
		02			**关键岗位持证人员一览表**	
			0101		岗位名称	生产技术人员在公司岗位名录中的岗位名称。
			0102		姓名	在户籍管理部门正式登记注册、人事档案中正式记载的姓氏名称。
			0103		身份证号码	企业联系人身份证件上记载的、可唯一标识个人身份的号码。
			0104		学历	受教育者在教育机构接受科学、文化知识训练并获得国家教育行政部门认可的学历证书的经历的名称。
				001	博士	
				002	硕士	
				003	本科	
				004	专科	

表 E.1（续）

项目编码					项目名称	说明
通用信息标识代码	模块代码	表代码	字段代码	字段值代码		
				999	其他	其他学历。
			0105		资质证书名称	行业资质等级的名称。
			0106		资质证书编号	资质证书的编号或号码。
			0107		资质证书出具机构	资质评定机关的中文全称。
			0108		资质证书出具时间	资质评定机关核发资质证书的年月日，采用 YYYYMMDD 的日期形式。
			0109		有效期至	资质证书登记的有效期的终止日期，采用 YYYYMMDD 的日期形式。
			0110		资质证书扫描件	用扫描仪将资质证书正本扫描保存在电脑里面，以照片的形式展现出来的资质证书的表现形式

附 录 F

（规范性）

试 验 检 测

试验检测见表F.1。

表F.1 试验检测

项目编码					项目名称	说明
通用信息标识代码	模块代码	表代码	字段代码	字段值代码		
G0000002.	F				**试验检测**	
		01			**现场抽查报告记录**	
			0101		适用的产品类别	实际抽样的产品类别可用来代表该类产品的试验。
			0102		现场抽查报告时间	现场抽查报告的时间。
			0103		产品类别	将产品以电压等级+小类进行归类。
			0104		抽查报告类型	
				001	出厂试验报告及原始记录	用于确定产品其是否符合出场某一准则而进行的试验的报告及其试验原始记录。
				002	检测报告	检验机构应申请检验人要求,对产品进行检测后出具的一份客观的书面证明文件。
				999	其他	除上述以外,其他抽查报告类型。
			0105		抽查报告编号	抽查报告上采用字母、数字混合字符组成的用以标识检测报告的完整的、格式化的一组代码。
			0106		报告抽查结果	报告抽查的结果。
		02			**试验检测管理情况表**	
			0101		产品类别	将产品以电压等级+小类进行归类。
			0102		试验检测管理文件类型	
				001	试验规章制度	制定的组织试验过程和进行试验管理的规则和制度的总和。
				002	试验操作规程	主要是针对电气设备进行高压试验的操作规定及操作指导。
			0103		试验检测管理文件名称	试验检测管理文件的专用称呼。
			0104		是否具有相应记录	是否将试验检测管理的整个流程用一定的方式记录下来。

表 **F**.1（续）

项目编码					项目名称	说明
通用信息标识代码	模块代码	表代码	字段代码	字段值代码		
			0105		整体执行情况	总体执行情况。
				001	良好	整体执行情况良好。
				002	一般	整体执行情况一般。
				003	较差	整体执行情况较差。
			0106		检测文件扫描件	用扫描仪将检测文件扫描保存在电脑里面，以电子文件的形式展现出来的检测文件的表现形式

附 录 G
（规范性）
原 材 料/组 部 件

原材料/组部件见表 G.1。

表 G.1 原材料/组部件

项目编码					项目名称	说明
通用信息标识代码	模块代码	表代码	字段代码	字段值代码		
G0000002.	G				原材料/组部件	原材料指生产某种产品的基本原则，组成部件指某种产品的组成部件。
		01			原材料/组部件管理	对于生产某种产品所需的基本原料或组成部件的相应管理。
			0101		适用的产品类别	将产品以电压等级+小类进行归类。
			0102		原材料/组部件管理文件类型	原材料/组部件管理文件的类型。
				001	原材料/组部件供应商筛选制度/文件	一般为规范供应商管理，提高供应商质量，对供应商进行筛选的相关管理制度、标准、文件等。
				002	原材料/组部件进厂检验制度/文件	一般为规范物料管理，对原材料/组部件进厂检验方面制定的相关管理制度、标准、文件等。
				003	原材料/组部件出入库制度/文件	一般为规范物料管理，对原材料/组部件出库、入库等方面制定的相关管理制度、标准、文件等。
				004	原材料/组部件现场管理制度/文件	一般包括对原材料/组部件存放现场相关的存放/摆放布置要求、储存要求、定期检查要求、现场管理要求等方面制定的相关制度/文件。
				005	产品检验管理制度/文件	用工具、仪器或其他分析方法检查各种原材料、半成品、成品是否符合特定的技术标准和规格这一工作过程中的管理制度/文件。
				006	管理制度	对一定的管理机制、管理原则、管理方法以及管理机构设置的规范制度。
				007	操作规程	有权部门为保证本部门的生产、工作能够安全、稳定、有效运转而制定的，相关人员在操作设备或办理业务时必须遵循的程序或步骤。
				008	试验标准	以产品性能与质量方面的检测、试验方法为对象而制定的标准。
				999	其他	其他文件类型。

表 G.1（续）

项目编码					项目名称	说明
通用信息标识代码	模块代码	表代码	字段代码	字段值代码		
			0103		原材料/组部件管理文件名称	用于管理原材料/组部件的相关管理文件的名称。
			0104		是否具有相应记录	对于原材料/组部件按照相关制度/文件进行管理的过程记录，包括检验记录、出入库记录、检验记录、不合格原材料处理记录等。
			0105		整体执行情况	总体执行情况。
				001	良好	整体执行情况良好。
				002	一般	整体执行情况一般。
				003	较差	整体执行情况较差。
			0106		管理文件扫描件	用扫描仪将管理文件扫描保存在电脑里面，以电子文件的形式展现出来的管理文件。
		02			**委外加工项目一览表**	委外加工指的是将工作委托给其他具有相关资质的单位进行生产。
			0101		委外加工项目名称	委外加工项目的正式名称，一般使用整体项目的总称，也可以包括型号以及自定义词汇。
			0102		委外加工单位名称	委外加工方的法人单位名称，即经各级工商行政管理部门核准，进行企业法人登记的名称。
			0103		委外合作方式	个人与个人、群体与群体之间为达到共同目的，彼此相互配合的一种联合行动、方式。
				001	长期	生产者可以调整全部生产要素数量的时期。
				002	短期	生产者来不及调整全部生产要素的数量，至少有一种生产要素的数量是固定不变的时间周期。
			0104		委外检测方式	检测是用指定的方法检验测试某种物体（气体、液体、固体）指定的技术性能指标；方式是指规定或认可的形式和方法。
				001	全检	对整批产品逐个进行检验，把其中的不合格品拣出来。
				002	抽检	从一批产品中按照一定规则随机抽取少量产品（样本）进行检验，据以判断该批产品是否合格。

表 G.1（续）

项目编码					项目名称	说明
通用信息标识代码	模块代码	表代码	字段代码	字段值代码		
		03			**现场原材料抽样测量记录表**	记录现场原材料抽样测量结果的表格。
			0101		产品类别	按产品种类不同而做出的区别。
			0102		原材料/组部件名称	原材料是指生产某种产品的基本原料。组部件是机械的一部分，由若干装配在一起的零件所组成，此处指产品的组成部件。
			0103		原材料/组部件采购合同	企业（供方）与分供方，经过双方谈判协商一致同意而签订的"供需关系"的法律性文件，合同双方都应遵守和履行，并且是双方联系的共同语言基础。
			0104		原材料/组部件出厂检测报告	对装配完成的产品（原材料/组部件）是否能够达到出厂技术标准要经过各项检测来验证，验证完成后形成的检测报告。
			0105		原材料/组部件入厂检测记录	对装配完成的产品（原材料/组部件）是否能够达到入厂技术标准要经过各项检测来验证，验证完成后形成的检测报告。
			0106		原材料/组部件存放环境	存放的空间中影响原材料/组部件耐久性的各种自然因素的总体。
				001	良好	原材料/组部件存放环境良好。
				002	一般	原材料/组部件存放环境一般。
				003	较差	原材料/组部件存放环境较差

附 录 H
（规范性）
售 后 服 务

售后服务见表 H.1。

表 H.1 售后服务

通用信息标识代码	模块代码	表代码	字段代码	字段值代码	项目名称	说明
G0000002.	H				**售后服务**	设计生产等过程的延续产品出售后，生产者或销售者对消费者，承担合同约定的有关内容和履行有关法律责任的活动。
		01			**售后服务情况**	设计生产等过程的延续，产品出售后，生产者或销售者对消费者，承担合同约定的有关内容和履行有关法律责任的活动情况。
			0101		售后网点所在省份	直接面向顾客提供相关售后服务的厂商授权的服务机构分布省份。
			0102		售后服务网点数量	直接面向顾客提供相关售后服务的厂商授权的服务机构数量。
			0103		售后服务人数	使用售后服务网络，按照售后服务要求，从事管理规划、咨询、维修、服务跟踪等服务技术或内容的业务人员数量。
			0104		售后服务响应时限	售后服务提供者自受理顾客投诉之时起，到完成顾客投诉处理的时间限度。
		02			**售后服务管理文件名称列表**	公司内部售后服务管理文件名称的列表。
			0101		售后服务管理文件名称	公司内部售后服务管理文件的名称。
		03			**主要售后服务人员一览表**	使用售后服务网络，按照售后服务要求，从事管理规划、咨询、维修、服务跟踪等服务技术或内容的业务人员。
			0101		姓名	售后服务人员的姓名。
			0102		岗位名称	主要售后服务人员在公司岗位名录中的岗位名称。
			0103		服务地域范围	主要售后服务人员负责的省份。
			0104		学历	受教育者在教育机构接受科学、文化知识训练并获得国家教育行政部门认可的学历证书的经历的名称。

46

表 **H**.1（续）

项目编码					项目名称	说明
通用信息标识代码	模块代码	表代码	字段代码	字段值代码		
				001	博士	
				002	硕士	
				003	本科	
				004	专科	
				999	其他	其他学历。
			0105		从事本行业工作年限	从事售后服务行业工作的时长，一般按周年计算。
			0106		是否具有资质证书	是否具有行业资质等级证书。
			0107		证书出具机构	对售后服务人员进行资质评定的机构中文全称。
			0108		是否具有培训证明	是否具有证明参与培训的文件。
			0109		培训时间	主要售后服务人员参与培训的年月日，采用 YYYYMMDD 的日期形式

附 录 I
（规范性）
产 品 产 能

产品产能见表I.1。

表I.1 产品产能

项目编码					项目名称	说明
通用信息标识代码	模块代码	表代码	字段代码	字段值代码		
G0000002.	I				产品产能	
		01			生产能力表	在计划期内，企业参与生产的全部固定资产，在既定的组织技术条件下，所能生产的产品数量，或者能够处理的原材料数量。
			0101		产品产能电压等级	产品电压等级。
				001	6	6kV 电压等级。
				002	10	10kV 电压等级。
				003	13.8	13.8kV 电压等级。
				004	15.75	15.75kV 电压等级。
				005	20	20kV 电压等级。
				006	35	35kV 电压等级。
				007	66	66kV 电压等级。
				008	110	110kV 电压等级。
				009	220	220kV 电压等级。
				010	330	330kV 电压等级。
				011	500	500kV 电压等级。
				012	750	750kV 电压等级。
				013	1000	1000kV 电压等级。
				999	其他	其他电压等级。
			0102		设计年生产能力	企业生产产品的全部设备（包括主要设备、辅助设备、运输设备、动力设备等）在原材料、材料动力充分、劳动力配备合理以及设备正常运转条件下，可能达到的年产量。
			0103		单一产品年生产能力	企业生产某种产品的全部设备（包括主要设备、辅助设备、运输设备、动力设备等）在原材料、材料动力充分、劳动力配备合理以及设备正常运转条件下，可能达到的年产量。

表 I.1（续）

项目编码					项目名称	说明
通用信息 标识代码	模块 代码	表 代码	字段 代码	字段值 代码		
			0104		年产能单位	数学方面或物理方面计量事物的标准量的名称，如"台、个、只"等量词。
			0105		产能计算报告	对一个企业产品产能的分析计算报告。报告主要分析一个企业一年或者一个月的总生产能力，是评估该企业产值的一个标准

35kV 及以上电网工程监理
供应商专用信息

目　次

1　范围··52
2　规范性引用文件··52
3　术语和定义···52
4　企业资质···53
5　监理工程师···53
6　优质工程···53
7　工程业绩···53
附录A（规范性）　企业资质··54
附录B（规范性）　监理工程师··55
附录C（规范性）　优质工程··56
附录D（规范性）　工程业绩··59

35kV 及以上电网工程监理供应商专用信息

1 范围

本文件规定了 35kV 及以上电网工程监理供应商专用信息的企业资质、监理工程师、优质工程、工程业绩，规范了供应商专用信息分类规则。

本文件适用于电力物资及服务供应商关系管理相关系统的建设和信息交互，及其他涉及电力物资及服务供应商信息的业务应用。

2 规范性引用文件

下列文件中的内容通过文中的规范性引用而构成本文件必不可少的条款。其中，注日期的引用文件，仅该日期对应的版本适用于本文件；不注日期的引用文件，其最新版本（包括所有的修改单）适用于本文件。

GB/T 2900.1—2008　电工术语　基本术语

GB/T 50297—2018　电力工程基本术语标准

GB/T 50841—2013　建设工程分类标准

DL/T 396—2010　电压等级代码

DL/T 503—2009　电力工程项目分类代码

DL/T 5434—2021　电力建设工程监理规范

JTJ 002—1987　公路工程名词术语

3 术语和定义

下列术语和定义适用于本文件。

3.1

企业资质　**report certificate**

企业在从事某一行业经营中应具备的资格以及与此资格相应的质量等级标准。

3.2

人员资质　**personnel certificate**

按照国家制定的职业技能标准或任职资格条件，通过认定的考核鉴定机构，对劳动者的技能水平或职业资格进行客观公正、科学规范的评价和鉴定，对合格者授予相应的国家职业资格证书。

3.3

优质工程　**high quality project**

设计优、质量精、管理佳、效益好、技术先进、节能环保的工程。

3.4

业绩 achievement

在某一特定统计时间内，供应商按照合同约定，实际完成履约的产品或服务。

4 企业资质

企业资质信息包括资质证书编号、资质类别、资质等级、颁发部门、发证日期、有效期至、企业资质扫描件。具体内容应符合附录 A 表 A.1 的规定。

5 监理工程师

监理工程师信息包括姓名、身份证号码、证书编号、注册编号、注册监理工程师证书扫描件、监理工程师专业类型、证书发证机关。具体内容应符合附录 B 表 B.1 的规定。

6 优质工程

优质工程信息包括产品类别、获奖工程名称、工程状态、获奖工程类型、获奖工程电压等级（kV）、获奖级别、获奖奖项、颁奖单位、颁发日期、获奖承揽内容、证书扫描件。具体内容应符合附录 C 表 C.1 的规定。

7 工程业绩

工程业绩信息包括产品类别、工程名称、合同名称、工程状态、工程类型、工程性质、工程电压等级（kV）、建设地点、变电建设总规模（MVA）、标包变电站座数、线路长度（折单公里）、监理服务范围、合同签订日期、开工日期、投产日期、合同甲方、合同编号、合同金额（万元）、合同数量。具体内容应符合附录 D 表 D.1 的规定。

附　录　A

（规范性）

企　业　资　质

企业资质信息应符合表 A.1 的规定。

表 A.1　企业资质

中类	小类	说明
资质证书编号		资质证书上。利用有序或无序的任意符号按顺序编号数或者编定的号数。
资质类别		按照工程性质和技术特点分别划分的若干资质类别。
	工程监理电力专业资质	可以承担电力工程专业类别建设工程项目的工程监理业务。
	工程监理综合资质	可以承担所有专业工程类别建设工程项目的工程监理业务。
资质等级		企业在从事行业经营中，应具有的与资格相适应的质量等级标准。
	乙级	可承担 330kV 以下输变电工程、单机容量 30 万 kW 以下火力发电站工程监理业务。
	甲级	可承担 330kV 以上输变电工程、单机容量 30 万 kW 及以上火力发电站工程、核电站；核反应堆工程监理业务。
	综合	可承担所有专业工程类别建设工程项目的工程监理业务。
颁发部门		颁发资质证书的机构名称。
发证日期		资质评定机关核发资质证书的年月日。
有效期至		资质证书登记的有效期的终止日期。
企业资质扫描件		通过专用仪器扫描证书原件生成的 PDF 文件或电子图片

附 录 B

（规范性）

监 理 工 程 师

监理工程师信息应符合表 B.1 的规定。

表 B.1 监理工程师

中类	小类	说明
姓名		在户籍管理部门正式登记注册、人事档案中正式记载的姓氏名称。
身份证号码		身份证件上记载的、可唯一标识个人身份的号码。
证书编号		证书上利用有序或无序的任意符号按顺序编号数或者编定的号数。
注册编号		建设主管部门认定机构在注册执业证书上初始、延续、变更注册记录编号。
注册监理工程师证书扫描件		通过专用仪器扫描证书原件生成的 PDF 文件或电子图片。
监理工程师专业类型		不同专业的分类。
	公路工程	以公路为对象进行的规划、设计、施工、养护与管理工作的全过程及其所从事的工程实体。
	市政公用工程	由城市建设部门主管，为城镇居民生产生活提供必需的普通服务设施的工程建设项目。
	房屋建筑工程	在固定地点，为使用者和/或占用物提供庇护覆盖以进行生活、生产或其他活动的实体，可分为工业建筑和民用建筑。
	机电安装工程	包括锅炉、通风空调、制冷、电气、仪表、电机、压缩机机组和广播电影、电视播控等设备安装工程。
	水利水电工程	为了控制、调节和利用自然界的地表水和地下水，以达到除害兴利目的而兴建的各类工程。
	电力工程	以生产、输送电能为目的的工程。
	通信工程	为电力生产安全稳定运行提供服务的各类通信设备及辅助设备安装调试工程。
证书发证机关		颁发证书的机构名称

附 录 C
（规范性）
优 质 工 程

优质工程信息应符合表 C.1 的规定。

表 C.1 优质工程

中类	小类	说明
产品类别		将产品进行归类。
获奖工程名称		获得奖励的工程具体项目的名称。
工程状态	已投产	整个工程项目已按设计规定的内容全部建成，形成设计规定的能力或效益，并经正式验收移交生产或使用部门的项目。
获奖工程类型		获奖的工程项目按自然属性和使用功能进行分类。
	变电站工程	电网中线路的连接点，用以变换电压、交换功率，以及汇集、分配电能的设施工程。
	换流站工程	安装有换流器且主要用于将交流电转换成直流电或将直流电转换成交流电的变电站工程。
	线路工程	在系统两点间用于输配电的由导体、绝缘材料和附件组成的设施。
	输变电工程	将电能的特性（主要指电压、交流或直流）进行变换，并从电能供应地输送至电能需求地的工程项目。
获奖工程电压等级（kV）		获奖工程根据传输与使用的需要按电压值的大小所划分的若干级别。
	35	35kV 电压等级工程项目。
	66	66kV 电压等级工程项目。
	110	110kV 电压等级工程项目。
	220	220kV 电压等级工程项目。
	330	330kV 电压等级工程项目。
	500	500kV 电压等级工程项目。
	750	750kV 电压等级工程项目。
	1000	1000kV 电压等级工程项目。
	±200	±200kV 电压等级工程项目。
	±400	±400kV 电压等级工程项目。
	±500	±500kV 电压等级工程项目。
	±660	±660kV 电压等级工程项目。
	±800	±800kV 电压等级工程项目。
	±1100	±1100kV 电压等级工程项目。

表 C.1（续）

中类	小类	说明
获奖级别		获奖证书颁发者的级别。
	国家级	为奖励在科技进步活动中作出突出贡献的公民、组织，由国务院设立的五项国家科学技术奖：国家最高科学技术奖、国家自然科学奖、国家技术发明奖、国家科学技术进步奖和中华人民共和国国际科学技术合作奖。
	省级	中华人民共和国各省、自治区、直辖市党委或人民政府直接授予的奖励，教育部、文化部、公安部、国家国防科技工业局等国家部委和中国人民解放军直接授予的奖励。
获奖奖项		获得奖励的不同类别、类型名称。
	中国建设工程鲁班奖（国家优质工程）	由中华人民共和国住房和城乡建设部指导、中国建筑业协会组织实施评选的奖项。
	中国电力优质工程奖	由中国电力建设企业协会组织实施评选的奖项。
	国家优质工程奖	由中国施工企业管理协会组织实施评选的奖项。
颁奖单位		颁发所获奖励（证书等）的主管机构名称。
颁发日期		所获奖励（证书等）的落款日期。
获奖承揽内容		获奖所承接的合同约定中工程类型的分类、类别。
	串补站工程	实现电力系统输电线路串联补偿的电力设施工程，站内安装有串联补偿装置和相关辅助设施及建（构）筑物。
	光缆线路	以光纤通信为主要功能的线缆工程。
	变电土建	变电站土方、基础、结构、门窗、防水、幕墙、装修、绿化、道路、室外等工程建设。
	变电安装	变电站的各种设备、管道、线缆及辅助装置的组合、装配、安装和调试工程。
	变电站场地平整工程	通过挖高填低，将天然地面改造成变电站建设工程所要求的设计平面，满足变电站施工建设需要的场地平面。
	变电站工程	电网中线路的连接点，用以变换电压、交换功率，以及汇集、分配电能的设施工程。
	安全稳定控制工程	保障电力系统稳定运行，安全稳定控制装置的组合、装配、安装和调试工程。
	开关站工程	通过开关装置将电力系统及其用户的用电设备有选择地连接或切断的电力设施的组合、装配、安装和调试工程。
	架空线路	用绝缘子和杆塔将导线及地线架离地面的电力线路组合、装配、安装和调试工程。
	电缆线路（水下）	敷设在江、河、湖、海等水域环境中，电缆外护套直接与水接触或埋设在水底的电缆组合、装配、安装和调试工程。

表 C.1（续）

中类	小类	说明
	电缆线路（陆上）	敷设在陆地环境中的电缆组合、装配、安装和调试工程。
	直流换流站	高压直流输电系统中实现交直流电力变换的电力设施组合、装配、安装和调试工程。
	系统通信工程	为电力生产安全稳定运行提供服务的各类通信设备及辅助设备安装调试工程。
	调相机工程	向电力系统提供或吸收无功功率的同步电动机，用于改善电网功率因数，维持电网电压水平的调相机的组合、装配、安装和调试工程。
	输变电工程	将电能的特性（主要指电压、交流或直流）进行变换，并从电能供应地输送至电能需求地的工程项目。
	通信站	安装有为电力生产服务的各类通信设施（光纤、微波、载波、交换及网络等）及其辅助设备（供电电源、线缆、环境监控等）的建筑物和构筑物的统称。
证书扫描件		通过专用仪器扫描证书原件生成的 PDF 文件或电子图片

附 录 D
（规范性）
工 程 业 绩

工程业绩信息应符合表 D.1 的规定。

表 D.1　工程业绩

中类	小类	说明
产品类别		将产品进行归类。
工程名称		工程具体项目的名称。
合同名称		合同基本内容的简称。
工程状态	已投产	整个监理工程项目已按设计规定的内容全部建成，形成设计规定的能力或效益，并经正式验收移交生产或使用部门的项目。
工程类型		按自然属性和使用功能进行分类。
	串补站工程	实现电力系统输电线路串联补偿的电力设施工程，站内安装有串联补偿装置和相关辅助设施及建（构）筑物。
	光缆线路	以光纤通信为主要功能的线缆工程。
	变电土建	变电站土方、基础、结构、门窗、防水、幕墙、装修、绿化、道路、室外等工程建设。
	变电安装	变电站的各种设备、管道、线缆及辅助装置的组合、装配、安装和调试工程。
	变电站场地平整工程	通过挖高填低，将天然地面改造成变电站建设工程所要求的设计平面，满足变电站施工建设需要的场地平面。
	变电站工程	电网中线路的连接点，用以变换电压、交换功率，以及汇集、分配电能的设施工程。
	安全稳定控制工程	保障电力系统稳定运行，安全稳定控制装置的组合、装配、安装和调试工程。
	开关站工程	通过开关装置将电力系统及其用户的用电设备有选择地连接或切断的电力设施的组合、装配、安装和调试工程。
	扩建变电站	在原有的基础上改造建设，扩大既有规模的变电站设施工程。
	扩建间隔	扩充包含超高（或高）电压开关装置和电力线、电力变压器等与变电站母线系统的连接，以及电力线、电力变压器等的保护、控制和测量装置的工程。
	改建线路	在原有的基础上改造建设既有线路工程。
	架空线路	用绝缘子和杆塔将导线及地线架离地面的电力线路组合、装配、安装和调试工程。

表 D.1（续）

中类	小类	说明
工程性质	电缆线路（水下）	敷设在江、河、湖、海等水域环境中，电缆外护套直接与水接触或埋设在水底的电缆组合、装配、安装和调试工程。
	电缆线路（陆上）	敷设在陆地环境中的陆上电缆组合、装配、安装和调试工程。
	直流换流站	高压直流输电系统中实现交直流电力变换的电力设施组合、装配、安装和调试工程。
	系统通信工程	为电力生产安全稳定运行提供服务的各类通信设备及辅助设备安装调试工程。
	调相机工程	向电力系统提供或吸收无功功率的同步电动机，用于改善电网功率因数，维持电网电压水平的调相机的组合、装配、安装和调试工程。
	输变电工程	将电能的特性（主要指电压、交流或直流）进行变换，并从电能供应地输送至电能需求地的工程项目。
	通信站	安装有为电力生产服务的各类通信设施（光纤、微波、载波、交换及网络等）及其辅助设备（供电电源、线缆、环境监控等）的建筑物和构筑物的统称。
	扩建工程	为扩大原有产品的生产能力（或效益）或增加新的产品生产能力，而增建的生产车间（或主要工程）、分厂、独立的生产线等项目。
	改建工程	为提高生产运行效率、提高产品质量，对原有的设备、设施、工程进行改造的项目，包括不增加生产运行规模的辅助设施建设。
	新建工程	从无到有"平地起家"开始建设的项目。现有企业、事业、行政单位投资的项目一般不属于新建。但如有的单位原有基础很小，经过建设后新增的固定资产价值超过该企业、事业、行政单位原有固定资产价值（原值）三倍以上的，也应作为新建。
工程电压等级（kV）		根据传输与使用的需要按照电压值的大小所划分的若干级别。
	35	35kV 电压等级工程项目。
	66	66kV 电压等级工程项目。
	110	110kV 电压等级工程项目。
	220	220kV 电压等级工程项目。
	330	330kV 电压等级工程项目。
	500	500kV 电压等级工程项目。
	750	750kV 电压等级工程项目。
	1000	1000kV 电压等级工程项目。

表 **D**.1（续）

中类	小类	说明
	±200	±200kV 电压等级工程项目。
	±400	±400kV 电压等级工程项目。
	±500	±500kV 电压等级工程项目。
	±660	±660kV 电压等级工程项目。
	±800	±800kV 电压等级工程项目。
	±1100	±1100kV 电压等级工程项目。
建设地点		建设项目所位于的各级行政区域。
	国内	中华人民共和国境内，包括内地、香港特别行政区和澳门特别行政区。
	海外	中国大陆与中国台湾地区之外的地区，其中中国大陆包括内地、香港特别行政区和澳门特别行政区。
变电建设总规模（MVA）		变电站主变压器容量。
标包变电站座数		变电站数量。
线路长度（折单公里）		单条线路长度。
监理服务范围		建设单位委托监理单位实施监理的工程范围，监理单位为建设单位提供监理服务的范围和工程量。
	全程监理	建设项目的前期决策研究阶段、勘察和设计阶段、施工准备阶段、建设施工阶段、竣工验收阶段以及维护保修阶段的监理工作。
	施工监理	在施工过程中，受业主方委托代表业主方对施工方的工程质量、工程进度、工程造价、工程安全进行控制，对合同执行、文件处理进行管理，对各施工方的交叉等进行协调。
	设计监理	代表业主对设计质量进行控制的主要工作是审核设计图纸，即对设计成果进行验收。
合同签订日期		当事人签字、盖章或按手印的日期。
开工日期		合同约定的开工年月日。
投产日期		投入生产运行的时间。
合同甲方		合同的主导方，提出目标的一方，出资方或投资方。
合同编号		为区别不同合同而按照一定规则加上的一串字母和数字组成的编号。
合同金额（万元）		合同签订的金额。
合同数量		一定时期内签订合同的份数

35kV 及以上电网工程设计
供应商专用信息

目　次

1　范围 ·· 64

2　规范性引用文件 ··· 64

3　术语和定义 ··· 64

4　企业资质 ··· 65

5　优质工程 ··· 65

6　工程业绩 ··· 65

附录 A（规范性）　企业资质 ·························· 66

附录 B（规范性）　优质工程 ·························· 68

附录 C（规范性）　工程业绩 ·························· 71

35kV 及以上电网工程设计供应商专用信息

1 范围

本文件规定了 35kV 及以上电网工程设计供应商专用信息的企业资质、优质工程、工程业绩，规范了供应商专用信息分类规则。

本文件适用于电力物资及服务供应商关系管理相关系统的建设和信息交互，及其他涉及电力物资及服务供应商信息的业务应用。

2 规范性引用文件

下列文件中的内容通过文中的规范性引用而构成本文件必不可少的条款。其中，注日期的引用文件，仅该日期对应的版本适用于本文件；不注日期的引用文件，其最新版本（包括所有的修改单）适用于本文件。

GB/T 2900.1—2008　电工术语　基本术语

GB/T 50297—2018　电力工程基本术语标准

GB/T 50841—2013　建设工程分类标准

DL/T 396—2010　电压等级代码

DL/T 503—2009　电力工程项目分类代码

DL/T 5159—2012　电力工程物探技术规程

DL/T 5578—2020　电力工程施工测量标准

DL/T 5610—2021　输电网规划设计规程

DL/T 5631—2021　输电网规划设计内容深度规定

3 术语和定义

下列术语和定义适用于本文件。

3.1

企业资质　report certificate

企业在从事某一行业经营中应具备的资格以及与此资格相应的质量等级标准。

3.2

优质工程　high quality project

设计优、质量精、管理佳、效益好、技术先进、节能环保的工程。

3.3

业绩　achievement

在某一特定统计时间内，供应商按照合同约定，实际完成履约的产品或服务。

4　企业资质

　　企业资质信息主要包括资质专业、资质等级、颁发部门、资质证书编号、发证日期、有效期至、企业资质扫描件。具体内容应符合附录 A 表 A.1 的规定。

5　优质工程

　　优质工程信息包括产品类别、获奖工程名称、工程状态、获奖工程类型、获奖工程电压等级（kV）、获奖级别、获奖奖项、颁奖单位、颁发日期、证书扫描件、获奖承揽内容。具体内容应符合附录 B 表 B.1 的规定。

6　工程业绩

　　工程业绩信息包括产品类别、工程名称、合同名称、工程状态、工程类型、工程性质、工程电压等级（kV）、建设地点、变电建设总规模（MVA）、标包变电站座数、线路长度（折单公里）、合同签订日期、开工日期、投产日期、合同甲方、合同编号、合同金额（万元）、合同数量。具体内容应符合附录 C 表 C.1 的规定。

附　录　A
（规范性）
企　业　资　质

企业资质信息应符合表 A.1 的规定。

表 A.1　企业资质

中类	小类	说明
资质专业		按照工程性质和技术特点分别划分的若干资质类别。
	工程勘察岩土工程专业	可勘察拟建场地地质条件，与岩土工程相关的设计工作。
	工程勘察工程测量专业	工程建设场地的地形地貌特征以及施工与安全使用的监测技术，为规划设计、施工兴建及运营管理各阶段提供所需的基本图件、测绘资料与测绘保障的专业设计工作。
	工程勘察水文地质勘察专业	查明一个地区的水文地质条件而进行的水文地质调查研究的专业设计工作。
	工程勘察综合资质	研究和查明工程建设场地的地质地理环境特征，及与工程建设相关的综合性应用科学工作的综合资质。
	工程设计电力行业	电力行业工程设计。
	工程设计电力行业变电工程专业	将电能的特性（主要指电压、交流或直流）进行变换的工程专业设计工作。
	工程设计电力行业送电工程专业	将电能从供应地输送至电能需求地的工程专业设计工作。
	工程设计综合资质	涵盖 21 个行业设计工作。
资质等级		企业在从事行业经营中，应具有的与资格相适应的质量等级标准。
	丙级	行业丙级资质承担本行业小型建设项目的工程设计业务。
		专业丙级资质承担本专业小型建设项目的工程设计业务。
	乙级	行业乙级资质承担本行业中、小型建设工程项目的主体工程及其配套工程的设计业务。
		专业乙级资质承担本专业中、小型建设工程项目的主体工程及其配套工程的设计业务。
	甲级	行业甲级资质承担本行业建设工程项目主体工程及其配套工程的设计业务，其规模不受限制。
		专业甲级资质承担本专业建设工程项目主体工程及其配套工程的设计业务，其规模不受限制。

表 **A**.1（续）

中类	小类	说明
颁发部门		颁发资质证书的机构名称。
资质证书编号		证书上利用有序或无序的任意符号按顺序编号数或者编定的号数。
发证日期		资质评定机关核发资质证书的年月日。
有效期至		资质证书登记的有效期的终止日期。
企业资质扫描件		通过专用仪器扫描证书原件生成的 PDF 文件或电子图片

附 录 B
（规范性）
优 质 工 程

优质工程信息应符合表 B.1 的规定。

表 B.1 优质工程

中类	小类	说明
产品类别		将产品进行归类。
获奖工程名称		获得奖励的工程具体项目的名称。
工程状态		工程建设各阶段所处的状况。
	已投产	整个工程项目已按设计规定的内容全部建成，形成设计规定的能力或效益，并经正式验收移交生产或使用部门的项目。
获奖工程类型		按自然属性和使用功能进行分类。
	串补站工程	实现电力系统输电线路串联补偿的电力设施工程，站内安装有串联补偿装置和相关辅助设施及建（构）筑物。
	变电站工程	电网中线路的连接点，用以变换电压、交换功率，以及汇集、分配电能的设施工程。
	开关站工程	通过开关装置将电力系统及其用户的用电设备有选择地连接或切断的电力设施的组合、装配、安装和调试工程。
	换流站工程	安装有换流器且主要用于将交流电转换成直流电或将直流电转换成交流电的变电站工程。
	线路工程	在系统两点间用于输配电的由导体、绝缘材料和附件组成的设施工程。
	调相机工程	向电力系统提供或吸收无功功率的同步电动机，用于改善电网功率因数，维持电网电压水平的调相机的组合、装配、安装和调试工程。
	输变电工程	将电能的特性（主要指电压、交流或直流）进行变换，并从电能供应地输送至电能需求地的工程项目。
	通信站	安装有为电力生产服务的各类通信设施（光纤、微波、载波、交换及网络等）及其辅助设备（供电电源、线缆、环境监控等）的建筑物和构筑物的统称。
获奖工程电压等级（kV）		根据获奖工程传输与使用的需要按照电压值的大小所划分的若干级别。
	35	35kV 电压等级工程项目。
	66	66kV 电压等级工程项目。
	110	110kV 电压等级工程项目。
	220	220kV 电压等级工程项目。

表 B.1（续）

中类	小类	说明
	330	330kV 电压等级工程项目。
	500	500kV 电压等级工程项目。
	750	750kV 电压等级工程项目。
	1000	1000kV 电压等级工程项目。
	±200	±200kV 电压等级工程项目。
	±400	±400kV 电压等级工程项目。
	±500	±500kV 电压等级工程项目。
	±660	±660kV 电压等级工程项目。
	±800	±800kV 电压等级工程项目。
	±1100	±1100kV 电压等级工程项目。
获奖级别		获奖证书颁发者的级别。
	国家级	为奖励在科技进步活动中作出突出贡献的公民、组织，由国务院设立的五项国家科学技术奖：国家最高科学技术奖、国家自然科学奖、国家技术发明奖、国家科学技术进步奖和中华人民共和国国际科学技术合作奖。
	省级	中华人民共和国各省、自治区、直辖市党委或人民政府直接授予的奖励，教育部、文化部、公安部、国家国防科技工业局等国家部委和中国人民解放军直接授予的奖励。
获奖奖项		获得奖励的不同类别、类型名称。
	中国建设工程鲁班奖	由中华人民共和国住房和城乡建设部指导、中国建筑业协会组织实施评选的奖项。
	中国电力优质工程奖	由中国电力建设企业协会组织实施评选的奖项。
	全国优秀工程勘察设计奖	由中华人民共和国住房和城乡建设部负责评选的奖项。
	其他设计相关奖项	不在上述奖项内的设计奖项。
	国家优质工程奖	由中国施工企业管理协会组织实施评选的奖项。
	电力行业优秀工程设计奖	中国电力设计协会组织实施评选的奖项。
颁奖单位		颁发所获奖励（证书等）的主管机构名称。
颁发日期		所获奖励（证书等）的落款日期。
证书扫描件		通过专用仪器扫描获奖证书原件生成的 PDF 文件或电子图片。
获奖承揽内容		获奖所承接的合同约定中工程类型的分类、类别。

表 B.1（续）

中类	小类	说明
	串补站工程	实现电力系统输电线路串联补偿的电力设施工程，站内安装有串联补偿装置和相关辅助设施及建（构）筑物。
	光缆线路	以光纤通信为主要功能的线缆工程。
	变电站土建	变电站土方、基础、结构、门窗、防水、幕墙、装修、绿化、道路、室外等工程建设。
	变电站工程	电网中线路的连接点，用以变换电压、交换功率，以及汇集、分配电能的设施工程。
	变电站电气安装	变电站的各种设备、管道、线缆及辅助装置的组合、装配、安装和调试工程。
	安全稳定控制工程	保障电力系统稳定运行，安全稳定控制装置的组合、装配、安装和调试工程。
	开关站工程	通过开关装置将电力系统及其用户的用电设备有选择地连接或切断的电力设施的组合、装配、安装和调试工程。
	架空线路	用绝缘子和杆塔将导线及地线架离地面的电力线路组合、装配、安装和调试工程。
	电缆线路（水下）	敷设在江、河、湖、海等水域环境中，电缆外护套直接与水接触或埋设在水底的电缆组合、装配、安装和调试工程。
	电缆线路（陆上）	敷设在陆地环境中的路上电缆组合、装配、安装和调试工程。
	直流换流站	高压直流输电系统中实现交直流电力变换的电力设施组合、装配、安装和调试工程。
	系统通信工程	为电力生产安全稳定运行提供服务的各类通信设备及辅助设备安装调试工程。
	调相机工程	向电力系统提供或吸收无功功率的同步电动机，用于改善电网功率因数，维持电网电压水平的调相机的组合、装配、安装和调试工程。
	输变电工程	将电能的特性（主要指电压、交流或直流）进行变换，并从电能供应地输送至电能需求地的工程项目。
	通信站	安装有为电力生产服务的各类通信设施（光纤、微波、载波、交换及网络等）及其辅助设备（供电电源、线缆、环境监控等）的建筑物和构筑物的统称

附 录 C
（规范性）
工 程 业 绩

工程业绩信息应符合表 C.1 的规定。

表 C.1　工程业绩

中类	小类	说明
产品类别		将产品进行归类。
工程名称		工程具体项目的名称。
合同名称		合同基本内容的简称。
工程状态		工程建设各阶段所处的状况。
	在建	新建、改建、扩建，或技术改造、设备更新和大修理工程等尚未完工的工程。
	已投产	整个设计工程项目已按设计规定的内容全部建成，形成设计规定的能力或效益，并经正式验收移交生产或使用部门的项目。
工程类型		按自然属性和使用功能进行分类。
	串补站工程	实现电力系统输电线路串联补偿的电力设施工程，站内安装有串联补偿装置和相关辅助设施及建（构）筑物。
	光缆线路	以光纤通信为主要功能的线缆工程。
	变电土建	变电站土方、基础、结构、门窗、防水、幕墙、装修、绿化、道路、室外等工程建设。
	变电安装	变电站的各种设备、管道、线缆及辅助装置的组合、装配、安装和调试工程。
	变电站场地平整工程	通过挖高填低，将天然地面改造成变电站建设工程所要求的设计平面，满足变电站施工建设需要的场地平面。
	变电站工程	电网中线路的连接点，用以变换电压、交换功率，以及汇集、分配电能的设施工程。
	安全稳定控制工程	保障电力系统稳定运行，安全稳定控制装置的组合、装配、安装和调试工程。
	开关站工程	通过开关装置将电力系统及其用户的用电设备有选择地连接或切断的电力设施的组合、装配、安装和调试工程。
	扩建变电站	在原有的基础上改造建设，扩大既有规模的变电站设施工程。
	扩建间隔	扩充包含超高（或高）电压开关装置和电力线、电力变压器等与变电站母线系统的连接，以及电力线、电力变压器等的保护、控制和测量装置的工程。

表 C.1（续）

中类	小类	说明
工程性质	改建线路	在原有的基础上改造建设既有线路工程。
	架空线路	用绝缘子和杆塔将导线及地线架离地面的电力线路组合、装配、安装和调试工程。
	电缆线路（水下）	敷设在江、河、湖、海等水域环境中，电缆外护套直接与水接触或埋设在水底的电缆组合、装配、安装和调试工程。
	电缆线路（陆上）	敷设在陆地环境中的陆上电缆组合、装配、安装和调试工程。
	直流换流站	高压直流输电系统中实现交直流电力变换的电力设施组合、装配、安装和调试工程。
	系统通信工程	为电力生产安全稳定运行提供服务的各类通信设备及辅助设备安装调试工程。
	调相机工程	向电力系统提供或吸收无功功率的同步电动机，用于改善电网功率因数，维持电网电压水平的调相机的组合、装配、安装和调试工程。
	输变电工程	将电能的特性（主要指电压、交流或直流）进行变换，并从电能供应地输送至电能需求地的工程项目。
	通信站	安装有为电力生产服务的各类通信设施（光纤、微波、载波、交换及网络等）及其辅助设备（供电电源、线缆、环境监控等）的建筑物和构筑物的统称。
		工程项目的建设性质，建设项目所采取的实现形式。
	扩建工程	为扩大原有产品的生产能力（或效益）或增加新的产品生产能力，而增建的生产车间（或主要工程）、分厂、独立的生产线等项目。
	改建工程	为提高生产运行效率、提高产品质量，对原有的设备、设施、工程进行改造的项目，包括不增加生产运行规模的辅助设施建设。
	新建工程	从无到有"平地起家"开始建设的项目。现有企业、事业、行政单位投资的项目一般不属于新建。但如有的单位原有基础很小，经过建设后新增的固定资产价值超过该企业、事业、行政单位原有固定资产价值（原值）三倍以上的，也应作为新建。
工程电压等级（kV）		根据传输与使用的需要按照电压值的大小所划分的若干级别。
	35	35kV 电压等级工程项目。
	66	66kV 电压等级工程项目。
	110	110kV 电压等级工程项目。
	220	220kV 电压等级工程项目。
	330	330kV 电压等级工程项目。
	500	500kV 电压等级工程项目。

表 C.1（续）

中类	小类	说明
	750	750kV 电压等级工程项目。
	1000	1000kV 电压等级工程项目。
	±200	±200kV 电压等级工程项目。
	±400	±400kV 电压等级工程项目。
	±500	±500kV 电压等级工程项目。
	±660	±660kV 电压等级工程项目。
	±800	±800kV 电压等级工程项目。
	±1100	±1100kV 电压等级工程项目。
建设地点		建设项目所位于的各级行政区域。
	国内	中华人民共和国境内，包括内地、香港特别行政区和澳门特别行政区。
	海外	中国大陆与中国台湾地区之外的地区，其中中国大陆包括内地、香港特别行政区和澳门特别行政区。
变电建设总规模（MVA）		变电站主变压器容量。
标包变电站座数		变电站数量。
线路长度（折单公里）		单条线路长度。
合同签订日期		当事人签字、盖章或按手印的日期。
开工日期		合同约定的开工年月日。
投产日期		投入生产运行的时间。
合同甲方		合同的主导方，提出目标的一方，出资或投资方。
合同编号		为区别不同合同而按照一定规则加上的一串字母和数字组成的编号。
合同金额（万元）		合同签订的金额。
合同数量		一定时期内签订合同的份数

35kV 及以上电网工程施工
供应商专用信息

目　　次

1　范围 ·· 76
2　规范性引用文件 ··· 76
3　术语和定义 ··· 76
4　企业资质 ·· 77
5　安全生产许可证 ··· 77
6　优质工程 ·· 77
7　建造师 ·· 77
8　安全生产考核合格证书 ··································· 77
9　工程业绩 ·· 77
附录A（规范性）　企业资质 ······························· 78
附录B（规范性）　安全生产许可证 ························· 80
附录C（规范性）　优质工程 ······························· 81
附录D（规范性）　建造师 ································· 84
附录E（规范性）　安全生产考核合格证书 ··················· 85
附录F（规范性）　工程业绩 ······························· 86

35kV 及以上电网工程施工供应商专用信息

1 范围

本文件规定了 35kV 及以上电网工程施工供应商专用信息的企业资质、安全生产许可证、优质工程、建造师、安全生产考核合格证书、工程业绩，规范了供应商专用信息分类规则。

本文件适用于电力物资及服务供应商关系管理相关系统的建设和信息交互，及其他涉及电力物资及服务供应商信息的业务应用。

2 规范性引用文件

下列文件中的内容通过文中的规范性引用而构成本文件必不可少的条款。其中，注日期的引用文件，仅该日期对应的版本适用于本文件；不注日期的引用文件，其最新版本（包括所有的修改单）适用于本文件。

GB/T 2900.1—2008　电工术语　基本术语
GB/T 50297—2018　电力工程基本术语标准
GB/T 50841—2013　建设工程分类标准
DL/T 396—2010　电压等级代码
DL/T 503—2009　电力工程项目分类代码
DL/T 5159—2012　电力工程物探技术规程
DL/T 5578—2020　电力工程施工测量标准

3 术语和定义

下列术语和定义适用于本文件。

3.1

企业资质　report certificate
企业在从事某一行业经营中应具备的资格以及与此资格相应的质量等级标准。

3.2

安全生产许可证　safe production licence
国家对矿山企业、建筑施工企业和危险化学品、烟花爆竹、民用爆炸物品生产企业实行安全生产许可制度。企业未取得安全生产许可证的，不得从事生产活动。

3.3

优质工程　high quality project
设计优、质量精、管理佳、效益好、技术先进、节能环保的工程。

3.4

建造师　constructor

从事建设工程项目总承包和施工管理关键岗位的执业注册人员。

3.5

安全生产考核合格证书　safe production examination certificate

建筑施工企业主要负责人、项目负责人和专职安全生产管理人员，通过其受聘企业，向企业工商注册地的省、自治区、直辖市人民政府住房城乡建设主管部门申请安全生产考核，考核合格后取得的安全生产考核合格证书。

3.6

业绩　achievement

在某一特定统计时间内，供应商按照合同约定，实际完成履约的产品或服务。

4　企业资质

企业资质信息包括资质类别、资质等级、颁发部门、资质证书编号、发证日期、有效期至、企业资质扫描件。具体内容应符合附录 A 表 A.1 的规定。

5　安全生产许可证

安全生产许可证信息包括证书编号、发证时间、有效期至、企业资质扫描件。具体内容应符合附录 B 表 B.1 的规定。

6　优质工程

优质工程信息包括产品类别、获奖工程名称、工程状态、获奖工程类型、获奖工程电压等级（kV）、获奖级别、获奖奖项、颁奖单位、颁发日期、证书扫描件、获奖承揽内容。具体内容应符合附录 C 表 C.1 的规定。

7　建造师

建造师信息包括姓名、身份证号码、证书编号、发证机关、注册编号、注册建造师等级、证书扫描件、证书专业类型。具体内容应符合附录 D 表 D.1 的规定。

8　安全生产考核合格证书

安全生产考核合格证书信息包括姓名、身份证号码、证书编号、证书出具机构、出具日期、有效日期、证书扫描件、证书类型。具体内容应符合附录 E 表 E.1 的规定。

9　工程业绩

工程业绩信息包括产品类别、工程名称、合同名称、工程状态、工程类型、工程性质、工程电压等级（kV）、建设地点、变电建设总规模（MVA）、标包变电站座数、线路长度（折单公里）、合同签订日期、开工日期、投产日期、合同甲方、合同编号、合同金额（万元）、合同数量。具体内容应符合附录 F 表 F.1 的规定。

附 录 A

（规范性）

企 业 资 质

企业资质信息应符合表 A.1 的规定。

表 A.1　企业资质

中类	小类	说明
资质类别		按照工程性质和技术特点分别划分的若干资质类别。
	承修电力设施	可以从事电力设施的维修活动。
	承装电力设施	可以从事电力设施的安装活动。
	承试电力设施	可以从事电力设施的试验活动。
	电力工程施工总承包	可以从事电力工程全部施工任务。电力工程指与电能的生产、输送及分配有关的工程。
	输变电施工专业承包	可以从事输变电工程专业施工任务。
资质等级		企业在从事行业经营中，应具有的与资格相适应的质量等级标准。
	一级	电力工程施工总承包可承担各类发电工程、各种电压等级送电线路和变电站工程的施工。 输变电施工专业承包可承担各种电压等级送电线路和变电站工程的施工。 承装（修、试）电力设施许可证一级可以从事所有电压等级电力设施的安装、维修或者试验活动。
	二级	电力工程施工总承包可承担单机容量 20 万 kW 以下发电工程、220kV 以下送电线路和相同电压等级变电站工程的施工。 输变电施工专业承包可承担 220kV 以下送电线路和相同电压等级变电站工程的施工。 承装（修、试）电力设施许可证可以从事 330kV 以下电压等级电力设施的安装、维修或者试验活动。
	三级	电力工程施工总承包可承担单机容量 10 万 kW 以下发电工程、110kV 以下送电线路和相同电压等级变电站工程的施工。 输变电施工专业承包可承担 110kV 以下送电线路和相同电压等级变电站工程的施工。 承装（修、试）电力设施许可证可以从事 110kV 以下电压等级电力设施的安装、维修或者试验活动。
	四级	承装（修、试）电力设施许可证可以从事 35kV 以下电压等级电力设施的安装、维修或者试验活动。

表 A.1（续）

中类	小类	说明
	特级	取得房屋建筑、矿山、冶炼、石油化工、电力等类别中任意一类施工总承包特级资质和其中两类施工总承包一级资质，即可承接房屋建筑、矿山、冶炼、石油化工、电力各类别工程的施工总承包、工程总承包和项目管理业务。
颁发部门		颁发资质证书的机构名称。
资质证书编号		资质证书上利用有序或无序的任意符号按顺序编号数或者编定的号数。
发证日期		资质评定机关核发资质证书的年月日。
有效期至		资质证书登记的有效期的终止日期。
企业资质扫描件		通过专用仪器扫描证书原件生成的 PDF 文件或电子图片

附 录 B
（规范性）
安 全 生 产 许 可 证

安全生产许可证信息应符合表 B.1 的规定。

表 B.1 安全生产许可证信息

中类	小类	说明
证书编号		证书上利用有序或无序的任意符号按顺序编号数或者编定的号数。
发证时间		评定机关核发证书的年月日。
有效期至		证书上登记的有效期的终止日期。
企业资质扫描件		通过专用仪器扫描证书原件生成的 PDF 文件或电子图片

附　录　C
（规范性）
优　质　工　程

优质工程信息应符合表 C.1 的规定。

表 C.1　优质工程

中类	小类	说明
产品类别		将产品进行归类。
获奖工程名称		获得奖励的工程具体项目的名称。
工程状态		工程建设各阶段所处的状况。
	已投产	整个工程项目已按设计规定的内容全部建成，形成设计规定的能力或效益，并经正式验收移交生产或使用部门的项目。
获奖工程类型		按自然属性和使用功能进行分类。
	串补站工程	实现电力系统输电线路串联补偿的电力设施工程。站内安装有串联补偿装置和相关辅助设施及建（构）筑物。
	变电站工程	电网中线路的连接点，用以变换电压、交换功率，以及汇集、分配电能的设施工程。
	开关站工程	通过开关装置将电力系统及其用户的用电设备有选择地连接或切断的电力设施的组合、装配、安装和调试工程。
	换流站工程	高压直流输电系统中实现交直流电力变换的电力设施组合、装配、安装和调试工程。
	线路工程	在系统两点间用于输配电的由导体、绝缘材料和附件组成的设施工程。
	调相机工程	向电力系统提供或吸收无功功率的同步电动机，用于改善电网功率因数，维持电网电压水平的调相机的组合、装配、安装和调试工程。
	输变电工程	将电能的特性（主要指电压、交流或直流）进行变换，并从电能供应地输送至电能需求地的工程项目。
	通信站	安装有为电力生产服务的各类通信设施（光纤、微波、载波、交换及网络等）及其辅助设备（供电电源、线缆、环境监控等）的建筑物和构筑物的统称。
获奖工程电压等级（kV）		根据获奖工程传输与使用的需要按照电压值的大小所划分的若干级别。
	35	35kV 电压等级工程项目。
	66	66kV 电压等级工程项目。
	110	110kV 电压等级工程项目。
	220	220kV 电压等级工程项目。

表 C.1（续）

中类	小类	说明
	330	330kV 电压等级工程项目。
	500	500kV 电压等级工程项目。
	750	750kV 电压等级工程项目。
	1000	1000kV 电压等级工程项目。
	±200	±200kV 电压等级工程项目。
	±400	±400kV 电压等级工程项目。
	±500	±500kV 电压等级工程项目。
	±660	±660kV 电压等级工程项目。
	±800	±800kV 电压等级工程项目。
	±1100	±1100kV 电压等级工程项目。
获奖级别		获奖证书颁发者的级别。
	国家级	为奖励在科技进步活动中作出突出贡献的公民、组织，由国务院设立的五项国家科学技术奖：国家最高科学技术奖、国家自然科学奖、国家技术发明奖、国家科学技术进步奖和中华人民共和国国际科学技术合作奖。
	省级	中华人民共和国各省、自治区、直辖市党委或人民政府直接授予的奖励，教育部、文化部、公安部、国家国防科技工业局等国家部委和中国人民解放军直接授予的奖励。
获奖奖项		获得奖励的不同类别、类型名称。
	中国建设工程鲁班奖（国家优质工程）	由中华人民共和国住房和城乡建设部指导、中国建筑业协会组织实施评选的奖项。
	中国电力优质工程奖	由中国电力建设企业协会组织实施评选的奖项。
	国家优质工程奖	由中国施工企业管理协会组织实施评选的奖项。
	其他施工相关奖项	不在上述范围的奖项。
颁奖单位		颁发所获奖励（证书等）的主管机构名称。
颁发日期		所获奖励（证书等）的落款日期。
证书扫描件		通过专用仪器扫描获奖证书原件生成的 PDF 文件或电子图片。
获奖承揽内容		获奖所承接的合同约定中工程类型的分类、类别。
	串补站工程	实现电力系统输电线路串联补偿的电力设施工程。站内安装有串联补偿装置和相关辅助设施及建（构）筑物。
	光缆线路	以光纤通信为主要功能的线缆工程。

表 C.1（续）

中类	小类	说明
	变电安装	变电站的各种设备、管道、线缆及辅助装置的组合、装配、安装和调试工程。
	变电站土建	变电站土方、基础、结构、门窗、防水、幕墙、装修、绿化、道路、室外等工程建设。
	变电站场地平整工程	通过挖高填低，将天然地面改造成变电站建设工程所要求的设计平面，满足变电站施工建设需要的场地平面。
	变电站工程	电网中线路的连接点，用以变换电压、交换功率，以及汇集、分配电能的设施工程。
	安全稳定控制工程	保障电力系统稳定运行，安全稳定控制装置的组合、装配、安装和调试工程。
	开关站工程	通过开关装置将电力系统及其用户的用电设备有选择地连接或切断的电力设施的组合、装配、安装和调试工程。
	架空线路	用绝缘子和杆塔将导线及地线架离地面的电力线路组合、装配、安装和调试工程。
	电缆线路（水下）	敷设在江、河、湖、海等水域环境中，电缆外护套直接与水接触或埋设在水底的电缆组合、装配、安装和调试工程。
	电缆线路（陆上）	敷设在陆地环境中的路上电缆组合、装配、安装和调试工程。
	直流换流站	高压直流输电系统中实现交直流电力变换的电力设施组合、装配、安装和调试工程。
	系统通信工程	为电力生产安全稳定运行提供服务的各类通信设备及辅助设备安装调试工程。
	调相机工程	向电力系统提供或吸收无功功率的同步电动机，用于改善电网功率因数，维持电网电压水平的调相机的组合、装配、安装和调试工程。
	输变电工程	将电能的特性（主要指电压、交流或直流）进行变换，并从电能供应地输送至电能需求地的工程项目。
	通信站	安装有为电力生产服务的各类通信设施（光纤、微波、载波、交换及网络等）及其辅助设备（供电电源、线缆、环境监控等）的建筑物和构筑物的统称

附 录 D
（规范性）
建 造 师

建造师信息应符合表 D.1 的规定。

表 D.1 建造师信息

中类	小类	说明
姓名		在户籍管理部门正式登记注册、人事档案中正式记载的姓氏名称。
身份证号码		身份证件上记载的、可唯一标识个人身份的号码。
证书编号		证书上利用有序或无序的任意符号按顺序编号数或者编定的号数。
发证机关		颁发证书的机构名称。
注册编号		建设主管部门认定机构在注册执业证书上初始、延续、变更注册记录编号。
注册建造师等级		从事建设工程项目总承包和施工管理关键岗位的执业注册人员的执业资格级别和范围。
	一级	可以担任执业资格的等级，一级可担任大中小型工程项目负责人。
	二级	可以担任执业资格的等级，二级可担任中小型工程项目负责人。
证书扫描件		通过专用仪器扫描证书原件生成的 PDF 文件或电子图片。
证书专业类型		建造师证书的专业分类。
	建筑工程	各类房屋建筑及其附属设施的建造和与其配套的线路、管道、设备的安装活动所形成的工程实体。
	机电工程	包括锅炉、通风空调、制冷、电气、仪表、电机、压缩机机组和广播电影、电视播控等设备工程

附　录　E

（规范性）

安全生产考核合格证书

安全生产考核合格证书信息应符合表 E.1 的规定。

表 E.1　安全生产考核合格证书信息

中类	小类	说明
姓名		在户籍管理部门正式登记注册、人事档案中正式记载的姓氏名称。
身份证号码		身份证件上记载的、可唯一标识个人身份的号码。
证书编号		证书上利用有序或无序的任意符号按顺序编号数或者编定的号数。
证书出具机构		颁发证书的机构名称。
出具日期		证书出具的年月日。
有效日期		证书上登记的有效期的终止日期。
证书扫描件		通过专用仪器扫描证书原件生成的 PDF 文件或电子图片。
证书类型	A 类	建筑施工企业主要负责人 A 类证书。
	B 类	项目负责人、项目经理 B 类证书。

附 录 F
（规范性）
工 程 业 绩

工程业绩信息应符合表 F.1 的规定。

表 F.1 工程业绩

中类	小类	说明
产品类别		将产品进行归类。
工程名称		工程具体项目的名称。
合同名称		合同基本内容的简称。
工程状态		工程建设各阶段所处的状况。
	在建	新建、改建、扩建，或技术改造、设备更新和大修理工程等尚未完工的工程。
	已投产	整个设计工程项目已按设计规定的内容全部建成，形成设计规定的能力或效益，并经正式验收移交生产或使用部门的项目。
工程类型		按自然属性和使用功能进行分类。
	串补站工程	实现电力系统输电线路串联补偿的电力设施工程，站内安装有串联补偿装置和相关辅助设施及建（构）筑物。
	光缆线路	以光纤通信为主要功能的线缆工程。
	变电土建	变电站土方、基础、结构、门窗、防水、幕墙、装修、绿化、道路、室外等工程建设。
	变电安装	变电站的各种设备、管道、线缆及辅助装置的组合、装配、安装和调试工程。
	变电站场地平整工程	通过挖高填低，将天然地面改造成变电站建设工程所要求的设计平面，满足变电站施工建设需要的场地平面。
	变电站工程	电网中线路的连接点，用以变换电压、交换功率，以及汇集、分配电能的设施工程。
	安全稳定控制工程	保障电力系统稳定运行，安全稳定控制装置的组合、装配、安装和调试工程。
	开关站工程	通过开关装置将电力系统及其用户的用电设备有选择地连接或切断的电力设施的组合、装配、安装和调试工程。
	扩建变电站	在原有的基础上改造建设，扩大既有规模的变电站设施工程。
	扩建间隔	扩充包含超高（或高）电压开关装置和电力线、电力变压器等与变电站母线系统的连接，以及电力线、电力变压器等的保护、控制和测量装置的工程。

表 **F**.1（续）

中类	小类	说明
工程性质	改建线路	在原有的基础上改造建设既有线路工程。
	架空线路	用绝缘子和杆塔将导线及地线架离地面的电力线路组合、装配、安装和调试工程。
	电缆线路（水下）	敷设在江、河、湖、海等水域环境中，电缆外护套直接与水接触或埋设在水底的电缆组合、装配、安装和调试工程。
	电缆线路（陆上）	敷设在陆地环境中的路上电缆组合、装配、安装和调试工程。
	直流换流站	高压直流输电系统中实现交直流电力变换的电力设施组合、装配、安装和调试工程。
	系统通信工程	为电力生产安全稳定运行提供服务的各类通信设备及辅助设备安装调试工程。
	调相机工程	向电力系统提供或吸收无功功率的同步电动机，用于改善电网功率因数，维持电网电压水平的调相机的组合、装配、安装和调试工程。
	输变电工程	将电能的特性（主要指电压、交流或直流）进行变换，并从电能供应地输送至电能需求地的工程项目。
	通信站	安装有为电力生产服务的各类通信设施（光纤、微波、载波、交换及网络等）及其辅助设备（供电电源、线缆、环境监控等）的建筑物和构筑物的统称。
		工程项目的建设性质，建设项目所采取的实现形式。
	扩建工程	为扩大原有产品的生产能力（或效益）或增加新的产品生产能力，而增建的生产车间（或主要工程）、分厂、独立的生产线等项目。
	改建工程	为了提高生产运行效率、提高产品质量，对原有的设备、设施、工程进行改造的项目，包括不增加生产运行规模的辅助设施建设。
	新建工程	从无到有"平地起家"开始建设的项目。现有企业、事业、行政单位投资的项目一般不属于新建。但如有的单位原有基础很小，经过建设后新增的固定资产价值超过该企业、事业、行政单位原有固定资产价值（原值）三倍以上的，也应作为新建。
工程电压等级（kV）		根据传输与使用的需要按电压值的大小划分的若干级别。
	35	35kV 电压等级工程项目。
	66	66kV 电压等级工程项目。
	110	110kV 电压等级工程项目。
	220	220kV 电压等级工程项目。
	330	330kV 电压等级工程项目。

表 F.1（续）

中类	小类	说明
	500	500kV 电压等级工程项目。
	750	750kV 电压等级工程项目。
	1000	1000kV 电压等级工程项目。
	±200	±200kV 电压等级工程项目。
	±400	±400kV 电压等级工程项目。
	±500	±500kV 电压等级工程项目。
	±660	±660kV 电压等级工程项目。
	±800	±800kV 电压等级工程项目。
	±1100	±1100kV 电压等级工程项目。
建设地点		建设项目所位于的各级行政区域。
	国内	中华人民共和国境内，包括内地、香港特别行政区和澳门特别行政区。
	海外	中国大陆与中国台湾地区之外的地区，其中中国大陆包括内地、香港特别行政区和澳门特别行政区。
变电建设总规模（MVA）		变电站主变压器容量。
标包变电站座数		变电站数量。
线路长度（折单公里）		单条线路长度。
合同签订日期		当事人签字、盖章或按手印的日期。
开工日期		合同约定的开工年月日。
投产日期		投入生产运行的时间。
合同甲方		合同的主导方，提出目标的一方，出资方或投资方。
合同编号		为区别不同合同而按照一定规则加上的一串字母和数字组成的编号。
合同金额（万元）		合同签订的金额。
合同数量		一定时期内签订合同的份数

水电工程监理供应商专用信息

目　次

1　范围 ………………………………………………………………… 91

2　规范性引用文件 ………………………………………………… 91

3　术语和定义 ……………………………………………………… 91

4　企业资质 ………………………………………………………… 92

5　监理工程师 ……………………………………………………… 92

6　高级职称证书 …………………………………………………… 92

7　国家注册安全工程师证书 ……………………………………… 92

8　安全生产考核合格证书 ………………………………………… 93

9　水电优质工程 …………………………………………………… 93

10　水电监理企业业绩 ……………………………………………… 93

11　水电监理人员业绩 ……………………………………………… 93

12　安全质量情况 …………………………………………………… 93

附录 A（规范性）　企业资质 ……………………………………… 94

附录 B（规范性）　监理工程师 …………………………………… 95

附录 C（规范性）　高级职称证书 ………………………………… 97

附录 D（规范性）　国家注册安全工程师证书 …………………… 98

附录 E（规范性）　安全生产考核合格证书 ……………………… 99

附录 F（规范性）　水电优质工程 ………………………………… 100

附录 G（规范性）　水电监理企业业绩 …………………………… 101

附录 H（规范性）　水电监理人员业绩 …………………………… 102

附录 I（规范性）　安全质量情况 ………………………………… 104

水电工程监理供应商专用信息

1 范围

本文件规定了水电工程监理供应商专用信息的企业资质、监理工程师、高级职称证书、国家注册安全工程师、安全生产考核合格证书、水电优质工程、水电监理企业业绩、水电监理人员业绩、安全质量情况，规范了供应商专用信息分类规则。

本文件适用于电力物资及服务供应商关系管理相关系统的建设和信息交互，及其他涉及电力物资及服务供应商信息的业务应用。

2 规范性引用文件

下列文件中的内容通过文中的规范性引用而构成本文件必不可少的条款。其中，注日期的引用文件，仅该日期对应的版本适用于本文件；不注日期的引用文件，其最新版本（包括所有的修改单）适用于本文件。

GB/T 2900.1—2008　电工术语　基本术语

GB/T 40582—2021　水电站基本术语

GB/T 50297—2018　电力工程基本术语标准

GB/T 50841—2013　建设工程分类标准

DL/T 396—2010　电压等级代码

DL/T 503—2009　电力工程项目分类代码

DL/T 5111—2012　水电水利工程施工监理规范

DL/T 5434—2021　电力建设工程监理规范

JTJ 002—1987　公路工程名词术语

NB/T 11098—2023　水电工程水土保持监理规范

3 术语和定义

下列术语和定义适用于本文件。

3.1

企业资质　report certificate

企业在从事某一行业经营中应具备的资格以及与此资格相应的质量等级标准。

3.2

人员资质　personnel certificate

按照国家制定的职业技能标准或任职资格条件，通过认定的考核鉴定机构，对劳动者的技能水平或职业资格进行客观公正、科学规范的评价和鉴定，对合格者授予相应的国家职业资格证书。

3.3

高级职称 senior professional post

专业技术人员的专业技术水平、能力以及成就的等级称号，高级职称是职称中的最高级别，分正高级和副高级两类。

3.4

国家注册安全工程师 certified safety engineer

通过注册安全工程师职业资格考试，取得"中华人民共和国注册安全工程师执业资格证书"，并经注册的专业技术人员。

3.5

安全生产考核合格证书 safe production examination certificate

建筑施工企业主要负责人、项目负责人和专职安全生产管理人员，通过其受聘企业，向企业工商注册地的省、自治区、直辖市人民政府住房城乡建设主管部门申请安全生产考核，考核合格后取得的安全生产考核合格证书。

3.6

优质工程 high quality project

设计优、质量精、管理佳、效益好、技术先进、节能环保的工程。

3.7

业绩 achievement

在某一特定统计时间内，供应商按照合同约定，实际完成履约的产品或服务。

4 企业资质

企业资质信息主要包括企业名称、资质证书编号、资质类别、资质等级、颁发部门、业务内容、发证日期、有效期至、企业资质扫描件。具体内容应符合附录 A 表 A.1 的规定。

5 监理工程师

监理工程师信息包括资格证书持有人姓名、身份证号码、证书编号、证书名称、注册编号、专业类型、聘用企业、发证机关、签发日期、有效期至、注册监理工程师证书扫描件。具体内容应符合附录 B 表 B.1 的规定。

6 高级职称证书

高级职称证书信息包括证书持有人姓名、身份证号码、资格名称、专业名称、证书编号、发证机关、发证时间、证书扫描件。具体内容应符合附录 C 表 C.1 的规定。

7 国家注册安全工程师证书

国家注册安全工程师证书信息包括证书持有人姓名、身份证号码、证书名称、企业名称、执业证号、职业资格证书管理号（职业资格证书编号）、发证机关、发证时间、有效期限、证书扫描件。具体内容应符合附录 D 表 D.1 的规定。

8 安全生产考核合格证书

安全生产考核合格证书信息包括证书持有人姓名、身份证号码、证书名称、企业名称、证书编号、证书出具机构、出具日期、有效日期、证书扫描件。具体内容应符合附录 E 表 E.1 的规定。

9 水电优质工程

水电优质工程信息包括工程名称、获奖奖项、工程类型、获奖内容、颁奖单位、颁发时间、证书扫描件。具体内容应符合附录 F 表 F.1 的规定。

10 水电监理企业业绩

水电监理企业业绩信息包括合同编号、合同金额（万元）、合同工程名称、工程名称、工程类型、装机容量（MW）、承包范围、合同甲方、合同甲方联系人、合同甲方联系方式、合同签订日期、开工时间、是否投运、投运日期、支撑材料扫描件。具体内容应符合附录 G 表 G.1 的规定。

11 水电监理人员业绩

水电监理人员业绩信息包括姓名、身份证号码、学历、合同工程名称、工程名称、工程类型、装机容量（MW）、承包范围、所任职务、专业、任职开始时间、任职结束时间、合同甲方、合同乙方、合同甲方联系人、合同甲方联系方式、合同签订日期、开工时间、是否投运、支撑材料扫描件。具体内容应符合附录 H 表 H.1 的规定。

12 安全质量情况

安全质量情况信息包括公司名称、发生日期、死亡人数（如有）、重伤人数（如有）、经济损失（万元）、事件描述、建设单位、查询网站。具体内容应符合附录 I 表 I.1 的规定。

附 录 A
（规范性）
企 业 资 质

企业资质信息应符合表 A.1 的规定。

表 A.1 企业资质

中类	小类	说明
企业名称		一个机构的中文名称，该名称须经登记管理部门核准，应使用机构的全称。
资质证书编号		资质证书上利用有序或无序的任意符号按顺序编号数或者编定的号数。
资质类别		按照工程性质和技术特点分别划分的若干资质类别。
	工程监理综合资质	按照中华人民共和国建设部令第 158 号《工程监理企业资质管理规定》可以承担所有专业工程类别建设工程项目的工程监理业务。
	水利工程施工监理	水利工程的施工监理业务。
	水利水电工程监理	水利水电工程监理业务。
资质等级		企业在从事行业经营中，应具有的与资格相适应的质量等级标准。
	不分级	可承担所有专业工程类别建设工程项目的工程监理业务。
	甲级	可以承担各等级水利工程的施工监理业务。
颁发部门		颁发资质证书的发证机关。
业务内容		所许可的监理业务。
发证日期		资质评定机关核发资质证书的年月日。
有效期至		资质上登记的有效期的终止日期。
企业资质扫描件		通过专用仪器扫描证书原件生成的 PDF 文件或电子图片

附 录 B
（规范性）
监 理 工 程 师

监理工程师信息应符合表 B.1 的规定。

表 B.1 监理工程师

中类	小类	说明
姓名		在户籍管理部门正式登记注册、人事档案中正式记载的姓氏名称。
身份证号码		身份证件上记载的、可唯一标识个人身份的号码。
证书编号		证书上利用有序或无序的任意符号按顺序编号数或者编定的号数。
证书名称		证书上标明的名称全称。
	总监理工程师资格证书	通过考核取得监理工程师执业资格的证书。
	注册监理工程师执业资格证书	通过注册取得相应专业的注册监理工程师执业资格证书。
注册编号		建设主管部门认定机构在注册执业证书上初始、延续、变更注册记录编号。
专业类型		不同专业分类。
	公路工程	以公路为对象进行的规划、设计、施工、养护与管理工作的全过程及其所从事的工程实体。
	地质勘察	查明影响工程建筑物的地质因素而进行的地质调查研究工作。
	工程测量	在工程建设勘测、设计、施工和管理阶段所进行的各种测量工作。
	市政公用工程	由城市建设部门主管，为城镇居民生产生活提供必需的普通服务设施的工程建设项目。
	建筑工程	各类房屋建筑及其附属设施的建造和与其配套的线路、管道、设备的安装活动所形成的工程实体。
	房屋建筑工程	在固定地点，为使用者和/或占用物提供庇护覆盖以进行生活、生产或其他活动的实体，可分为工业建筑和民用建筑。
	机电安装工程	包括锅炉、通风空调、制冷、电气、仪表、电机、压缩机机组和广播电影、电视播控等设备安装工程。
	机电工程	包括锅炉、通风空调、制冷、电气、仪表、电机、压缩机机组和广播电影、电视播控等设备工程。

表 **B**.1（续）

中类	小类	说明
	机电设备制造	包括锅炉、通风空调、制冷、电气、仪表、电机、压缩机机组和广播电影、电视播控等设备制造。
	机电设备安装	包括锅炉、通风空调、制冷、电气、仪表、电机、压缩机机组和广播电影、电视播控等设备安装。
	水利水电工程	为了控制、调节和利用自然界的地表水和地下水，以达到除害兴利目的而兴建的各类工程。
	水土保持	防治水土流失，保护、改良与合理利用水土资源，提高土地生产力，建立良好生态环境的工作。
	水工建筑	水利水电工程中的各种单项实体的总称，包括挡水建筑物、泄水建筑物、输水建筑物、水电站厂房、开关站、通航建筑物、过木建筑物、过鱼建筑物等。
	环境保护	水污染防治工程、大气污染防治工程、固体废物处理处置工程、物理污染防治工程和污染修复工程等。
	电力工程	以生产、输送电能为目的的工程。
	金属结构设备制造	包括各种闸门、拦污栅、升船机、各类启闭机、操作闸门、拦污栅的附属设备，如抓梁、吊杆、锁定装置等设备制造。
	金属结构设备安装	包括各种闸门、拦污栅、升船机、各类启闭机、操作闸门、拦污栅的附属设备，如抓梁、吊杆、锁定装置等设备安装。
聘用企业		一个机构的中文名称，该名称须经登记管理部门核准，应使用机构的全称。
发证机关		注册监理工程师注册执业资格评定的机构中文全称。
签发日期		资格评定机关核发资格证书的年月日。
有效期至		资格证书上登记的有效期的终止日期。
注册监理工程师证书扫描件		通过专用仪器扫描证书原件生成的 PDF 文件或电子图片

附　录　C
（规范性）
高　级　职　称　证　书

高级职称证书信息应符合表 C.1 的规定。

表 C.1　高级职称证书

中类	小类	说明
姓名		在户籍管理部门正式登记注册、人事档案中正式记载的姓氏名称。
身份证号码		身份证件上记载的、可唯一标识个人身份的号码。
资格名称		专业技术人员的专业技术水平、能力，以及成就的等级称号，是反映专业技术人员技术水平、工作能力的标志。
	教授级高级工程师	专业技术人员的专业技术水平、能力，以及成就的等级称号，是反映专业技术人员技术水平、工作能力的标志，正高级级别。
	高级工程师	专业技术人员的专业技术水平、能力，以及成就的等级称号，是反映专业技术人员技术水平、工作能力的标志，副高级级别。
专业名称		证书上的专业分类。
证书编号		职称证书上对应的证书编号。
发证机关		职称证书上对应的发证单位。
发证时间		职称评定机关核发资格证书的年月日。
证书扫描件		通过专用仪器扫描证书原件生成的 PDF 文件或电子图片

附 录 D

（规范性）

国家注册安全工程师证书

国家注册安全工程师证书信息应符合表 D.1 的规定。

表 D.1 国家注册安全工程师证书

中类	小类	说明
姓名		在户籍管理部门正式登记注册、人事档案中正式记载的姓氏名称。
身份证号码		身份证件上记载的、可唯一标识个人身份的号码。
证书名称	国家注册安全工程师执业资格证书	证书上标明的名称全称。
		通过全国统一考试取得的"中华人民共和国注册安全工程师执业资格证书"。
企业名称		一个机构的中文名称，该名称须经登记管理部门核准，应使用机构的全称。
执业证号		证书上利用有序或无序的任意符号按顺序编号数或者编定的号数。
职业资格证书管理号（职业资格证书编号）		认定机构在注册执业证书上初始、延续、变更注册记录编号。
发证机关		评定的机构中文全称。
发证时间		资格评定机关核发资格证书的年月日。
有效期限		资格证书上登记的有效期的终止日期。
证书扫描件		通过专用仪器扫描证书原件生成的 PDF 文件或电子图片

附 录 E

（规范性）

安全生产考核合格证书

安全生产考核合格证书信息应符合表 E.1 的规定。

表 E.1 安全生产考核合格证书

中类	小类	说明
姓名		在户籍管理部门正式登记注册、人事档案中正式记载的姓氏名称。
身份证号码		身份证件上记载的、可唯一标识个人身份的号码。
证书名称		证书上标明的名称全称。
	安全员培训证书	在通过考核，在企业专职从事安全生产管理工作的人员取得的安全员培训证书。
	安全生产考核合格证书（B证）	通过考核，项目负责人、项目经理取得的 B 类证书。
	安全生产考核合格证书（C证）	通过考核，专职安全生产管理人员取得的 C 类证书。
企业名称		一个机构的中文名称，该名称须经登记管理部门核准，应使用机构的全称。
证书编号		证书上利用有序或无序的任意符号按顺序编号数或者编定的号数。
证书出具机构		资格评定机关的中文全称。
出具日期		资格评定机关核发资质证书的年月日。
有效日期		资格证书上登记的有效期的终止日期。
证书扫描件		通过专用仪器扫描证书原件生成的 PDF 文件或电子图片

附 录 F
（规范性）
水 电 优 质 工 程

水电优质工程信息应符合表 F.1 的规定。

表 F.1 水电优质工程

中类	小类	说明
工程名称		获得奖励的工程具体项目的名称。
获奖奖项		获得奖励的不同类别、类型名称。
	中国土木工程詹天佑奖	中国土木工程学会、詹天佑土木工程科技发展基金组织实施评选的奖项。
	中国电力优质工程奖	由中国电力建设企业协会组织实施评选的奖项。
	优质工程奖	由中国施工企业管理协会组织实施评选的奖项。
	鲁班奖	由中华人民共和国住房和城乡建设部指导、中国建筑业协会组织实施评选的奖项。
工程类型		按自然属性和使用功能进行分类。
	常规水电站	将水流落差蕴蓄的能量转变为电能的各种建筑物和设备的综合体。
	抽水蓄能	利用电力系统负荷低谷时间内的富余电能从下水库（水池）抽水存入上水库（水池），在电力系统负荷高峰时间内由上水库（水池）供水发电的一种水能开发方式。
获奖内容		获奖所承揽的工程项目内容。
颁奖单位		颁发所获奖励（证书等）的主管机构名称。
颁发时间		所获奖励（证书等）的落款日期。
证书扫描件		通过专用仪器扫描获奖证书原件生成的 PDF 文件或电子图片

附 录 G

（规范性）

水 电 监 理 企 业 业 绩

水电监理企业业绩信息应符合表 G.1 的规定。

表 G.1 水电监理企业业绩

中类	小类	说明
合同编号		为区别不同合同而按照一定规则加上的一串字母和数字组成的编号。
合同金额（万元）		合同签订的金额。
合同工程名称		合同基本内容的简称。
工程名称		工程具体项目的名称。
工程类型		按自然属性和使用功能进行分类。
	常规水电站	将水流落差蕴蓄的能量转变为电能的各种建筑物和设备的综合体。
	抽水蓄能电站	利用电力系统负荷低谷时间内的富余电能从下水库（水池）抽水存入上水库（水池），在电力系统负荷高峰时间内由上水库（水池）供水发电的一种水能开发方式。
装机容量（MW）		水电站全部发电机组装机容量的总和。
承包范围		招标文件或施工图纸确定反映工程状况的一些指标内容。
合同甲方		合同的主导方，提出目标的一方，出资方或投资方。
合同甲方联系人		甲方负责这个项目的具体人员姓名。
合同甲方联系方式		合同中载明的能够达到直接沟通的相关信息，具体联络的方式体现，包括甲方地址、联系电话、银行账号、开户行、社会信用代码等。
合同签订日期		当事人签字、盖章或按手印的日期。
开工时间		合同约定的开工年月日。
是否投运	是	整个监理工程项目已按设计规定的内容全部建成，形成设计规定的能力或效益，并经正式验收移交生产或使用部门的项目。
	否	新建、改建、扩建，或技术改造、设备更新和大修理工程等尚未完工的工程。
投运日期		投入生产运行的时间。
支撑材料扫描件		通过专用仪器扫描反映工程项目合同、竣工验收等原件生成的 PDF 文件或电子图片

附 录 H
（规范性）
水 电 监 理 人 员 业 绩

水电监理人员业绩信息应符合表 H.1 的规定。

表 H.1 水电监理人员业绩

中类	小类	说明
姓名		在户籍管理部门正式登记注册、人事档案中正式记载的姓氏名称。
身份证号码		身份证件上记载的、可唯一标识个人身份的号码。
学历		经教育行政部门批准，实施学历教育、由国家认可的拥有文凭颁发权力的学校及其他教育机构所颁发的学历证书。
合同工程名称		合同基本内容的简称。
工程名称		工程具体项目的名称。
工程类型		按自然属性和使用功能进行分类。
	具有地下厂房的常规水电站	发电厂房以及引水和尾水系统建筑物位于地下洞室中的水电站。
	常规水电站	将水流落差蕴蓄的能量转变为电能的各种建筑物和设备的综合体。
	抽水蓄能电站	利用电力系统负荷低谷时间内的富余电能从下水库（水池）抽水存入上水库（水池），在电力系统负荷高峰时间内由上水库（水池）供水发电的一种水能开发方式。
装机容量（MW）		水电站全部发电机组装机容量的总和。
承包范围		招标文件或施工图纸确定反映工程状况的一些指标内容。
所任职务		担任供应商职务的具体名称。
专业		从事的具体业务作业规范。
任职开始时间		从事某项具体工作担任的职务开始时间。
任职结束时间		从事某项具体工作担任的职务结束时间。
合同甲方		合同的主导方，提出目标的一方，出资方或投资方。
合同乙方		合同的劳务方，也就是负责实现目标的主体。
合同甲方联系人		甲方负责这个项目的具体人员姓名。
合同甲方联系方式		合同中载明的能够达到直接沟通的相关信息，具体联络的方式体现，包括甲方地址、联系电话、银行账号、开户行、社会信用代码等。
合同签订日期		当事人签字、盖章或按手印的日期。

表 H.1（续）

中类	小类	说明
开工时间		合同约定的开工年月日。
是否投运	是	整个监理工程项目已按设计规定的内容全部建成，形成设计规定的能力或效益，并经正式验收移交生产或使用部门的项目。
	否	新建、改建、扩建，或技术改造、设备更新和大修理工程等尚未完工的工程。
支撑材料扫描件		通过专用仪器扫描反映工程项目合同、竣工验收等原件生成的 PDF 文件或电子图片

附 录 I

（规范性）

安 全 质 量 情 况

安全质量情况信息应符合表 I.1 的规定。

表 I.1 安全质量情况

中类	小类	说明
公司名称		一个机构的中文名称，该名称须经登记管理部门核准，应使用机构的全称。
发生日期		24 小时制，填写至分钟。
死亡人数（如有）		按本次事故实际死亡人数填写，受伤人员在 30 天内死亡的，按死亡事故统计。
重伤人数（如有）		按本次事故造成的实际重伤人数填写。
经济损失（万元）		直接经济损失和间接经济损失之和。
事件描述		比较重大，对一定的人群会产生一定影响的事情经过的叙述。
建设单位		开发建设该工程的有关单位名称。
查询网站		可通过中华人民共和国住房和城乡建设部事故快报、中华人民共和国应急管理部安全生产失信联合惩戒"黑名单"、国家能源局全国电力安全生产情况通报查询到的安全质量情况

水电工程勘察设计供应商专用信息

目　次

1　范围 ……………………………………………………………………………… 107

2　规范性引用文件 ………………………………………………………………… 107

3　术语和定义 ……………………………………………………………………… 107

4　企业资质 ………………………………………………………………………… 108

5　高级职称证书 …………………………………………………………………… 108

6　水电优质工程 …………………………………………………………………… 108

7　水电勘察设计企业业绩 ………………………………………………………… 108

8　水电勘察设计人员业绩 ………………………………………………………… 108

9　安全质量情况 …………………………………………………………………… 108

附录 A（规范性）　企业资质 …………………………………………………… 109

附录 B（规范性）　高级职称证书 ……………………………………………… 111

附录 C（规范性）　水电优质工程 ……………………………………………… 112

附录 D（规范性）　水电勘察设计企业业绩 …………………………………… 113

附录 E（规范性）　水电勘察设计人员业绩 …………………………………… 115

附录 F（规范性）　安全质量情况 ……………………………………………… 117

水电工程勘察设计供应商专用信息

1 范围

本文件规定了水电工程勘察设计供应商专用信息的企业资质、高级职称证书、水电优质工程、水电勘察设计企业业绩、水电勘察设计人员业绩、安全质量情况，规范了供应商专用信息分类规则。

本文件适用于电力物资及服务供应商关系管理相关系统的建设和信息交互，及其他涉及电力物资及服务供应商信息的业务应用。

2 规范性引用文件

下列文件中的内容通过文中的规范性引用而构成本文件必不可少的条款。其中，注日期的引用文件，仅该日期对应的版本适用于本文件；不注日期的引用文件，其最新版本（包括所有的修改单）适用于本文件。

GB/T 2900.1—2008　电工术语　基本术语

GB/T 40582—2021　水电站基本术语

GB/T 50297—2018　电力工程基本术语标准

GB/T 50841—2013　建设工程分类标准

DL/T 396—2010　电压等级代码

DL/T 503—2009　电力工程项目分类代码

NB/T 10074—2018　水电工程地质测绘规程

NB/T 10083—2018　水电工程水利计算规范

NB/T 10141—2019　水电工程水库专项工程勘察规程

NB/T 35029—2014　水电工程测量规范

3 术语和定义

下列术语和定义适用于本文件。

3.1

企业资质　report certificate

企业在从事某一行业经营中应具备的资格以及与此资格相应的质量等级标准。

3.2

高级职称　senior professional post

专业技术人员的专业技术水平、能力，以及成就的等级称号，高级职称是职称中的最高级别，分正高级和副高级两类。

3.3

优质工程 high quality project

设计优、质量精、管理佳、效益好、技术先进、节能环保的工程。

3.4

业绩 achievement

在某一特定统计时间内，供应商按照合同约定，实际完成履约的产品或服务。

4 企业资质

企业资质信息主要包括企业名称、资质证书编号、资质类别、资质等级、颁发部门、业务内容、发证日期、有效期至、企业资质扫描件。具体内容应符合附录 A 表 A.1 的规定。

5 高级职称证书

高级职称证书信息包括证书持有人姓名、身份证号码、资格名称、专业名称、证书编号、发证机关、发证时间、证书扫描件。具体内容应符合附录 B 表 B.1 的规定。

6 水电优质工程

水电优质工程信息包括工程名称、获奖奖项、工程类型、获奖内容、颁奖单位、颁发时间、证书扫描件。具体内容应符合附录 C 表 C.1 的规定。

7 水电勘察设计企业业绩

水电勘察设计企业业绩信息包括合同编号、合同金额（万元）、合同工程名称、工程名称、工程类型、业绩类型、工程规模、装机容量（MW）、承包范围、合同甲方、合同甲方联系人、合同甲方联系方式、合同签订日期、支撑材料扫描件。具体内容应符合附录 D 表 D.1 的规定。

8 水电勘察设计人员业绩

水电勘察设计人员业绩信息包括姓名、身份证号码、学历、合同工程名称、工程名称、工程类型、业绩类型、工程规模、装机容量（MW）、承包范围、所任职务、任职开始时间、任职结束时间、合同甲方、合同乙方、合同甲方联系人、合同甲方联系方式、合同签订日期、支撑材料扫描件。具体内容应符合附录 E 表 E.1 的规定。

9 安全质量情况

安全质量情况信息包括公司名称、发生日期、死亡人数（如有）、重伤人数（如有）、经济损失（万元）、事件描述、建设单位、查询网站。具体内容应符合附录 F 表 F.1 的规定。

附　录　A
（规范性）
企　业　资　质

企业资质信息应符合表 A.1 的规定。

表 A.1　企业资质

中类	小类	说明
企业名称		一个机构的中文名称，该名称须经登记管理部门核准，应使用机构的全称。
资质证书编号		资质证书上利用有序或无序的任意符号按顺序编号数或者编定的号数。
资质类别		按照工程性质和技术特点分别划分的若干资质类别。
	岩土工程专业资质	可勘察拟建场地地质条件，与岩土工程相关的设计工作。
	工程勘察综合资质	研究和查明工程建设场地的地质地理环境特征，及与工程建设相关的综合性应用科学工作的综合资质。
	工程测量专业资质	工程建设场地的地形地貌特征以及施工与安全使用的监测技术，为规划设计、施工兴建及运营管理各阶段提供所需的基本图件、测绘资料与测绘保障的专业设计工作。
	工程设计综合资质	涵盖 21 个行业设计工作。
	水利行业设计资质	可勘察水利行业工程项目的设计工作。
	水土保持方案编制资质	具备在生产建设过程中可能引起水土流失的开发建设项目编制水土保持方案资格。
	电力行业设计资质	电力行业工程设计。
资质等级		企业在从事行业经营中，应具有的与资格相适应的质量等级标准。
	不分级	可承担所有专业工程类别建设工程项目的工程监理业务。
	甲级	行业甲级资质承担本行业建设工程项目主体工程及其配套工程的设计业务，其规模不受限制。 专业甲级资质承担本专业建设工程项目主体工程及其配套工程的设计业务，其规模不受限制。
	乙级	行业乙级资质承担本行业中、小型建设工程项目的主体工程及其配套工程的设计业务。 专业乙级资质承担本专业中、小型建设工程项目的主体工程及其配套工程的设计业务。

表 A.1（续）

中类	小类	说明
颁发部门		颁发资质证书的机构名称。
业务内容		所许可的设计内容。
发证日期		资质评定机关核发资质证书的年月日。
有效期至		资质证书登记的有效期的终止日期。
企业资质扫描件		通过专用仪器扫描证书原件生成的 PDF 文件或电子图片

附 录 B

（规范性）

高 级 职 称 证 书

高级职称证书信息应符合表 B.1 的规定。

表 B.1 高级职称证书

中类	小类	说明
姓名		在户籍管理部门正式登记注册、人事档案中正式记载的姓氏名称。
身份证号码		身份证件上记载的、可唯一标识个人身份的号码。
资格名称		专业技术人员的专业技术水平、能力，以及成就的等级称号，是反映专业技术人员技术水平、工作能力的标志。
	教授级高级工程师	专业技术人员的专业技术水平、能力，以及成就的等级称号，是反映专业技术人员技术水平、工作能力的标志，正高级级别。
	正高级工程师	专业技术人员的专业技术水平、能力，以及成就的等级称号，是反映专业技术人员技术水平、工作能力的标志，正高级级别。
	副高级工程师	专业技术人员的专业技术水平、能力，以及成就的等级称号，是反映专业技术人员技术水平、工作能力的标志，副高级级别。
专业名称		证书上的专业分类。
证书编号		职称证书上对应的证书编号。
发证机关		职称证书上对应的发证单位。
发证时间		职称评定机关核发资格证书的年月日。
证书扫描件		通过专用仪器扫描证书原件生成的 PDF 文件或电子图片

附　录　C
（规范性）

水 电 优 质 工 程

水电优质工程信息应符合表 C.1 的规定。

表 C.1　水电优质工程

中类	小类	说明
工程名称		将产品进行归类。
获奖奖项		获得奖励的不同类别、类型名称。
	中国土木工程詹天佑奖	中国土木工程学会、詹天佑土木工程科技发展基金组织实施评选的奖项。
	全国优秀工程勘察设计奖	由中华人民共和国住房和城乡建设部负责评选的奖项。
	电力行业优秀工程设计奖	中国电力设计协会组织实施评选的奖项。
工程类型		按自然属性和使用功能进行分类。
	具有地下厂房的常规水电站	发电厂房以及引水和尾水系统建筑物位于地下洞室中的水电站。
	抽水蓄能电站	利用电力系统负荷低谷时间内的富余电能从下水库（水池）抽水存入上水库（水池），在电力系统负荷高峰时间内由上水库（水池）供水发电的一种水能开发方式。
获奖内容		获奖所承揽的工程项目内容。
颁奖单位		颁发所获奖励（证书等）的主管机构名称。
颁发时间		所获奖励（证书等）的落款日期。
证书扫描件		通过专用仪器扫描获奖证书原件生成的 PDF 文件或电子图片

附 录 D

（规范性）

水电勘察设计企业业绩

水电勘察设计企业业绩信息应符合表 D.1 的规定。

表 D.1　水电勘察设计企业业绩

中类	小类	说明
合同编号		为区别不同合同而按照一定规则加上的由字母和数字组成的编号。
合同金额（万元）		合同签订的金额。
合同工程名称		合同基本内容的简称。
工程名称		工程具体项目的名称。
工程类型		按自然属性和使用功能进行分类。
业绩类型	具有地下厂房的常规水电站	发电厂房以及引水和尾水系统建筑物位于地下洞室中的水电站。
	抽水蓄能电站	利用电力系统负荷低谷时间内的富余电能从下水库（水池）抽水存入上水库（水池），在电力系统负荷高峰时间内由上水库（水池）供水发电的一种水能开发方式。
		供应商按照合同约定，实际完成履约服务，按自然属性和使用功能进行分类。
	全过程设计	涵盖整个项目各阶段过程的设计。
	可研报告审查	在建设项目的投资前期，对拟建项目进行全面、系统的技术经济分析和论证，从而对建设项目进行合理选择。
	可研报告编制	从事一种经济活动（投资）之前，通过全面的调查研究，确定有利和不利的因素、项目是否可行，估计成功率大小、经济效益和社会效果程度，为决策者和主管机关审批的上报文件。
	可研设计一体化	将可行性研究和工程设计两个阶段的工作结合起来，选择具有资质的单位实施以上两类工作的模式。
	可行性研究	围绕项目建设必要性、方案可行性及风险可控性三大目标开展的系统、专业、深入论证。
	招标设计及施工详图设计	为进行工程招标而编制的设计文件与应形成所有专业的施工详图设计。
	预可行性研究	在投资机会研究的基础上，对项目方案进行的进一步技术经济论证，对项目是否可行进行初步判断。

表 D.1（续）

中类	小类	说明
工程规模		按有关标准和规定划分的工程规模。
	大（1）型	装机容量大于 75 万 kW。
	大（2）型	装机容量为 5 万～25 万 kW。
装机容量（MW）		水电站全部发电机组装机容量的总和。
承包范围		招标文件或施工图纸确定反映工程状况的一些指标内容。
合同甲方		合同的主导方，提出目标的一方，出资方或投资方。
合同甲方联系人		甲方负责这个项目的具体人员姓名。
合同甲方联系方式		合同中载明的能够达到直接沟通的相关信息，具体联络的方式体现，包括甲方地址、联系电话、银行账号、开户行、社会信用代码等。
合同签订日期		当事人签字、盖章或按手印的日期。
支撑材料扫描件		通过专用仪器扫描反映工程项目合同、竣工验收等原件生成的 PDF 文件或电子图片

附 录 E

（规范性）

水电勘察设计人员业绩

水电勘察设计人员业绩信息应符合表 E.1 的规定。

表 E.1　水电勘察设计人员业绩

中类	小类	说明
姓名		在户籍管理部门正式登记注册、人事档案中正式记载的姓氏名称。
身份证号码		身份证件上记载的、可唯一标识个人身份的号码。
学历		经教育行政部门批准，实施学历教育、由国家认可的拥有文凭颁发权力的学校及其他教育机构所颁发的学历证书。
合同工程名称		合同基本内容的简称。
工程名称		工程具体项目的名称。
工程类型		按自然属性和使用功能进行分类。
	具有地下厂房的常规水电站	发电厂房以及引水和尾水系统建筑物位于地下洞室中的水电站。
	常规水电站	将水流落差蕴蓄的能量转变为电能的各种建筑物和设备的综合体。
	抽水蓄能电站	利用电力系统负荷低谷时间内的富余电能从下水库（水池）抽水存入上水库（水池），在电力系统负荷高峰时间内由上水库（水池）供水发电的一种水能开发方式。
业绩类型		供应商按照合同约定，实际完成履约服务，按自然属性和使用功能进行分类。
	全过程设计	涵盖整个项目各阶段过程的设计。
	可研报告审查	在建设项目的投资前期，对拟建项目进行全面、系统的技术经济分析和论证，从而对建设项目进行合理选择。
	可研报告编制	从事一种经济活动（投资）之前，通过全面的调查研究，确定有利和不利的因素、项目是否可行，估计成功率大小、经济效益和社会效果程度，为决策者和主管机关审批的上报文件。
	可研设计一体化	将可行性研究和工程设计两个阶段的工作结合起来，选择具有资质的单位实施以上两类工作的模式。
	可行性研究	围绕项目建设必要性、方案可行性及风险可控性三大目标开展的系统、专业、深入论证。
	招标设计及施工详图设计	为进行工程招标而编制的设计文件与应形成所有专业的施工详图设计。

115

表 E.1（续）

中类	小类	说明
工程规模	预可行性研究	在投资机会研究的基础上，对项目方案进行的进一步技术经济论证，对项目是否可行进行初步判断。
		按有关标准和规定划分的工程规模。
	大（1）型	装机容量大于 75 万 kW。
	大（2）型	装机容量为 5 万～25 万 kW。
装机容量（MW）		水电站全部发电机组装机容量的总和。
承包范围		招标文件或施工图纸确定反映工程状况的一些指标内容。
所任职务		担任供应商职务的具体名称。
任职开始时间		从事某项具体工作担任的职务开始时间。
任职结束时间		从事某项具体工作担任的职务结束时间。
合同甲方		合同的主导方，提出目标的一方，出资方或投资方。
合同乙方		合同的劳务方，也就是负责实现目标的主体。
合同甲方联系人		甲方负责这个项目的具体人员姓名。
合同甲方联系方式		合同中载明的能够达到直接沟通的相关信息，具体联络的方式体现，包括甲方地址、联系电话、银行账号、开户行、社会信用代码等。
合同签订日期		当事人签字、盖章或按手印的日期。
支撑材料扫描件		通过专用仪器扫描反映工程项目合同、竣工验收等原件生成的 PDF 文件或电子图片

附 录 F

（规范性）

安 全 质 量 情 况

安全质量情况信息应符合表 F.1 的规定。

表 F.1 安全质量情况

中类	小类	说明
公司名称		一个机构的中文名称，该名称须经登记管理部门核准，应使用机构的全称。
发生日期		24 小时制，填写至分钟。
死亡人数（如有）		按本次事故实际死亡人数填写，受伤人员在 30 天内死亡的，按死亡事故统计。
重伤人数（如有）		按本次事故造成的实际重伤人数填写。
经济损失（万元）		直接经济损失和间接经济损失之和。
事件描述		比较重大，对一定的人群会产生一定影响的事情经过的叙述。
建设单位		开发建设该工程的有关单位名称。
查询网站		可通过中华人民共和国住房和城乡建设部事故快报、中华人民共和国应急管理部安全生产失信联合惩戒"黑名单"、国家能源局全国电力安全生产情况通报查询到的安全质量情况

水电工程施工（工程安全监测）
供应商专用信息

目　次

1　范围 ·· 120

2　规范性引用文件 ·· 120

3　术语和定义 ·· 120

4　企业资质 ··· 121

5　安全生产许可证 ··· 121

6　国家注册安全工程师 ·· 121

7　建造师 ··· 121

8　安全生产考核合格证书 ·· 122

9　水电优质工程 ·· 122

10　安全检测企业业绩 ·· 122

11　安全质量情况 ·· 122

附录 A（规范性）　企业资质 ·· 123

附录 B（规范性）　安全生产许可证 ································· 124

附录 C（规范性）　国家注册安全工程师 ···························· 125

附录 D（规范性）　建造师 ·· 126

附录 E（规范性）　安全生产考核合格证书 ·························· 128

附录 F（规范性）　水电优质工程 ···································· 129

附录 G（规范性）　安全检测企业业绩 ······························ 130

附录 H（规范性）　安全质量情况 ·································· 131

水电工程施工（工程安全监测）供应商专用信息

1 范围

本文件规定了水电工程施工（工程安全监测）供应商专用信息的企业资质、安全生产许可证、国家注册安全工程师、建造师、安全生产考核合格证书、水电优质工程、安全检测企业业绩、安全质量情况，规范了供应商专用信息分类规则。

本文件适用于电力物资及服务供应商关系管理相关系统的建设和信息交互，及其他涉及电力物资及服务供应商信息的业务应用。

2 规范性引用文件

下列文件中的内容通过文中的规范性引用而构成本文件必不可少的条款。其中，注日期的引用文件，仅该日期对应的版本适用于本文件；不注日期的引用文件，其最新版本（包括所有的修改单）适用于本文件。

GB/T 2900.1—2008 电工术语 基本术语

GB/T 40582—2021 水电站基本术语

GB/T 50297—2018 电力工程基本术语标准

GB/T 50841—2013 建设工程分类标准

DL/T 396—2010 电压等级代码

DL/T 503—2009 电力工程项目分类代码

DL/T 5159—2012 电力工程物探技术规程

NB/T 10083—2018 水电工程水利计算规范

NB/T 10141—2019 水电工程水库专项工程勘察规程

NB/T 35029—2014 水电工程测量规范

SL 26—2012 水利水电工程技术术语

SL 252—2007 水利水电工程等级划分及洪水标准

3 术语和定义

下列术语和定义适用于本文件。

3.1

企业资质 report certificate

企业在从事某一行业经营中应具备的资格以及与此资格相应的质量等级标准。

3.2

安全生产许可证 safe production licence

国家对矿山企业、建筑施工企业和危险化学品、烟花爆竹、民用爆炸物品生产企业实行安全生产许可制度。企业未取得安全生产许可证的，不得从事生产活动。

3.3

国家注册安全工程师　certified safety engineer

通过注册安全工程师职业资格考试，取得"中华人民共和国注册安全工程师执业资格证书"，并经注册的专业技术人员。

3.4

建造师　constructor

从事建设工程项目总承包和施工管理关键岗位的执业注册人员。

3.5

安全生产考核合格证　safe production examination certificate

建筑施工企业主要负责人、项目负责人和专职安全生产管理人员，通过其受聘企业，向企业工商注册地的省、自治区、直辖市人民政府住房城乡建设主管部门申请安全生产考核，考核合格后取得的安全生产考核合格证书。

3.6

优质工程　high quality project

设计优、质量精、管理佳、效益好、技术先进、节能环保的工程。

3.7

业绩　achievement

在某一特定统计时间内，供应商按照合同约定，实际完成履约的产品或服务。

4　企业资质

企业资质信息主要包括企业名称、资质证书编号、资质类别、资质等级、颁发部门、业务内容、发证日期、有效期至、企业资质扫描件。具体内容应符合附录 A 表 A.1 的规定。

5　安全生产许可证

安全生产许可证信息包括单位名称、证书编号、许可范围、发证机关、发证时间、有效期至、企业资质扫描件。具体内容应符合附录 B 表 B.1 的规定。

6　国家注册安全工程师

国家注册安全工程师信息包括姓名、身份证号码、证书名称、企业名称、执业证号、职业资格证书管理号（职业资格证书编号）、发证机关、发证时间、有效期限、证书扫描件。具体内容应符合附录 C 表 C.1 的规定。

7　建造师

建造师信息包括姓名、身份证号码、证书编号、发证机关、注册编号、注册建造师等级、专业类型、有效期至、证书扫描件。具体内容应符合附录 D 表 D.1 的规定。

8 安全生产考核合格证书

安全生产考核合格证书信息包括姓名、身份证号码、证书名称、企业名称、证书编号、证书出具机构、出具日期、有效日期、证书扫描件。具体内容应符合附录 E 表 E.1 的规定。

9 水电优质工程

水电优质工程信息包括工程名称、获奖奖项、工程类型、获奖内容、颁奖单位、颁发时间、证书扫描件。具体内容应符合附录 F 表 F.1 的规定。

10 安全检测企业业绩

安全检测企业业绩信息包括合同编号、合同金额（万元）、工程名称、工程类型、装机容量（MW）、建设地点、承包范围、合同甲方、合同甲方联系人、合同甲方联系方式、合同签订日期、开工时间、是否投运、完工时间、支撑材料扫描件。具体内容应符合附录 G 表 G.1 的规定。

11 安全质量情况

安全质量情况信息包括公司名称、发生日期、死亡人数（如有）、重伤人数（如有）、经济损失（万元）、事件描述、建设单位、查询网站。具体内容应符合附录 H 表 H.1 的规定。

附 录 A
（规范性）
企 业 资 质

企业资质信息应符合表 A.1 的规定。

表 A.1 企业资质

中类	小类	说明
企业名称		一个机构的中文名称，该名称须经登记管理部门核准，应使用机构的全称。
资质证书编号		资质证书上利用有序或无序的任意符号按顺序编号数或者编定的号数。
资质类别		按照工程性质和技术特点分别划分的若干资质类别。
	工程勘察	满足工程建设的规划、设计、施工、运营及综合治理等的需要，对地形、地质及水文等状况进行测绘、勘探测试，并提供相应成果和资料的活动。
	测绘（工程测量专业）	在工程建设勘测、设计、施工和管理阶段所进行的各种测量工作。
	电子与智能化专业承包	承担各类型电子工程、建筑智能化工程。
资质等级		企业在从事行业经营中，应具有的与资格相适应的质量等级标准。
	一级	电子与智能化专业承包一级承担各类型电子工程、建筑智能化工程施工。
	甲级	工程勘察甲级承担本专业资质范围内各类建设工程项目的工程勘察业务，其规模不受限制。
	综合甲级	工程勘察综合甲级承担各类建设工程项目的岩土工程、水文地质勘察、工程测量业务（海洋工程勘察除外），其规模不受限制（岩土工程勘察丙级项目除外）。
颁发部门		颁发资质证书的发证机关。
业务内容		所许可的施工内容。
发证日期		资质证书标明的发证日期。
有效期至		资质证书上登记的有效期的终止日期。
企业资质扫描件		通过专用仪器扫描证书原件生成的 PDF 文件或电子图片

附 录 B
（规范性）
安 全 生 产 许 可 证

安全生产许可证信息应符合表 B.1 的规定。

表 B.1 安全生产许可证

中类	小类	说明
单位名称		一个机构的中文名称，该名称须经登记管理部门核准，应使用机构的全称。
证书编号		证书上利用有序或无序的任意符号按顺序编号数或者编定的号数。
许可范围		证书上载明的安全生产许可的内容。
发证机关		评定机构中文全称。
发证时间		评定机关核发证书的年月日。
有效期至		证书上登记的有效期的终止日期。
企业资质扫描件		通过专用仪器扫描证书原件生成的 PDF 文件或电子图片

附 录 C

（规范性）

国家注册安全工程师

国家注册安全工程师信息应符合表 C.1 的规定。

表 C.1　国家注册安全工程师

中类	小类	说明
姓名		在户籍管理部门正式登记注册、人事档案中正式记载的姓氏名称。
身份证号码		身份证件上记载的、可唯一标识个人身份的号码。
证书名称	国家注册安全工程师执业资格证书	证书上标明的名称全称。
		通过全国统一考试，取得"中华人民共和国注册安全工程师执业资格证书"，并经注册的专业技术人员。
企业名称		一个机构的中文名称，该名称须经登记管理部门核准，应使用机构的全称。
执业证号		证书上利用有序或无序的任意符号按顺序编号数或者编定的号数。
职业资格证书管理号（职业资格证书编号）		认定机构在注册执业证书上初始、延续、变更注册记录编号。
发证机关		评定的机构中文全称。
发证时间		资格评定机关核发资格证书的年月日。
有效期限		资格证书上登记的有效期的终止日期。
证书扫描件		通过专用仪器扫描证书原件生成的 PDF 文件或电子图片

附 录 D
（规范性）
建 造 师

建造师信息应符合表 D.1 的规定。

表 D.1 建造师

中类	小类	说明
姓名		在户籍管理部门正式登记注册、人事档案中正式记载的姓氏名称。
身份证号码		身份证件上记载的、可唯一标识个人身份的号码。
证书编号		证书上利用有序或无序的任意符号按顺序编号数或者编定的号数。
发证机关		颁发证书的机构名称。
注册编号		建设主管部门认定机构在注册执业证书上初始、延续、变更注册记录编号。
注册建造师等级		从事建设工程项目总承包和施工管理关键岗位的执业注册人员的执业资格级别和范围。
	一级建造师	可以担任执业资格的等级，一级可担任大中小型工程项目负责人。
	二级建造师	可以担任执业资格的等级，二级可担任中小型工程项目负责人。
专业类型		不同专业分类。
	公路工程	以公路为对象进行的规划、设计、施工、养护与管理工作的全过程及其所从事的工程实体。
	地质勘察	为查明影响工程建筑物的地质因素而进行的地质调查研究工作。
	工程测量	在工程建设勘测、设计、施工和管理阶段所进行的各种测量工作。
	市政公用工程	由城市建设部门主管，为城镇居民生产生活提供必需的普通服务设施的工程建设项目。
	建筑工程	各类房屋建筑及其附属设施的建造和与其配套的线路、管道、设备的安装活动所形成的工程实体。
	房屋建筑工程	在固定地点，为使用者和/或占用物提供庇护覆盖以进行生活、生产或其他活动的实体，可分为工业建筑和民用建筑。
	机电安装工程	包括锅炉、通风空调、制冷、电气、仪表、电机、压缩机机组和广播电影、电视播控等设备安装工程。

表 **D**.1（续）

中类	小类	说明
	机电工程	包括锅炉、通风空调、制冷、电气、仪表、电机、压缩机机组和广播电影、电视播控等设备工程。
	机电设备制造	包括锅炉、通风空调、制冷、电气、仪表、电机、压缩机机组和广播电影、电视播控等设备制造。
	机电设备安装	包括锅炉、通风空调、制冷、电气、仪表、电机、压缩机机组和广播电影、电视播控等设备安装。
	水利水电工程	为了控制、调节和利用自然界的地表水和地下水，以达到除害兴利目的而兴建的各类工程。
	水土保持	防治水土流失，保护、改良与合理利用水资源，提高土地生产力，建立良好生态环境的工作。
	水工建筑	水利水电工程中的各种单项实体的总称，包括挡水建筑物、泄水建筑物、输水建筑物、水电站厂房、开关站、通航建筑物、过木建筑物、过鱼建筑物等。
	环境保护	水污染防治工程、大气污染防治工程、固体废物处理处置工程、物理污染防治工程和污染修复工程等。
	电力工程	以生产、输送电能为目的的工程。
	金属结构设备制造	包括各种闸门、拦污栅、升船机、各类启闭机、操作闸门、拦污栅的附属设备，如抓梁、吊杆、锁定装置等设备制造。
	金属结构设备安装	包括各种闸门、拦污栅、升船机、各类启闭机、操作闸门、拦污栅的附属设备，如抓梁、吊杆、锁定装置等设备安装。
有效期至		资格证书上登记的有效期的终止日期。
证书扫描件		通过专用仪器扫描证书原件生成的 PDF 文件或电子图片

附 录 E
（规范性）
安全生产考核合格证书

安全生产考核合格证书信息应符合表 E.1 的规定。

表 E.1 安全生产考核合格证书

中类	小类	说明
姓名		在户籍管理部门正式登记注册、人事档案中正式记载的姓氏名称。
身份证号码		身份证件上记载的、可唯一标识个人身份的号码。
证书名称		证书上标明的名称全称。
	安全生产考核合格证书（B证）	通过考核，项目负责人、项目经理取得的 B 类证书。
	安全生产考核合格证书（C证）	通过考核，专职安全生产管理人员取得的 C 类证书。
企业名称		一个机构的中文名称，该名称须经登记管理部门核准，应使用机构的全称。
证书编号		证书上利用有序或无序的任意符号按顺序编号数或者编定的号数。
证书出具机构		资格评定机关的中文全称。
出具日期		资格评定机关核发资质证书的年月日。
有效日期		资格证书上登记的有效期的终止日期。
证书扫描件		通过专用仪器扫描证书原件生成的 PDF 文件或电子图片

附 录 F
（规范性）
水 电 优 质 工 程

水电优质工程信息应符合表 F.1 的规定。

表 F.1　水电优质工程

中类	小类	说明
工程名称		获得奖励的工程具体项目的名称。
获奖奖项		获得奖励的不同类别、类型名称。
	中国土木工程詹天佑奖	中国土木工程学会、詹天佑土木工程科技发展基金组织实施评选的奖项。
	中国建设工程鲁班奖	由中华人民共和国住房和城乡建设部指导、中国建筑业协会组织实施评选的奖项。
	中国水利工程优质奖（大禹奖）	由中国水利工程协会实施评选的奖项。
	中国电力优质工程奖	由中国电力建设企业协会组织实施评选的奖项。
	优秀测绘工程奖	中国测绘学地理信息学会组织实施评选的奖项。
	国家优质工程奖	由中国施工企业管理协会组织实施评选的奖项。
	测绘科技进步奖	中国测绘学地理信息学会组织实施评选的奖项。
工程类型		按自然属性和使用功能进行分类。
	具有地下厂房的常规水电站	发电厂房以及引水和尾水系统建筑物位于地下洞室中的水电站。
	常规水电站	发电厂房以及引水和尾水系统建筑物位于地下洞室中的水电站，是将水流落差蕴蓄的能量转变为电能的各种建筑物和设备的综合体。
	抽水蓄能	利用电力系统负荷低谷时间内的富余电能从下水库（水池）抽水存入上水库（水池），在电力系统负荷高峰时间内由上水库（水池）供水发电的一种水能开发方式。
	公路工程	以公路为对象进行的规划、设计、施工、养护与管理工作的全过程及其所从事的工程实体。
获奖内容		获奖所承揽的工程项目内容。
颁奖单位		颁发所获奖励（证书等）的主管机构名称。
颁发时间		所获奖励（证书等）的落款日期。
证书扫描件		通过专用仪器扫描获奖证书原件生成的 PDF 文件或电子图片

附 录 G

（规范性）

安 全 检 测 企 业 业 绩

安全检测企业业绩信息应符合表 G.1 的规定。

表 G.1 安全检测企业业绩

中类	小类	说明
合同编号		为区别不同合同而按照一定规则加上的由字母和数字组成的编号。
合同金额（万元）		合同签订的金额。
工程名称		工程具体项目的名称。
工程类型	水利水电工程施工安全监测业绩	为了控制、调节和利用自然界的地表水和地下水，以达到除害兴利目的而兴建的各类工程，为保证工程的施工安全所开展的监测工作。
装机容量（MW）		水电站全部发电机组装机容量的总和。
建设地点		建设项目所位于的各级行政区域。
承包范围		招标文件或施工图纸确定反映工程状况的一些指标内容。
合同甲方		合同的主导方，提出目标的一方，出资或投资方。
合同甲方联系人		甲方负责这个项目的具体人员姓名。
合同甲方联系方式		合同中载明的能够达到直接沟通的相关信息，具体联络的方式体现，包括甲方地址、联系电话、银行账号、开户行、社会信用代码等。
合同签订日期		当事人签字、盖章或按手印的日期。
开工时间		合同约定的开工年月日。
是否投运	是	整个工程项目已按设计规定的内容全部建成，形成设计规定的能力或效益，并经正式验收移交生产或使用部门的项目。
	否	新建、改建、扩建，或技术改造、设备更新和大修理工程等尚未完工的工程。
完工时间		投入生产运行的时间。
支撑材料扫描件		通过专用仪器扫描反映工程项目合同、竣工验收等原件生成的 PDF 文件或电子图片

附 录 H

（规范性）

安 全 质 量 情 况

安全质量情况信息应符合表 H.1 的规定。

表 H.1　安全质量情况

中类	小类	说明
公司名称		一个机构的中文名称，该名称须经登记管理部门核准，应使用机构的全称。
发生日期		24 小时制，填写至分钟。
死亡人数（如有）		按本次事故实际死亡人数填写，受伤人员在 30 天内死亡的，按死亡事故统计。
重伤人数（如有）		按本次事故造成的实际重伤人数填写。
经济损失（万元）		直接经济损失和间接经济损失之和。
事件描述		比较重大，对一定的人群会产生一定影响的事情经过的叙述。
建设单位		开发建设该工程的有关单位名称。
查询网站		可通过中华人民共和国住房和城乡建设部事故快报、中华人民共和国应急管理部安全生产失信联合惩戒"黑名单"、国家能源局全国电力安全生产情况通报查询到的安全质量情况

水电工程施工（金属、土建试验检测）供应商专用信息

目　　次

1　范围 ·· 134

2　规范性引用文件 ·· 134

3　术语和定义 ·· 134

4　企业资质 ·· 135

5　安全生产许可证 ··· 135

6　土建试验检测企业业绩 ·· 135

7　金属试验检测企业业绩 ·· 135

8　安全质量情况 ·· 135

附录 A（规范性）　企业资质 ·· 136

附录 B（规范性）　安全生产许可证 ·· 137

附录 C（规范性）　土建试验检测企业业绩 ··································· 138

附录 D（规范性）　金属试验检测企业业绩 ··································· 139

附录 E（规范性）　安全质量情况 ··· 140

水电工程施工（金属、土建试验检测）供应商专用信息

1 范围

本文件规定了水电工程施工（金属、土建试验检测）供应商专用信息的企业资质、安全生产许可证、土建试验检测企业业绩、金属试验检测企业业绩、安全质量情况，规范了供应商专用信息分类规则。

本文件适用于电力物资及服务供应商关系管理相关系统的建设和信息交互，及其他涉及电力物资及服务供应商信息的业务应用。

2 规范性引用文件

下列文件中的内容通过文中的规范性引用而构成本文件必不可少的条款。其中，注日期的引用文件，仅该日期对应的版本适用于本文件；不注日期的引用文件，其最新版本（包括所有的修改单）适用于本文件。

GB/T 2900.1—2008　电工术语　基本术语

GB/T 50297—2018　电力工程基本术语标准

GB/T 50841—2013　建设工程分类标准

DL/T 396—2010　电压等级代码

DL/T 503—2009　电力工程项目分类代码

DL/T 5159—2012　电力工程物探技术规程

NB/T 10083—2018　水电工程水利计算规范

NB/T 10141—2019　水电工程水库专项工程勘察规程

NB/T 35029—2014　水电工程测量规范

SL 26—2012　水利水电工程技术术语

SL 252—2007　水利水电工程等级划分及洪水标准

3 术语和定义

下列术语和定义适用于本文件。

3.1

企业资质　report certificate

企业在从事某一行业经营中应具备的资格以及与此资格相应的质量等级标准。

3.2

安全生产许可证　safe production licence

企业在从事某一行业经营中应具备的资格以及与此资格相应的质量等级标准。

3.3

业绩 achievement

在某一特定统计时间内，供应商按照合同约定，实际完成履约的产品或服务。

4　企业资质

企业资质信息主要包括证书名称、单位名称、检验检测机构名称、资质类别、资质等级、检测范围、颁发部门、资质证书编号、发证日期、有效期至、企业资质扫描件。具体内容应符合附录 A 表 A.1 的规定。

5　安全生产许可证

安全生产许可证信息包括单位名称、证书编号、许可范围、发证机关、发证时间、有效期至、企业资质扫描件。具体内容应符合附录 B 表 B.1 的规定。

6　土建试验检测企业业绩

土建试验检测企业业绩信息包括合同编号、合同金额（万元）、工程名称、工程类型、服务范围、合同甲方、合同甲方联系人、合同甲方联系方式、合同签订日期、服务开始时间、服务结束时间、支撑材料扫描件。具体内容应符合附录 C 表 C.1 的规定。

7　金属试验检测企业业绩

金属试验检测企业业绩包括合同编号、合同金额（万元）、工程名称、工程类型、服务范围、合同甲方、合同甲方联系人、合同甲方联系方式、合同签订日期、服务开始时间、服务结束时间、支撑材料扫描件。具体内容应符合附录 D 表 D.1 的规定。

8　安全质量情况

安全质量情况信息包括公司名称、发生日期、死亡人数（如有）、重伤人数（如有）、经济损失（万元）、事件描述、建设单位、查询网站。具体内容应符合附录 E 表 E.1 的规定。

附 录 A
（规范性）
企 业 资 质

企业资质信息应符合表 A.1 的规定。

表 A.1 企业资质

中类	小类	说明
证书名称		证书上标明的名称全称。
单位名称		一个机构的中文名称，该名称须经登记管理部门所核准应使用的机构全称。
检验检测机构名称		提供检验检测的机构的名称，该名称须经登记管理部门所核准应使用的机构全称。
资质类别		按照工程性质和技术特点分别划分的若干资质类别。
	岩土工程和混凝土工程	涉及岩石、土、地下、水中部分的岩土工程和混凝土工程检验检测。
	金属结构	以铁、钢或铝等金属为主要材料，制造金属构件、金属构件零件、建筑用钢制品及类似品的检验检测。
	（火电）金属	火力发电厂金属检验检测。
资质等级		企业在从事行业经营中，应具有的与资格相适应的质量等级标准。
	一级	承担所取得专项资质范围内已取得检测参数的检测业务。
	甲级	承担所有专项资质中已取得检测参数的检测业务。
检测范围		所许可的检验检测业务。
颁发部门		颁发资质证书的发证机关。
资质证书编号		资质证书上利用有序或无序的任意符号按顺序编号数或者编定的号数。
发证日期		资质评定机关核发资质证书的年月日。
有效期至		资质证书上登记的有效期的终止日期。
企业资质扫描件		通过专用仪器扫描证书原件生成的 PDF 文件或电子图片

附 录 B
（规范性）
安 全 生 产 许 可 证

安全生产许可证信息应符合表 B.1 的规定。

表 B.1 安全生产许可证

中类	小类	说明
单位名称		一个机构的中文名称，该名称须经登记管理部门核准，应使用机构的全称。
证书编号		证书上利用有序或无序的任意符号按顺序编号数或者编定的号数。
许可范围		证书上载明的安全生产许可的内容。
发证机关		评定机构中文全称。
发证时间		评定机关核发证书的年月日。
有效期至		证书上登记的有效期的终止日期。
企业资质扫描件		通过专用仪器扫描证书原件生成的 PDF 文件或电子图片

附 录 C
（规范性）
土建试验检测企业业绩

土建试验检测企业业绩信息应符合表 C.1 的规定。

表 C.1 土建试验检测企业业绩

中类	小类	说明
合同编号		为区别不同合同而按照一定规则加上的由字母和数字组成的编号。
合同金额（万元）		合同签订的金额。
工程名称		工程具体项目的名称。
工程类型		按自然属性和使用功能进行分类。
	水利工程土建试验检测	水利设施的土木工程和建筑工程的试验检测。
	水电工程土建试验检测	水电设施的土木工程和建筑工程的试验检测。
服务范围		招标文件或施工图纸确定反映工程状况的一些指标内容。
合同甲方		合同的主导方，提出目标的一方，出资方或投资方。
合同甲方联系人		甲方负责这个项目的具体人员姓名。
合同甲方联系方式		合同中载明的能够达到直接沟通的相关信息，具体联络的方式体现，包括甲方地址、联系电话、银行账号、开户行、社会信用代码等。
合同签订日期		当事人签字、盖章或按手印的日期。
服务开始时间		合同约定的开工年月日。
服务结束时间		事件完成的年月日。
支撑材料扫描件		通过专用仪器扫描反映工程项目合同、检验检测报告等原件生成的 PDF 文件或电子图片

附 录 D

（规范性）

金属试验检测企业业绩

金属试验检测企业业绩信息应符合表 D.1 的规定。

表 D.1 金属试验检测企业业绩

中类	小类	说明
合同编号		为区别不同合同而按照一定规则加上的由字母和数字组成的编号。
合同金额（万元）		合同签订的金额。
工程名称		工程具体项目的名称。
工程类型		按自然属性和使用功能进行分类。
	水利工程金属试验检测	水利工程中以铁、钢或铝等金属为主要材料，制造金属构件、金属构件零件、建筑用钢制品及类似品的检验检测。
	水电工程金属试验检测	水电工程中以铁、钢或铝等金属为主要材料，制造金属构件、金属构件零件、建筑用钢制品及类似品的检验检测。
	火电工程金属试验检测	火电工程中以铁、钢或铝等金属为主要材料，制造金属构件、金属构件零件、建筑用钢制品及类似品的检验检测。
服务范围		招标文件或施工图纸确定反映工程状况的一些指标内容。
合同甲方		合同的主导方，提出目标的一方，出资方或投资方。
合同甲方联系人		甲方负责这个项目的具体人员姓名。
合同甲方联系方式		合同中载明的能够达到直接沟通的相关信息，具体联络的方式体现，包括甲方地址、联系电话、银行账号、开户行、社会信用代码等。
合同签订日期		当事人签字、盖章或按手印的日期。
服务开始时间		合同约定的开工年月日。
服务结束时间		事件完成的年月日。
支撑材料扫描件		通过专用仪器扫描反映工程项目合同、检验检测报告等原件生成的 PDF 文件或电子图片

附 录 E

（规范性）

安 全 质 量 情 况

安全质量情况信息应符合表 E.1 的规定。

表 E.1 安全质量情况

中类	小类	说明
公司名称		一个机构的中文名称，该名称须经登记管理部门核准，应使用机构的全称。
发生日期		24 小时制，填写至分钟。
死亡人数（如有）		按本次事故实际死亡人数填写，受伤人员在 30 天内死亡的，按死亡事故统计。
重伤人数（如有）		按本次事故造成的实际重伤人数填写。
经济损失（万元）		直接经济损失和间接经济损失之和。
事件描述		比较重大，对一定的人群会产生一定影响的事情经过的叙述。
建设单位		开发建设该工程的有关单位名称。
查询网站		可通过中华人民共和国住房和城乡建设部事故快报、中华人民共和国应急管理部安全生产失信联合惩戒"黑名单"、国家能源局全国电力安全生产情况通报查询到的安全质量情况

水电工程施工（主体、洞路、机电安装）供应商专用信息

目　　次

1　范围··143
2　规范性引用文件··143
3　术语和定义···143
4　企业资质··144
5　安全生产许可证···144
6　国家注册安全工程师··144
7　建造师···145
8　安全生产考核合格证书···145
9　水电优质工程···145
10　主体企业业绩···145
11　主体人员业绩···145
12　洞路企业业绩···145
13　洞路人员业绩···146
14　机电安装企业业绩···146
15　机电安装人员业绩···146
16　安全质量情况···146
附录A（规范性）　企业资质··147
附录B（规范性）　安全生产许可证··149
附录C（规范性）　国家注册安全工程师··································150
附录D（规范性）　建造师··151
附录E（规范性）　安全生产考核合格证书·······························153
附录F（规范性）　水电优质工程···154
附录G（规范性）　主体企业业绩···155
附录H（规范性）　主体人员业绩···157
附录I（规范性）　洞路企业业绩··160
附录J（规范性）　洞路人员业绩··162
附录K（规范性）　机电安装企业业绩·······································165
附录L（规范性）　机电安装人员业绩·······································167
附录M（规范性）　安全质量情况···169

水电工程施工（主体、洞路、机电安装）供应商专用信息

1　范围

本文件规定了水电工程施工（主体、洞路、机电安装）供应商专用信息的企业资质、安全生产许可证、国家注册安全工程师、建造师、安全生产考核合格证书、水电优质工程、主体企业业绩、主体人员业绩、洞路企业业绩、洞路人员业绩、机电安装企业业绩、机电安装人员业绩、安全质量情况，规范了供应商专用信息分类规则。

本文件适用于电力物资及服务供应商关系管理相关系统的建设和信息交互，及其他涉及电力物资及服务供应商信息的业务应用。

2　规范性引用文件

下列文件中的内容通过文中的规范性引用而构成本文件必不可少的条款。其中，注日期的引用文件，仅该日期对应的版本适用于本文件；不注日期的引用文件，其最新版本（包括所有的修改单）适用于本文件。

GB/T 2900.1—2008　电工术语　基本术语

GB/T 40582—2021　水电站基本术语

GB/T 50297—2018　电力工程基本术语标准

GB/T 50841—2013　建设工程分类标准

DL/T 396—2010　电压等级代码

DL/T 503—2009　电力工程项目分类代码

DL/T 5159—2012　电力工程物探技术规程

DL/T 5251—2010　水工混凝土建筑物缺陷检测和评估技术规程

SL 26—2012　水利水电工程技术术语

SL 252—2007　水利水电工程等级划分及洪水标准

NB/T 10083—2018　水电工程水利计算规范

NB/T 10141—2019　水电工程水库专项工程勘察规程

NB/T 35029—2014　水电工程测量规范

3　术语和定义

下列术语和定义适用于本文件。

3.1

企业资质　report certificate

企业在从事某一行业经营中应具备的资格以及与此资格相应的质量等级标准。

3.2

安全生产许可证　safe production licence

国家对矿山企业、建筑施工企业和危险化学品、烟花爆竹、民用爆炸物品生产企业实行安全生产许可制度。企业未取得安全生产许可证的，不得从事生产活动。

3.3

国家注册安全工程师　certified safety engineer

通过注册安全工程师职业资格考试，取得"中华人民共和国注册安全工程师执业资格证书"，并经注册的专业技术人员。

3.4

建造师　constructor

从事建设工程项目总承包和施工管理关键岗位的执业注册人员。

3.5

安全生产考核合格证书　safe production examination certificate

建筑施工企业主要负责人、项目负责人和专职安全生产管理人员，通过其受聘企业，向企业工商注册地的省、自治区、直辖市人民政府住房城乡建设主管部门申请安全生产考核，考核合格后取得的安全生产考核合格证书。

3.6

优质工程　high quality project

设计优、质量精、管理佳、效益好、技术先进、节能环保的工程。

3.7

业绩　achievement

在某一特定统计时间内，供应商按照合同约定，实际完成履约的产品或服务。

4　企业资质

企业资质信息主要包括企业名称、资质证书编号、资质类别、资质等级、颁发部门、业务内容、发证日期、有效期至、企业资质扫描件。具体内容应符合附录 A 表 A.1 的规定。

5　安全生产许可证

安全生产许可证信息包括单位名称、证书编号、许可范围、发证机关、发证时间、有效期至、企业资质扫描件。具体内容应符合附录 B 表 B.1 的规定。

6　国家注册安全工程师

国家注册安全工程师信息包括姓名、身份证号码、证书名称、企业名称、执业证号、职业资格证书管理号（职业资格证书编号）、发证机关、发证时间、有效期限、证书扫描件。具体内容应符合附录 C 表 C.1 的规定。

7 建造师

建造师信息包括姓名、身份证号码、证书编号、发证机关、注册编号、注册建造师等级、专业类型、有效期至、证书扫描件。具体内容应符合附录 D 表 D.1 的规定。

8 安全生产考核合格证书

安全生产考核合格证书信息包括姓名、身份证号码、证书名称、企业名称、证书编号、证书出具机构、出具日期、有效日期、证书扫描件。具体内容应符合附录 E 表 E.1 的规定。

9 水电优质工程

水电优质工程信息包括工程名称、获奖奖项、工程类型、获奖内容、颁奖单位、颁发时间、证书扫描件。具体内容应符合附录 F 表 F.1 的规定。

10 主体企业业绩

主体企业业绩信息包括合同编号、合同金额（万元）、合同工程名称、工程名称、工程类型、装机容量（MW）、上水库库容（亿 m^3）、上水库坝高（m）、上水库坝型、下水库库容（亿 m^3）、下水库坝高（m）、下水库坝型、暗挖洞室跨度（m）、暗挖洞室高度（m）、斜井长度（m）、斜井最大斜度（°）、竖井高度（m）、竖井洞径（m）、建设地点、承包范围、合同甲方、合同甲方联系人、合同甲方联系方式、合同签订日期、开工时间、是否投运、完工时间、支撑材料扫描件。具体内容应符合附录 G 表 G.1 的规定。

11 主体人员业绩

主体人员业绩信息包括姓名、身份证号码、学历、合同工程名称、工程名称、工程类型、所任职务、任职开始时间、任职结束时间、工程所在地（省市）、装机容量（MW）、上水库库容（亿 m^3）、上水库坝高（m）、上水库坝型、下水库库容（亿 m^3）、下水库坝高（m）、下水库坝型、暗挖洞室跨度（m）、暗挖洞室高度（m）、斜井长度（m）、斜井最大斜度（°）、竖井高度（m）、竖井洞径（m）、承包范围、合同甲方、合同乙方、合同甲方联系人、合同甲方联系方式、合同签订日期、开工时间、是否投运、完工时间、支撑材料扫描件。具体内容应符合附录 H 表 H.1 的规定。

12 洞路企业业绩

洞路企业业绩信息包括合同编号、合同金额（万元）、工程名称、工程类型、公路等级、公路工程－里程（km）、隧洞断面面积（ m^2）、隧洞长度（m）、场内道路里程（km）、单项合同房屋建筑面积（万 m^2）、建设地点、承包范围、合同甲方、合同甲方联系人、合同甲方联系方式、合同签订日期、开工时间、是否投运、完工时间、支撑材料扫描件。具体内容应符合附录 I 表 I.1 的规定。

13 洞路人员业绩

洞路人员业绩信息包括姓名、身份证号码、学历、工程名称、合同工程名称、工程类型、所任职务、任职开始时间、任职结束时间、工程所在地（省市）、公路等级、公路工程－里程（km）、隧洞断面面积（m²）、隧洞长度（m）、场内道路里程（km）、单项合同房屋建筑面积（万 m²）、承包范围、合同甲方、合同乙方、合同甲方联系人、合同甲方联系方式、合同签订日期、开工时间、是否投运、完工时间、支撑材料扫描件。具体内容应符合附录 J 表 J.1 的规定。

14 机电安装企业业绩

机电安装企业业绩信息包括合同编号、合同金额（万元）、工程名称、工程类型、业绩类型、装机容量（MW）、机组台数（台）、单机容量（MW）、承包范围、合同甲方、合同甲方联系人、合同甲方联系方式、合同签订日期、开工时间、是否投运、完工时间、支撑材料扫描件。具体内容应符合附录 K 表 K.1 的规定。

15 机电安装人员业绩

机电安装人员业绩信息包括姓名、身份证号码、学历、工程名称、工程类型、业绩类型、所任职务、任职开始时间、任职结束时间、装机容量（MW）、机组台数（台）、单机容量（MW）、承包范围、合同甲方、合同乙方、合同甲方联系人、合同甲方联系方式、合同签订日期、开工时间、是否投运、完工时间、支撑材料扫描件。具体内容应符合附录 L 表 L.1 的规定。

16 安全质量情况

安全质量情况信息包括公司名称、发生日期、死亡人数（如有）、重伤人数（如有）、经济损失（万元）、事件描述、建设单位、查询网站。具体内容应符合附录 M 表 M.1 的规定。

附 录 A
（规范性）
企 业 资 质

企业资质信息应符合表 A.1 的规定。

表 A.1 企业资质

中类	小类	说明
企业名称		一个机构的中文名称，该名称须经登记管理部门核准，应使用机构的全称。
资质证书编号		资质证书上利用有序或无序的任意符号按顺序编号数或者编定的号数。
资质类别		按照工程性质和技术特点分别划分的若干资质类别。
	公路工程施工总承包	可以承担相应等级公路及其桥梁、隧道工程的施工。
	建筑工程施工总承包（原房屋建筑工程施工总承包）	可以承担相应高度、建筑面积、跨度的工业、民用建筑工程。
	承装电力设施许可	可以从事电力设施的安装活动。
	承试电力设施许可	可以从事电力设施的试验活动。
	水利水电工程施工总承包	可以承担相应规模类型的水利水电工程。
资质等级		企业在从事行业经营中，应具有的与资格相适应的质量等级标准。
	一级	公路工程施工总承包可承担各级公路及其桥梁，长度 3000m 以下的隧道工程的施工。 建筑工程施工总承包可承担单项合同额 3000 万元以上的下列建筑工程的施工：① 高度 200m 以下的工业、民用建筑工程；② 高度 240m 以下的构筑物工程。 承装（试）电力设施许可证一级可以从事所有电压等级电力设施的安装、试验活动。 水利水电工程施工总承包可承担各类型水利水电工程的施工。
	二级	公路工程施工总承包可承担一级以下公路，单座桥长 1000m 以下、单跨跨度 150m 以下的桥梁，长度 1000m 以下的隧道工程的施工。

表 A.1（续）

中类	小类	说明
	二级	建筑工程施工总承包可承担下列建筑工程的施工：① 高度 100m 以下的工业、民用建筑工程；② 高度 120m 以下的构筑物工程；③ 建筑面积 4 万 m^2 以下的单体工业、民用建筑工程；④ 单跨跨度 39m 以下的建筑工程。 　　承装（试）电力设施许可证可以从事 330kV 以下电压等级电力设施的安装、试验活动。 　　水利水电工程施工总承包可承担工程规模中型以下水利水电工程和建筑物级别 3 级以下水工建筑物的施工，但下列工程规模限制在以下范围内：坝高 70m 以下、水电站总装机容量 150MW 以下、水工隧洞洞径小于 8m（或断面面积相等的其他型式）且长度小于 1000m、堤防级别 2 级以下。
	三级	公路工程施工总承包可承担二级以下公路，单座桥长 500m 以下、单跨跨度 50m 以下的桥梁工程的施工。 　　建筑工程施工总承包可承担下列建筑工程的施工：① 高度 50m 以下的工业、民用建筑工程；② 高度 70m 以下的构筑物工程；③ 建筑面积 1.2 万 m^2 以下的单体工业、民用建筑工程；④ 单跨跨度 27m 以下的建筑工程。 　　承装（试）电力设施许可证可以从事 110kV 以下电压等级电力设施的安装、试验活动。 　　水利水电工程施工总承包可承担单项合同额 6000 万元以下的下列水利水电工程的施工：小（1）型以下水利水电工程和建筑物级别 4 级以下水工建筑物的施工总承包，但下列工程限制在以下范围内：坝高 40m 以下、水电站总装机容量 20MW 以下、泵站总装机容量 800kW 以下、水工隧洞洞径小于 6m（或断面面积相等的其他型式）且长度小于 500m、堤防级别 3 级以下。
	特级	取得房屋建筑、矿山、冶炼、石油化工、电力等类别中任意一类施工总承包特级资质和其中两类施工总承包一级资质，即可承接房屋建筑、矿山、冶炼、石油化工、电力各类别工程的施工总承包、工程总承包和项目管理业务。
颁发部门		颁发资质证书的发证机关。
业务内容		所许可的施工内容。
发证日期		资质证书标明的发证日期。
有效期至		资质证书上登记的有效期的终止日期。
企业资质扫描件		通过专用仪器扫描证书原件生成的 PDF 文件或电子图片

附 录 B
（规范性）
安全生产许可证

安全生产许可证信息应符合表 B.1 的规定。

表 B.1 安全生产许可证

中类	小类	说明
单位名称		一个机构的中文名称，该名称须经登记管理部门核准，应使用机构的全称。
证书编号		证书上利用有序或无序的任意符号按顺序编号数或者编定的号数。
许可范围		证书上载明的安全生产许可的内容。
发证机关		评定机构中文全称。
发证时间		评定机关核发证书的年月日。
有效期至		证书上登记的有效期的终止日期。
企业资质扫描件		通过专用仪器扫描证书原件生成的 PDF 文件或电子图片

附 录 C
（规范性）
国家注册安全工程师

国家注册安全工程师信息应符合表 C.1 的规定。

表 C.1 国家注册安全工程师

中类	小类	说明
姓名		在户籍管理部门正式登记注册、人事档案中正式记载的姓氏名称。
身份证号码		身份证件上记载的、可唯一标识个人身份的号码。
证书名称		证书上标明的名称全称。
	国家注册安全工程师执业资格证书	通过全国统一考试，取得《中华人民共和国注册安全工程师执业资格证书》，并经注册的专业技术人员。
企业名称		一个机构的中文名称，该名称须经登记管理部门核准，应使用机构的全称。
执业证号		证书上利用有序或无序的任意符号按顺序编号数或者编定的号数。
职业资格证书管理号（职业资格证书编号）		认定机构在注册执业证书上初始、延续、变更注册记录编号。
发证机关		评定的机构中文全称。
发证时间		资格评定机关核发资格证书的年月日。
有效期限		资格证书上登记的有效期的终止日期。
证书扫描件		通过专用仪器扫描证书原件生成的 PDF 文件或电子图片

附　录　D

（规范性）

建　造　师

建造师信息应符合表 D.1 的规定。

表 D.1　建造师

中类	小类	说明
姓名		在户籍管理部门正式登记注册、人事档案中正式记载的姓氏名称。
身份证号码		身份证件上记载的、可唯一标识个人身份的号码。
证书编号		证书上利用有序或无序的任意符号按顺序编号数或者编定的号数。
发证机关		颁发证书的机构名称。
注册编号		建设主管部门认定机构在注册执业证书上初始、延续、变更注册记录编号。
注册建造师等级		从事建设工程项目总承包和施工管理关键岗位的执业注册人员的执业资格级别和范围。
	一级建造师	可以担任执业资格的等级，一级可担任大中小型工程项目负责人。
	二级建造师	可以担任执业资格的等级，二级可担任中小型工程项目负责人。
专业类型		不同专业分类。
	公路工程	以公路为对象进行的规划、设计、施工、养护与管理工作的全过程及其所从事的工程实体。
	地质勘察	查明影响工程建筑物的地质因素而进行的地质调查研究工作。
	工程测量	在工程建设勘测、设计、施工和管理阶段进行的各种测量工作。
	市政公用工程	由城市建设部门主管，为城镇居民生产生活提供必需的普通服务设施的工程建设项目。
	建筑工程	各类房屋建筑及其附属设施的建造和与其配套的线路、管道、设备的安装活动所形成的工程实体。
	房屋建筑工程	在固定地点，为使用者和/或占用物提供庇护覆盖以进行生活、生产或其他活动的实体，可分为工业建筑和民用建筑。
	机电安装工程	包括锅炉、通风空调、制冷、电气、仪表、电机、压缩机机组和广播电影、电视播控等设备安装、调试工程。
	机电工程	包括锅炉、通风空调、制冷、电气、仪表、电机、压缩机机组和广播电影、电视播控等设备工程。

表 **D**.1（续）

中类	小类	说明
	机电设备制造	包括锅炉、通风空调、制冷、电气、仪表、电机、压缩机机组和广播电影、电视播控等设备生产制造。
	机电设备安装	包括锅炉、通风空调、制冷、电气、仪表、电机、压缩机机组和广播电影、电视播控等设备安装、调试。
	水利水电工程	为了控制、调节和利用自然界的地表水和地下水，以达到除害兴利目的而兴建的各类工程。
	水土保持	防治水土流失，保护、改良与合理利用水土资源，提高土地生产力，建立良好生态环境的工作。
	水工建筑	水利水电工程中的各种单项实体的总称，包括挡水建筑物、泄水建筑物、输水建筑物、水电站厂房、开关站、通航建筑物、过木建筑物、过鱼建筑物等。
	环境保护	水污染防治工程、大气污染防治工程、固体废物处理处置工程、物理污染防治工程和污染修复工程等。
	电力工程	以生产、输送电能为目的的工程。
	金属结构设备制造	包括各种闸门、拦污栅、升船机、各类启闭机、操作闸门、拦污栅的附属设备如抓梁、吊杆、锁定装置等设备制造。
	金属结构设备安装	包括各种闸门、拦污栅、升船机、各类启闭机、操作闸门、拦污栅的附属设备如抓梁、吊杆、锁定装置等设备安装。
有效期至		资格证书上登记的有效期的终止日期。
证书扫描件		通过专用仪器扫描证书原件生成的 PDF 文件或电子图片

附 录 E

（规范性）

安全生产考核合格证书

安全生产考核合格证书信息应符合表 E.1 的规定。

表 E.1 安全生产考核合格证书

中类	小类	说明
姓名		在户籍管理部门正式登记注册、人事档案中正式记载的姓氏名称。
身份证号码		身份证件上记载的、可唯一标识个人身份的号码。
证书名称		证书上标明的名称全称。
	安全生产考核合格证书（B证）	通过考核，项目负责人、项目经理取得的 B 类证书。
	安全生产考核合格证书（C证）	通过考核，专职安全生产管理人员取得的 C 类证书。
企业名称		一个机构的中文名称，该名称须经登记管理部门核准，应使用机构的全称。
证书编号		证书上利用有序或无序的任意符号按顺序编号数或者编定的号数。
证书出具机构		资格评定机关的中文全称。
出具日期		资格评定机关核发资质证书的年月日。
有效日期		资格证书上登记的有效期的终止日期。
证书扫描件		通过专用仪器扫描证书原件生成的 PDF 文件或电子图片

附 录 F
（规范性）
水电优质工程

水电优质工程信息应符合表 F.1 的规定。

表 F.1 水电优质工程

中类	小类	说明
工程名称		获得奖励的工程具体项目的名称。
获奖奖项		获得奖励的不同类别、类型名称。
	中国土木工程詹天佑奖	中国土木工程学会、詹天佑土木工程科技发展基金组织实施评选的奖项。
	中国建设工程鲁班奖	由中华人民共和国住房和城乡建设部指导、中国建筑业协会组织实施评选的奖项。
	中国水利工程优质奖（大禹奖）	由中国水利工程协会实施评选的奖项。
	中国电力优质工程奖	由中国电力建设企业协会组织实施评选的奖项。
	国家优质工程奖	由中国施工企业管理协会组织实施评选的奖项。
工程类型		按自然属性和使用功能进行分类。
	具有地下厂房的常规水电站	发电厂房以及引水和尾水系统建筑物位于地下洞室中的水电站。
	常规水电站	发电厂房以及引水和尾水系统建筑物位于地下洞室中的水电站将水流落差蕴蓄的能量转变为电能的各种建筑物和设备的综合体。
	抽水蓄能	利用电力系统负荷低谷时间内的富余电能从下水库（水池）抽水存入上水库（水池），在电力系统负荷高峰时间内由上水库（水池）供水发电的一种水能开发方式。
	水库工程	拦洪蓄水和调节水流的水利工程建筑物。
	公路工程	以公路为对象进行的规划、设计、施工、养护与管理工作的全过程及其所从事的工程实体。
获奖内容		获奖所承揽的工程项目内容。
颁奖单位		颁发所获奖励（证书等）的主管机构名称。
颁发时间		所获奖励（证书等）的落款日期。
证书扫描件		通过专用仪器扫描获奖证书原件生成的 PDF 文件或电子图片

附 录 G

（规范性）

主体企业业绩

主体企业业绩信息应符合表 G.1 的规定。

表 G.1　主体企业业绩

中类	小类	说明
合同编号		为区别不同合同而按照一定规则加上的一串由字母和数字组成的编号。
合同金额（万元）		合同签订的金额。
合同工程名称		合同基本内容的简称。
工程名称		工程具体项目的名称。
工程类型		按自然属性和使用功能进行分类。
	具有地下厂房的常规水电站	发电厂房以及引水和尾水系统建筑物位于地下洞室中的水电站。
	常规水电站	发电厂房以及引水和尾水系统建筑物位于地下洞室中的水电站将水流落差蕴蓄的能量转变为电能的各种建筑物和设备的综合体。
	抽水蓄能	利用电力系统负荷低谷时间内的富余电能从下水库（水池）抽水存入上水库（水池），在电力系统负荷高峰时间内由上水库（水池）供水发电的一种水能开发方式。
	水利工程	为了控制、调节和利用自然界的地表水和地下水，以达到除害兴利目的而兴建的各类工程。
	水利枢纽工程	水利枢纽建筑物（含引水工程中的水源工程）和其他大型独立建筑物，是为满足各项水利工程兴利除害的目标，在河流或渠道的适宜地段修建的不同类型建筑物的综合体。
	水库工程	拦洪蓄水和调节水流的水利工程建筑物。
装机容量（MW）		水电站全部发电机组装机容量的总和。
上水库库容（亿m³）		上水库最高运用水位以下的净库容。
上水库坝高（m）		上水库大坝建基面的最低点（不包括局部深槽、井或洞）至坝顶高度。
上水库坝型		上水库按坝体材料、结构及传力方式、泄洪方式、施工方法、坝的位置等分成不同坝型。
下水库库容（亿m³）		下水库最高运用水位以下的净库容。
下水库坝高（m）		下水库大坝建基面的最低点（不包括局部深槽、井或洞）至坝顶高度。

表 G.1（续）

中类	小类	说明
下水库坝型		下水库按坝体材料、结构及传力方式、泄洪方式、施工方法、坝的位置等分成不同坝型。
暗挖洞室跨度(m)		暗挖洞室承重结构之间的距离。
暗挖洞室高度(m)		暗挖洞室基准面向上到最高点的距离。
斜井长度（m）		斜井始末点的距离。
斜井最大斜度(°)		斜井与基面的夹角度数。
竖井高度（m）		竖井始末点的距离。
竖井洞径（m）		竖井的单孔净跨径。
建设地点		建设项目所位于的各级行政区域。
承包范围		招标文件或施工图纸确定反映工程状况的一些指标内容。
合同甲方		合同的主导方，提出目标的一方，出资或投资方。
合同甲方联系人		甲方负责这个项目的具体人员姓名。
合同甲方联系方式		合同中载明的能够达到直接沟通的相关信息，具体联络的方式体现，包括甲方地址、联系电话、银行账号、开户行、社会信用代码等。
合同签订日期		当事人签字、盖章或按手印的日期。
开工时间		合同约定的开工年月日。
是否投运		工程建设阶段所处的状况。
	是	整个工程项目已按设计规定的内容全部建成，形成设计规定的能力或效益，并经正式验收移交生产或使用部门的项目。
	否	新建、改建、扩建，或技术改造、设备更新和大修理工程等尚未完工的工程。
完工时间		投入生产运行的时间。
支撑材料扫描件		通过专用仪器扫描反映工程项目合同、竣工验收等原件生成的 PDF 文件或电子图片

附　录　H
（规范性）
主体人员业绩

主体人员业绩信息应符合表 H.1 的规定。

表 H.1　主体人员业绩

中类	小类	说明
姓名		在户籍管理部门正式登记注册、人事档案中正式记载的姓氏名称。
身份证号码		身份证件上记载的、可唯一标识个人身份的号码。
学历		经教育行政部门批准，实施学历教育、由国家认可的拥有文凭颁发权力的学校及其他教育机构所颁发的学历证书。
	博士	取得博士研究生及以上毕业证书。
	硕士	取得硕士研究生及以上毕业证书。
	本科	即大学本科，是高等教育的基本组成部分，学生毕业后一般可获"学士"学位。
	专科	大学专科，又称高职专科、高职高专，简称大专或专科，是高等教育的组成部分。
合同工程名称		合同基本内容的简称。
工程名称		工程具体项目的名称。
工程类型		按自然属性和使用功能进行分类。
	具有地下厂房的常规水电站	发电厂房以及引水和尾水系统建筑物位于地下洞室中的水电站。
	常规水电站	发电厂房以及引水和尾水系统建筑物位于地下洞室中的水电站将水流落差蕴蓄的能量转变为电能的各种建筑物和设备的综合体。
	抽水蓄能	利用电力系统负荷低谷时间内的富余电能从下水库（水池）抽水存入上水库（水池），在电力系统负荷高峰时间内由上水库（水池）供水发电的一种水能开发方式。
	水利工程	为了控制、调节和利用自然界的地表水和地下水，以达到除害兴利目的而兴建的各类工程。
	水利枢纽工程	水利枢纽建筑物（含引水工程中的水源工程）和其他大型独立建筑物，是为满足各项水利工程兴利除害的目标，在河流或渠道的适宜地段修建的不同类型建筑物的综合体。
	水库工程	拦洪蓄水和调节水流的水利工程建筑物。
所任职务		担任供应商职务的具体名称。

表 H.1（续）

中类	小类	说明
任职开始时间		从事某项具体工作担任的职务开始时间。
任职结束时间		从事某项具体工作担任的职务结束时间。
工程所在地（省市）		行政区划名称。
装机容量（MW）		水电站全部发电机组装机容量的总和。
上水库库容（亿 m^3）		上水库最高运用水位以下的静库容。
上水库坝高（m）		上水库大坝建基面的最低点（不包括局部深槽、井或洞）至坝顶高度。
上水库坝型		上水库按坝体材料、结构及传力方式、泄洪方式、施工方法、坝的位置等分成不同坝型。
下水库库容（亿 m^3）		下水库最高运用水位以下的静库容。
下水库坝高（m）		下水库大坝建基面的最低点（不包括局部深槽、井或洞）至坝顶高度。
下水库坝型		下水库按坝体材料、结构及传力方式、泄洪方式、施工方法、坝的位置等分成不同坝型。
暗挖洞室跨度(m)		暗挖洞室承重结构之间的距离。
暗挖洞室高度(m)		暗挖洞室基准面向上到最高点的距离。
斜井长度（m）		斜井始末点的距离。
斜井最大斜度（°）		斜井与基面的夹角度数。
竖井高度（m）		竖井始末点的距离。
竖井洞径（m）		竖井的单孔净跨径。
承包范围		招标文件或施工图纸确定反映工程状况的一些指标内容。
合同甲方		合同的主导方，提出目标的一方，出资或投资方。
合同乙方		合同的劳务方，也就是负责实现目标的主体。
合同甲方联系人		甲方负责这个项目的具体人员姓名。
合同甲方联系方式		合同中载明的能够达到直接沟通的相关信息，具体联络的方式体现，包括甲方地址、联系电话、银行账号、开户行、社会信用代码等。
合同签订日期		当事人签字、盖章或按手印的日期。
开工时间		合同约定的开工年月日。
是否投运		工程建设阶段所处的状况。

表 H.1（续）

中类	小类	说明
	是	整个工程项目已按设计规定的内容全部建成，形成设计规定的能力或效益，并经正式验收移交生产或使用部门的项目。
	否	新建、改建、扩建，或技术改造、设备更新和大修理工程等尚未完工的工程。
完工时间		投入生产运行的时间。
支撑材料扫描件		通过专用仪器扫描反映工程项目合同、竣工验收等原件生成的 PDF 文件或电子图片

附 录 I

（规范性）

洞路企业业绩

洞路企业业绩信息应符合表 I.1 的规定。

表 I.1 洞路企业业绩

中类	小类	说明
合同编号		为区别不同合同而按照一定规则加上的一串由字母和数字组成的编号。
合同金额(万元)		合同签订的金额。
工程名称		工程具体项目的名称。
工程类型		按自然属性和使用功能进行分类。
	公路工程	以公路为对象而进行的规划、设计、施工、养护与管理工作的全过程及其所从事的工程实体。
	房屋建筑	在固定地点，为使用者和/或占用物提供庇护覆盖以进行生活、生产或其他活动的实体，可分为工业建筑和民用建筑。
	道路工程	供各种车辆和行人等通行的工程设施。
	隧洞工程	在山体中开挖的、具有断面的通道。
公路等级		根据交通量及其使用的任务、性质，对公路进行的技术分级。
	高速公路	具有四个或以上车道，并设有中央分隔带，全部立体交叉，并具有完善的交通安全设施和管理设施、服务设施，全部控制出入，专供汽车高速度行驶的公路。
	一级	供汽车分向、分车道行驶，并部分控制出入、部分立体交叉的公路，主要连接重要政治、经济中心，通往重点工矿区，是国家的干线公路。四车道一级公路一般能适应按各种汽车折合成小客车的远景设计，年平均昼夜交通量为 15000～30000 辆。
	二级	供汽车行驶的双车道公路。一般能适应每昼夜 3000～7500 辆中型载重汽车交通量。
	三级	主要供汽车行驶的双车道公路。一般能适应每昼夜 1000～4000 辆中型载重汽车交通量。
	四级	主要供汽车行驶的双车道或单车道公路。双车道四级公路能适应每昼夜中型载重汽车交通量 1500 辆以下。
公路工程－里程（km）		行程长度。
隧洞断面面积（m²）		隧洞横断面面积。

表 I.1（续）

中类	小类	说明
隧洞长度（m）		隧洞始末点的距离。
场内道路里程（km）		场区内行程长度。
单项合同房屋建筑面积（万 m²）		建筑物各层水平面积的总和。
建设地点		建设项目所位于的各级行政区域。
承包范围		招标文件或施工图纸确定反映工程状况的一些指标内容。
合同甲方		合同的主导方，提出目标的一方，出资或投资方。
合同甲方联系人		甲方负责这个项目的具体人员姓名。
合同甲方联系方式		合同中载明的能够达到直接沟通的相关信息，具体联络的方式体现，包括甲方地址、联系电话、银行账号、开户行、社会信用代码等。
合同签订日期		当事人签字、盖章或按手印的日期。
开工时间		合同约定的开工年月日。
是否投运		工程建设阶段所处的状况。
	是	整个工程项目已按设计规定的内容全部建成，形成设计规定的能力或效益，并经正式验收移交生产或使用部门的项目。
	否	新建、改建、扩建，或技术改造、设备更新和大修理工程等尚未完工的工程。
完工时间		投入生产运行的时间。
支撑材料扫描件		通过专用仪器扫描反映工程项目合同、竣工验收等原件生成的 PDF 文件或电子图片

附　录　J
（规范性）
洞路人员业绩

洞路人员业绩信息应符合表 J.1 的规定。

表 J.1　洞路人员业绩

中类	小类	说明
姓名		在户籍管理部门正式登记注册、人事档案中正式记载的姓氏名称。
身份证号码		身份证件上记载的、可唯一标识个人身份的号码。
学历		经教育行政部门批准，实施学历教育、由国家认可的拥有文凭颁发权力的学校及其他教育机构所颁发的学历证书。
	博士	取得博士研究生及以上毕业证书。
	硕士	取得硕士研究生及以上毕业证书。
	本科	即大学本科，是高等教育的基本组成部分，学生毕业后一般可获"学士"学位。
	专科	大学专科，又称高职专科、高职高专，简称大专或专科，是高等教育的组成部分。
工程名称		工程具体项目的名称。
合同工程名称		合同基本内容的简称。
工程类型		按自然属性和使用功能进行分类。
	公路工程	以公路为对象进行的规划、设计、施工、养护与管理工作的全过程及其所从事的工程实体。
	房屋建筑	在固定地点，为使用者和/或占用物提供庇护覆盖以进行生活、生产或其他活动的实体，可分为工业建筑和民用建筑。
	道路工程	供各种车辆和行人等通行的工程设施。
	隧洞工程	在山体中开挖的、具有断面的通道。
所任职务		担任供应商职务的具体名称。
任职开始时间		从事某项具体工作担任的职务开始时间。
任职结束时间		从事某项具体工作担任的职务结束时间。
工程所在地（省市）		行政区划名称。
公路等级		根据交通量及其使用的任务、性质，对公路进行的技术分级。

表 J.1（续）

中类	小类	说明
	高速公路	具有四个或以上车道，并设有中央分隔带，全部立体交叉，并具有完善的交通安全设施和管理设施、服务设施，全部控制出入，专供汽车高速度行驶的公路。
	一级	供汽车分向、分车道行驶，并部分控制出入、部分立体交叉的公路，主要连接重要政治、经济中心，通往重点工矿区，是国家的干线公路。四车道一级公路一般能适应按各种汽车折合成小客车的远景设计，年平均昼夜交通量为 15000～30000 辆。
	二级	供汽车行驶的双车道公路。一般能适应每昼夜 3000～7500 辆中型载重汽车交通量。
	三级	主要供汽车行驶的双车道公路。一般能适应每昼夜 1000～4000 辆中型载重汽车交通量。
	四级	主要供汽车行驶的双车道或单车道公路。双车道四级公路能适应每昼夜中型载重汽车交通量 1500 辆以下。
公路工程–里程（km）		行程长度。
隧洞断面面积（m²）		隧洞横断面面积。
隧洞长度（m）		隧洞始末点的距离。
场内道路里程（km）		场区内行程长度。
单项合同房屋建筑面积（万 m²）		建筑物各层水平面积的总和。
承包范围		招标文件或施工图纸确定反映工程状况的一些指标内容。
合同甲方		合同的主导方，提出目标的一方，出资方或投资方。
合同乙方		合同的劳务方，也就是负责实现目标的主体。
合同甲方联系人		甲方负责这个项目的具体人员姓名。
合同甲方联系方式		合同中载明的能够达到直接沟通的相关信息，具体联络的方式体现，包括甲方地址、联系电话、银行账号、开户行、社会信用代码等。
合同签订日期		当事人签字、盖章或按手印的日期。
开工时间		合同约定的开工年月日。
是否投运		工程建设阶段所处的状况。
	是	整个工程项目已按设计规定的内容全部建成，形成设计规定的能力或效益，并经正式验收移交生产或使用部门的项目。

表 **J**.1（续）

中类	小类	说明
完工时间 支撑材料扫描件	否	新建、改建、扩建，或技术改造、设备更新和大修理工程等尚未完工的工程。 投入生产运行的时间。 通过专用仪器扫描反映工程项目合同、竣工验收等原件生成的 PDF 文件或电子图片

附 录 K
（规范性）
机电安装企业业绩

机电安装企业业绩信息应符合表 K.1 的规定。

表 K.1　机电安装企业业绩

中类	小类	说明
合同编号		为区别不同合同而按照一定规则加上的一串由字母和数字组成的编号。
合同金额（万元）		合同签订的金额。
工程名称		工程具体项目的名称。
工程类型		按自然属性和使用功能进行分类。
	具有地下厂房的常规水电站	发电厂房以及引水和尾水系统建筑物位于地下洞室中的水电站。
	常规水电站	发电厂房以及引水和尾水系统建筑物位于地下洞室中的水电站将水流落差蕴蓄的能量转变为电能的各种建筑物和设备的综合体。
	抽水蓄能	利用电力系统负荷低谷时间内的富余电能从下水库（水池）抽水存入上水库（水池），在电力系统负荷高峰时间内由上水库（水池）供水发电的一种水能开发方式。
业绩类型		供应商按照合同约定，实际完成履约服务，按自然属性和使用功能进行分类。
	单独机电安装	装设一台发电机组及其机旁辅助设备。
	整组调试	整组发电机调试与试运行。
	机电安装及整组调试	发电设备安装及整组发电机调试与试运行。
装机容量（MW）		水电站全部发电机组装机容量的总和。
机组台数（台）		水电站全部发电机组装机数量的总和。
单机容量（MW）		水电站单台发电机组装机容量。
承包范围		招标文件或施工图纸确定反映工程状况的一些指标内容。
合同甲方		合同的主导方，提出目标的一方，出资方或投资方。
合同甲方联系人		甲方负责这个项目的具体人员姓名。
合同甲方联系方式		合同中载明的能够达到直接沟通的相关信息，具体联络的方式体现，包括甲方地址、联系电话、银行账号、开户行、社会信用代码等。
合同签订日期		当事人签字、盖章或按手印的日期。

表 **K**.1（续）

中类	小类	说明
开工时间		合同约定的开工年月日。
是否投运		工程建设阶段所处的状况。
	是	整个工程项目已按设计规定的内容全部建成，形成设计规定的能力或效益，并经正式验收移交生产或使用部门的项目。
	否	新建、改建、扩建，或技术改造、设备更新和大修理工程等尚未完工的工程。
完工时间		投入生产运行的时间。
支撑材料扫描件		通过专用仪器扫描反映工程项目合同、竣工验收等原件生成的 PDF 文件或电子图片

附 录 L

（规范性）

机电安装人员业绩

机电安装人员业绩信息应符合表 L.1 的规定。

表 L.1 机电安装人员业绩

中类	小类	说明
姓名		在户籍管理部门正式登记注册、人事档案中正式记载的姓氏名称。
身份证号码		身份证件上记载的、可唯一标识个人身份的号码。
学历		经教育行政部门批准，实施学历教育、由国家认可的拥有文凭颁发权力的学校及其他教育机构所颁发的学历证书。
	博士	取得博士研究生及以上毕业证书。
	硕士	取得硕士研究生及以上毕业证书。
	本科	即大学本科，是高等教育的基本组成部分，学生毕业后一般可获"学士"学位。
	专科	大学专科，又称高职专科、高职高专，简称大专或专科，是高等教育的组成部分。
工程名称		工程具体项目的名称。
工程类型		按自然属性和使用功能进行分类。
	具有地下厂房的常规水电站	发电厂房以及引水和尾水系统建筑物位于地下洞室中的水电站。
	常规水电站	发电厂房以及引水和尾水系统建筑物位于地下洞室中的水电站将水流落差蕴蓄的能量转变为电能的各种建筑物和设备的综合体。
	抽水蓄能	利用电力系统负荷低谷时间内的富余电能从下水库（水池）抽水存入上水库（水池），在电力系统负荷高峰时间内由上水库（水池）供水发电的一种水能开发方式。
业绩类型		供应商按照合同约定，实际完成履约服务，按自然属性和使用功能进行分类。
	单独机电安装	装设一台发电机组及其机旁辅助设备。
	整组调试	整组发电机调试与试运行。
	机电安装及整组调试	发电设备安装及整组发电机调试与试运行。
所任职务		担任供应商职务的具体名称。
任职开始时间		从事某项具体工作担任的职务开始时间。

167

表 **L**.1（续）

中类	小类	说明
任职结束时间		从事某项具体工作担任的职务结束时间。
装机容量（MW）		水电站全部发电机组装机容量的总和。
机组台数（台）		水电站全部发电机组装机数量的总和。
单机容量（MW）		水电站单台发电机组装机容量。
承包范围		招标文件或施工图纸确定反映工程状况的一些指标内容。
合同甲方		合同的主导方，提出目标的一方，出资方或投资方。
合同乙方		合同的劳务方，也就是负责实现目标的主体。
合同甲方联系人		甲方负责这个项目的具体人员姓名。
合同甲方联系方式		合同中载明的能够达到直接沟通的相关信息，具体联络的方式体现，包括甲方地址、联系电话、银行账号、开户行、社会信用代码等。
合同签订日期		当事人签字、盖章或按手印的日期。
开工时间		合同约定的开工年月日。
是否投运		工程建设阶段所处的状况。
	是	整个工程项目已按设计规定的内容全部建成，形成设计规定的能力或效益，并经正式验收移交生产或使用部门的项目。
	否	新建、改建、扩建，或技术改造、设备更新和大修理工程等尚未完工的工程。
完工时间		投入生产运行的时间。
支撑材料扫描件		通过专用仪器扫描反映工程项目合同、竣工验收等原件生成的 PDF 文件或电子图片

附　录　M
（规范性）
安全质量情况

安全质量情况信息应符合表 M.1 的规定。

表 M.1　安全质量情况

中类	小类	说明
公司名称		一个机构的中文名称，该名称须经登记管理部门核准，应使用机构的全称。
发生日期		24 小时制，填写至分钟。
死亡人数（如有）		按本次事故实际死亡人数填写，受伤人员在 30 天内死亡的，按死亡事故统计。
重伤人数（如有）		按本次事故造成的实际重伤人数填写。
经济损失（万元）		直接经济损失和间接经济损失之和。
事件描述		比较重大，对一定的人群会产生一定影响的事情经过的叙述。
建设单位		开发建设该工程的有关单位名称。
查询网站		可通过中华人民共和国住房和城乡建设部事故快报、中华人民共和国应急管理部安全生产失信联合惩戒"黑名单"、国家能源局全国电力安全生产情况通报查询到的安全质量情况

水电站工程安全监测设备
供应商专用信息

目　　次

1　范围 ……………………………………………………………… 172

2　规范性引用文件 ………………………………………………… 172

3　术语和定义 ……………………………………………………… 172

4　报告证书 ………………………………………………………… 173

5　生产制造 ………………………………………………………… 173

6　试验检测 ………………………………………………………… 173

7　原材料/组部件 ………………………………………………… 174

附录A（规范性）　报告证书 …………………………………… 175

附录B（规范性）　生产制造 …………………………………… 176

附录C（规范性）　试验检测 …………………………………… 179

附录D（规范性）　原材料/组部件 …………………………… 180

水电站工程安全监测设备供应商专用信息

1 范围

本文件规定了水电站工程安全监测设备供应商专用信息的报告证书、生产制造、试验检测、原材料/组部件，规范了供应商专用信息分类规则。

本文件适用于电力物资及服务供应商关系管理相关系统的建设和信息交互，及其他涉及电力物资及服务供应商信息的业务应用。

2 规范性引用文件

下列文件中的内容通过文中的规范性引用而构成本文件必不可少的条款。其中，注日期的引用文件，仅该日期对应的版本适用于本文件；不注日期的引用文件，其最新版本（包括所有的修改单）适用于本文件。

GB/T 3408.2—2008　大坝监测仪器　应变计　第 2 部分：振弦式应变计

GB/T 3410.2—2008　大坝监测仪器　测缝计　第 2 部分：振弦式测缝计

GB/T 4831—2016　旋转电机产品型号编制方法

GB/T 13606—2007　土工试验仪器　岩土工程仪器　振弦式传感器通用技术条件

GB/T 15416—2014　科技报告编号规则

DL/T 269—2012　钢弦式锚索测力计

DL/T 270—2012　钢弦式位移计

DL/T 1043—2007　钢弦式测缝计

DL/T 1044—2007　钢弦式应变计

DL/T 1136—2009　钢弦式钢筋应力计

DL/T 1137—2009　钢弦式土压力计

DL/T 1254—2013　差动电阻式检测仪器鉴定技术规程

DL/T 1736—2017　光纤光栅仪器基本技术条件

DL/T 1737—2017　钢弦式温度计

DL/T 2163—2020　微机械电子式测斜仪

T/CECS 55—2020　地下水原位测试规程

3 术语和定义

下列术语和定义适用于本文件。

3.1

报告证书　report certificate

机关、机构等发的证明资格或权力的文件。

3.2

生产制造　production-manufacturing

生产企业整合相关的生产资源，按预定目标进行系统性的从前端概念设计到产品实现的物化过程。

3.3

试验检测　test

运用仪器设备按照相关规定或标准进行的一系列检测的过程。

3.4

原材料/组部件　raw material and components

生产某种产品的基本原料或元器件。

4　报告证书

　　报告证书信息包括物料描述、产品规格型号、报告编号、委托单位、产品制造单位、报告出具机构、报告出具时间、报告扫描件、依据标准。具体内容应符合附录 A 表 A.1 的规定。

5　生产制造

5.1　生产厂房

　　生产制造中的生产厂房信息包括生产厂房所在地、厂房产权情况、租赁起始日期、租赁截止日期、厂房总面积（m²）、厂区总面积（m²）、客户用电户号。具体内容应符合附录 B 表 B.1 的规定。

5.2　生产工艺文件

　　生产制造中的生产工艺文件信息包括工艺文件名称、主要关键措施及作用、工艺文件扫描件、智能化描述。具体内容应符合附录 B 表 B.2 的规定。

5.3　主要生产设备

　　生产制造中的主要生产设备信息包括生产设备名称、生产设备型号、数量、计量单位、生产设备制造商、设备国产/进口、设备自制/外购、设备购置单价（万元）、适用工序环节、设备适用范围、设备购买合同及发票扫描件。具体内容应符合附录 B 表 B.3 的规定。

5.4　生产工艺控制情况

　　生产制造中的生产工艺控制情况信息包括工艺文件名称、生产工艺过程是否具有可追溯性、生产工艺管理执行情况、现场核实日期。具体内容应符合附录 B 表 B.4 的规定。

6　试验检测

　　试验检测信息包括试验检测设备名称、试验设备型号、数量、计量单位、是否具有有效的检定证书或校准证书、试验设备制造商、设备国产/进口、设备自制/外购、设备购置单价（万元）、检测项目。具体内容应符合附录 C 表 C.1 的规定。

7　原材料/组部件

原材料/组部件信息包括原材料/组部件名称、原材料/组部件规格型号、原材料/组部件制造商名称、原材料/组部件国产/进口、原材料/组部件入厂检测项目、检测方式。具体内容应符合附录 D 表 D.1 的规定。

附 录 A
（规范性）
报 告 证 书

报告证书信息应符合表 A.1 的规定。

表 A.1　报告证书

中类	小类	说明
物料描述		以简短的文字、符号或数字、号码来代表物料、品名、规格或类别及其他有关事项的一种管理工具。
产品规格型号		反映商品性质、性能、品质等的一系列指标。
报告编号		报告上采用字母、数字混合字符等组成的用以标识检测报告的完整的、格式化的一组代码。
委托单位		委托检测活动的单位。
产品制造单位		检测报告中送检样品的生产制造单位。
报告出具机构		开出、写出报告的具体机构。
报告出具时间		报告评定机关核发报告证书的年月日。
报告扫描件		通过专用仪器扫描报告文件原件生成的 PDF 文件或电子图片。
依据标准		报告出具所依据的标准

附 录 B
（规范性）
生 产 制 造

生产厂房、生产工艺文件、主要生产设备和生产工艺控制情况信息应符合表B.1～表B.4的规定。

表B.1 生产厂房

中类	小类	说明
生产厂房所在地		生产厂房的地址，包括所属行政区划名称，乡（镇）、村、街名称和门牌号。
厂房产权情况		厂房产权在主体上的归属状态。
	自有	产权归属自己。
	租赁	按照达成的契约协定，出租人把拥有的特定财产（包括动产和不动产）在特定时期内的使用权转让给承租人，承租人按照协定支付租金的交易行为。
租赁起始日期		租赁的起始年月日。
租赁截止日期		租赁的截止年月日。
厂房总面积（m²）		厂房总的面积（m²）。
厂区总面积（m²）		厂区总的面积（m²）。
客户用电户号		用户向供电企业提交用电申请时，供电企业在录入相应的管理系统时随机生成的一组有规律的数字，一般是指电费通知上的客户编号

表B.2 生产工艺文件

中类	小类	说明
工艺文件名称		描述通过过程控制实现最终产品的操作文件。
主要关键措施及作用		对产品的质量、性能、功能、生产效率等作出的有重要影响的各项风险控制指标限额和控制措施及其作用。
工艺文件扫描件		通过专用仪器扫描工艺文件原件生成的 PDF 文件或电子图片。
智能化描述		针对智能化工序进行具体情况描述

表B.3 主要生产设备

中类	小类	说明
生产设备名称		生产设备的专用称呼。

表 B.3（续）

中类	小类	说明
	万能材料试验机	也称万能试验机或拉力机，双丝杆系列，控制、测量、操作一体化结构，融当代先进技术于一体，具有精度高、调速范围宽、结构紧凑、操作方便、性能稳定等优点。
	液压压力试验机	一种主要用于多种材料压缩试验的设备。
	电热鼓风干燥箱	采用电加热方式进行鼓风循环干燥试验的设备。
	恒温水浴	生物、植物、物理、化工、医疗、环保等实验科学领域直接或辅助加热的精密仪器，而且控温装置采用高稳定性运算放大器和双积分高精度 A/D 转换技术，以及远红外加热技术设计而成，加上循环搅拌，产品热平衡时间短，所以有温度波动性小、均匀性好的优点。
	压力罐	利用罐内空气的可压缩性来调节和储存水量并使之保持所需压力的设备，所以又称气压给水设备，其作用相当于水塔和高位水池。
	真空排气台	补水电磁补进真空罐内，达到启泵水位时，水泵启动，达到设定水位时，补水电磁阀关闭，回水电磁阀打开，循环水泵供水给管道，真空罐内有气自动排出。
	弹簧拉压机	主要是对各种螺旋弹簧做拉伸及压缩试验。
生产设备型号		便于使用、制造、设计等部门进行业务联系和简化技术文件中产品名称、规格、型式等叙述而引用的一种代号。
数量		设备的数量。
计量单位		对生产设备的主要技术性能指标项目进行描述。
生产设备制造商		制造设备的生产厂商。
设备国产/进口		在国内/国外生产的设备。
	国产	在本国生产的设备。
	进口	向非本国居民购买的生产或消费所需的原材料、产品、服务。
设备自制/外购		自制/外购的生产设备。
	外购	向外界购买的设备。
	自制	自己制造的设备。
设备购置单价（万元）		购置单台生产设备的完税后价格。
适用工序环节		适用的工序环节名称。
设备适用范围		相关的法律法规适用于什么地方、什么人和什么时间，以及是否有溯及既往的效力的总称。
设备购买合同及发票扫描件		将设备购买合同及发票原件通过专用仪器扫描原件生成的 PDF 文件或电子图片

表 B.4　生产工艺控制情况

中类	小类	说明
工艺文件名称		描述通过过程控制实现最终产品的操作文件。
生产工艺过程是否具有可追溯性		在生产工艺的整个流程中是否对产品的相关信息进行记录存储。
生产工艺管理执行情况		按照工艺管理要求，对范围、成本、检测、质量等方面实施情况的描述。
	良好	生产工艺管理整体执行良好。
	一般	生产工艺管理整体执行一般。
	较差	生产工艺管理整体执行较差。
现场核实日期		现场核实的年月日

附 录 C

（规范性）

试 验 检 测

试验检测设备信息应符合表 C.1 的规定。

表 C.1　试验检测设备

中类	小类	说明
试验检测设备名称		试验检测设备的专用称呼。
	浮球式压力计	以压缩空气或氮气作为压力源，以精密浮球处于工作状态时的球体下部的压力作用面积作为浮球有效面积的一种气动负荷式压力计。
	活塞式压力计	基于帕斯卡定律及流体静力学平衡原理产生的一种高准确度、高复现性和高可信度的标准压力计量仪器。
	绝缘耐压测试设备	根据国家最新电力行业标准设计的智能型耐压试验设备，用于对各种电器产品、电气元件、绝缘材料等进行规定电压下的绝缘强度试验，以考核产品的绝缘水平，发现被试品的绝缘缺陷，衡量过电压的能力。
试验设备型号		便于使用、制造、设计等部门进行业务联系和简化技术文件中产品名称、规格、型式等叙述而引用的一种代号。
数量		试验检测设备的数量。
计量单位		描述设备的主要技术要求的项目。
是否具有有效的检定证书或校准证书		是否具备由法定计量检定机构对仪器设备出具的证书，且在规定的有效检测期内。
试验设备制造商		制造设备的生产厂商，不是代理商或贸易商。
设备国产/进口		在国内/国外生产的设备。
	国产	在本国生产的设备。
	进口	向非本国居民购买的生产或消费所需的原材料、产品、服务。
设备自制/外购		自制/外购的生产设备。
	自制	自己制造的设备。
	外购	向外界购买的设备。
设备购置单价（万元）		购置单台生产设备的完税后价格。
检测项目		针对欲检测的样品所开展的检测项目

附　录　D
（规范性）
原 材 料/组 部 件

原材料/组部件信息应符合表 D.1 的规定。

表 D.1　原材料/组部件

中类	小类	说明
原材料/组部件名称		生产某种产品的基本原料的名称，或产品的组成部件的名称。
	变形监测	利用专用的仪器和方法对变形体的变形现象进行持续观测、对变形体变形形态进行分析，以及对变形体变形的发展态势进行预测等的各项工作。
	应力应变	应力与应变的统称。应力定义为"单位面积上所承受的附加内力"。物体受力产生变形时，体内各点处变形程度一般并不相同。使用该点的应变来描述一点处的变形程度。
	渗压计	测量渗透压的装置。
原材料/组部件规格型号		反映原材料/组部件的性质、性能、品质等一系列的指标，一般由一组字母和数字以一定的规律编号组成，如品牌、等级、成分、含量、纯度、大小（尺寸、重量）等。
原材料/组部件制造商名称		所使用的原材料/组部件的制造商的名称。
原材料/组部件国产/进口		所使用的原材料/组部件是国产或进口。
	国产	本国（中国）生产的原材料或组部件。
	进口	向非本国居民购买的生产或消费所需的原材料、产品、服务。
原材料/组部件入厂检测项目		原材料/组部件在入厂时所需开展的检测项目。
检测方式		为确定某一物质的性质、特征、组成等而进行的试验，或根据一定的要求和标准来检查试验对象品质的优良程度的方式。
	委外全检	委托外部权威检测机构对交检的一批产品中的每一单位产品逐一进行检验，并对每一单位产品做出合格与不合格的判定，并挑出不合格品。
	委外抽检	委托外部权威检测机构对交检的一批产品中，按照规定的抽样方案随机抽取适量的产品作为样本，对样本进行全数检验，并依据样本的检验结果对全批产品做出合格与不合格的判定。

表 **D**.1（续）

中类	小类	说明
	本厂全检	对整批产品逐个进行检验，把其中的不合格品拣出来。
	本厂抽检	从一批产品中按照一定规则随机抽取少量产品（样本）进行检验，据以判断该批产品是否合格的统计方法和理论。
	不检	不用检查或没有检查

水电站机组状态监测系统与
计算机监控系统供应商专用信息

目　次

1　范围 ……………………………………………………………… 184
2　规范性引用文件 ………………………………………………… 184
3　术语和定义 ……………………………………………………… 184
4　符号 ……………………………………………………………… 185
5　报告证书 ………………………………………………………… 185
6　生产制造 ………………………………………………………… 185
7　试验检测 ………………………………………………………… 185
8　原材料/组部件 ………………………………………………… 186
附录 A（规范性）　报告证书 …………………………………… 187
附录 B（规范性）　生产制造 …………………………………… 188
附录 C（规范性）　试验检测 …………………………………… 190
附录 D（规范性）　原材料/组部件 …………………………… 192

水电站机组状态监测系统与计算机监控
系统供应商专用信息

1 范围

本文件规定了水电站机组状态监测系统与计算机监控系统供应商专用信息的报告证书、生产制造、试验检测、原材料/组部件，规范了供应商专用信息分类规则。

本文件适用于电力物资及服务供应商关系管理相关系统的建设和信息交互，及其他涉及电力物资及服务供应商信息的业务应用。

2 规范性引用文件

下列文件中的内容通过文中的规范性引用而构成本文件必不可少的条款。其中，注日期的引用文件，仅该日期对应的版本适用于本文件；不注日期的引用文件，其最新版本（包括所有的修改单）适用于本文件。

GB/T 4831—2016 旋转电机产品型号编制方法
GB/T 15416—2014 科技报告编号规则
GB/T 20000.1—2014 标准化工作指南 第 1 部分：标准化和相关活动的通用术语
DL/T 578—2008 水电厂计算机监控系统基本技术条件
DL/T 822—2012 水电厂计算机监控系统试验验收规程
DL/T 1009—2016 水电厂计算机监控系统运行及维护规程
NB/T 10879—2021 水力发电厂计算机监控系统设计规范
T/CEC 5011—2019 抽水蓄能电站计算机监控系统设计规范

3 术语和定义

下列术语和定义适用于本文件。

3.1

报告证书 report certificate
机关、机构等发的证明资格或权力的文件。

3.2

生产制造 production-manufacturing
生产企业整合相关的生产资源，按预定目标进行系统性的从前端概念设计到产品实现的物化过程。

3.3

试验检测　test

运用仪器设备按照相关规定或标准进行的一系列检测的过程。

3.4

原材料/组部件　raw material and components

生产某种产品的基本原料或元器件。

4　符号

下列符号适用于本文件。

kW：功率单位。

kVA：电力设备（如变压器、电动机等）容量的一种单位。

pC：局部放电量单位。

mg/L：含水量。

℃：温度计量单位。

%RH：湿度单位。

5　报告证书

报告证书包括物料描述、报告编号、产品规格型号、委托单位、产品制造单位、报告出具机构、报告出具时间、报告扫描件、依据标准。具体内容应符合附录 A 表 A.1 的规定。

6　生产制造

6.1　生产厂房

生产制造中的生产厂房信息包括生产厂房所在地、厂房产权情况、厂区总面积（m²）、厂房总面积（m²）、客户用电户号。具体内容应符合附录 B 表 B.1 的规定。

6.2　主要生产装备

生产制造中的主要生产装备信息包括生产设备名称、生产设备型号、数量、计量单位、设备国产/进口、设备自制/外购、设备购置单价（万元）。具体内容应符合附录 B 表 B.2 的规定。

6.3　生产工艺文件

生产制造中的生产工艺文件信息包括工艺文件名称、主要关键措施及作用、工艺文件扫描件、智能化描述。具体内容应符合附录 B 表 B.3 的规定。

7　试验检测

试验检测信息包括试验设备名称、试验设备型号、数量、计量单位、是否具有有效的检定证书或校准证书、设备制造商、设备国产/进口、设备自制/外购、设备购置单价、检测项目。具体内容应符合附录 C 表 C.1 的规定。

8 原材料/组部件

原材料/组部件信息包括原材料/组部件名称、原材料/组部件规格型号、原材料/组部件供应商名称、国产/进口、检测方式、原材料/组部件入厂检测项目。具体内容应符合附录 D 表 D.1 的规定。

附 录 A

（规范性）

报 告 证 书

报告证书信息应符合表 A.1 的规定。

表 A.1 报告证书

中类	小类	说明
物料描述		以简短的文字、符号或数字、号码来代表物料、品名、规格或类别及其他有关事项的一种管理工具。
报告编号		按照 GB/T 15416—2014 中 3.2 规定，采用字母、数字混合字符组成的用以标识检测报告的完整的、格式化的一组代码，是检测报告上标注的唯一性标识。
产品规格型号		按照 GB/T 4831—2016 中 2.1 规定，便于使用、制造、设计等部门进行业务联系和简化技术文件中产品名称、规格、型式等叙述而引用的一种代号。
委托单位		委托检测活动的单位。
产品制造单位		检测报告中送检样品的生产制造单位。
报告出具机构		应申请检验人的要求，对产品进行检验后出具书面证明的检验机构。
报告出具时间		检测报告出具的年月日。
报告扫描件		通过专用仪器扫描证书原件生成的 PDF 文件或电子图片。
依据标准		按照 GB/T 20000.1—2014 中 5.3 规定，通过标准化活动，按照规定的程序经协商一致制定，为各种活动或其结果提供规则、指南或特性，供共同使用和重复使用的文件

附 录 B

（规范性）

生 产 制 造

生产厂房、主要生产装备、生产工艺文件信息应符合表 B.1～表 B.3 的规定。

表 B.1 生产厂房

中类	小类	说明
生产厂房所在地		生产厂房的地址，包括所属行政区划名称，乡（镇）、村、街名称和门牌号。
厂房产权情况		厂房产权在主体上的归属状态。
	自有	产权归属自己。
	租赁	按照达成的契约协定，出租人把拥有的特定财产（包括动产和不动产）在特定时期内的使用权转让给承租人，承租人按照协定支付租金的交易行为。
厂区总面积（m²）		厂区总的面积（m²）。
厂房总面积（m²）		厂房总的面积（m²）。
客户用电户号		国家电网有限公司给每位用电客户的数字代码，一个用电客户的一块电表对应一个电费户号

表 B.2 主要生产装备

中类	小类	说明
生产设备名称		在生产过程中为生产工人操纵的，直接改变原材料属性、性能、形态或增强外观价值所必需的劳动资料或器物。
	高温试验室	针对高性能电子产品仿真出一种高温、恶劣环境测试的设备，是提高产品稳定性、可靠性的重要实验设备，是各生产企业提高产品质量和竞争性的重要生产流程。
	贴片机	配置在点胶机或丝网印刷机之后，是通过移动贴装头把表面贴装元器件准确地放置 PCB 焊盘上的一种设备。
	固化炉	为增强材料结合的应力而采用的零部件加热、树脂固化和烘干的生产工艺。
	回流炉	通过重新熔化预先分配到印制板焊盘上的膏状软钎焊料，实现表面组装元器件焊端或引脚与印制板焊盘之间机械与电气连接的软钎焊。
	AOI 光学自动检测设备	通过高清 CCD 摄像头自动扫描 PCBA 产品，采集图像，将测试的检测点与数据库中的合格参数进行比较，经过图像处理，检查出目标产品的缺陷，并通过显示器或自动标志把缺陷显示/标示出来，供维修人员修整和 SMT 工程人员改善工艺。

表 **B**.2（续）

中类	小类	说明
生产设备型号		便于使用、制造、设计等部门进行业务联系和简化技术文件中产品名称、规格、型式等叙述而引用的一种代号。
数量		设备的数量。
计量单位		根据约定定义和采用的标量，任何其他同类量可与其比较，两个量之比用一个数表示。
设备国产/进口		在国内/国外生产的设备。
	国产	在本国生产的设备。
	进口	向非本国居民购买的生产或消费所需的原材料、产品、服务。
设备自制/外购		自制/外购的生产设备。
	自制	自己制造的设备。
	外购	向外界购买的设备。
设备购置单价（万元）		单台设备购买的完税后价格

表 **B**.3　生产工艺文件

中类	小类	说明
工艺文件名称		描述通过过程控制实现最终产品的操作文件。
主要关键措施及作用		起到决定性作用的措施及其具体的作用体现。
工艺文件扫描件		通过专用仪器扫描工艺文件原件生成的 PDF 文件或电子图片。
智能化描述		对生产工艺智能化情况进行具体的描写叙述

附 录 C
（规范性）
试 验 检 测

试验检测设备信息应符合表 C.1 的规定。

表 C.1 试验检测设备

中类	小类	说明
试验设备名称		试验检测设备的专用称呼。
	绝缘耐压测试设备	对各种高压电气设备、电器元件、绝缘材料进行工频或直流高压下的绝缘强度试验的设备。
	辐射抗扰度测试系统	一种用于物理学、机械工程、交通运输工程领域的电子测量仪器，用于辐射抗扰度试验。
	扭力测试仪	用于检测和测试及校准各种力矩的精密仪器，用于测量和校正各种电批、风批、扭力批、扭力扳手的力矩及扭力设定状况。
	时钟系统	由主控设备向各系统和子钟发送标准时钟信号、检测子钟工作状态并向系统内的子钟及局域网的计算机提供标准统一时钟信号，达到整个系统的时间同步。
	电动式振动试验系统	一种用于力学领域的计算机及其配套设备。
	示波器	一种用来测量交流电或脉冲电流波的形状的仪器，由电子管放大器、扫描振荡器、阴极射线管等组成。除观测电流的波形外，还可以测定频率、电压强度等。
	频率计	一种专门对被测信号频率进行测量的电子测量仪器。
	光功率计	用来测量光功率大小的仪器，既可用于光功率的直接测量，也可用于光衰减量的相对测量，是光纤通信系统中研究、开发和生产以及施工、维修等部门必备的基本测试仪器。
	标准温湿度试验箱	模拟高温高湿/高温低湿/低温高湿/高温/低温等不同的环境条件，更搭配容易操作及学习的高准确性之编程控制及定点控制系统，提供最佳测试性能。
	光衰减器	用于对光功率进行衰减的器件，它主要用于光纤系统的指标测量、短距离通信系统的信号衰减以及系统试验等场合。
	工频磁场测试系统	一种用于动力与电气工程领域的计量仪器。
	模拟断路器	用于电力系统断电保护装置或成套继电保护屏的整组试验，可真实地模拟断路器的跳合闸时间。在整组试验时模拟高压断路器的跳闸及合闸，以避免由于重复整组试验造成断路器反复分合带来的不良影响。

表 C.1（续）

中类	小类	说明
	交变盐雾腐蚀试验箱	考核材料及其防护层的盐雾腐蚀能力，以及相似防护层的工艺质量比较，同时可考核某些产品抗盐雾腐蚀的能力；该产品适用于零部件、电子元件、金属材料的防护层以及工业产品的盐雾腐蚀试验。
	砂尘试验箱	适用于检测产品的外壳密封性能，主要用于外壳防护等级标准中规定的 IP5X 和 IP6X 两个等级的试验。主要是模拟沙尘暴天气对锁具、汽摩零部件、密封件、电力仪表等产品所造成的破坏。
	淋雨试验箱	能够提供逼真的模拟电子产品及其元器件在运输和使用期间可能受到的淋水和喷淋试验等各种环境，以检测各种产品的防水性能。
	直流稳压稳流电源	常见的一种电源类型，具有不同类型。
	组合波雷击浪涌模拟器	为了模拟浪涌脉冲干扰现象，而专门设计的一款高端测试设备。
试验设备型号		便于使用、制造、设计等部门进行业务联系和简化技术文件中产品名称、规格、型式等叙述而引用的一种代号。
数量		设备的数量。
计量单位		根据约定定义和采用的标量，任何其他同类量可与其比较，两个量之比用一个数表示。
是否具有有效的检定证书或校准证书		是否具备由法定计量检定机构对仪器设备出具的证书，且在规定的有效检测期内。
设备制造商		制造设备的生产厂商，不是代理商或贸易商。
设备国产/进口		在国内/国外生产的设备。
	国产	在本国生产的设备。
	进口	向非本国居民购买的生产或消费所需的原材料、产品、服务。
设备自制/外购		自制/外购的生产设备。
	自制	企业为适应生产需要自行设计制造（或委托外单位设计制造）的专用设备。
	外购	企业为适应生产需要向外部购买的专用设备。
设备购置单价（万元）		单台设备购买的完税后价格。
检测项目		由项目管理部门、技术服务部门或相关部门依据一定的工作准则与要求，通过严密的程序，定期或不定期地对项目实施单位有关项目准备、实施及管理的全过程所进行的全面的或专项的督促检查

附 录 D

（规范性）

原 材 料/组 部 件

原材料/组部件信息应符合表 D.1 的规定。

表 D.1　原材料/组部件

中类	小类	说明
原材料/组部件名称		生产某种产品的基本原料的名称，或产品的组成部件的名称。
	其他	其他的原材料/组部件名称。
	拦污栅	设在水电站引水口前，用以拦阻水流所挟带的沉木、树枝、杂草和其他固体杂物的框栅式结构。
	水封	在装置中有一定高度的水柱，防止排水管系统中气体窜入装置内。
	滑道	沿斜面滑动以输送物体的设备。
	自润滑轴套	无须加油，自身基体具有润滑作用的轴套。
	轴承	支撑机械旋转体，降低其运动过程中的摩擦系数，并保证其回转精度的机械设备中一种重要零部件。
	闸门	用于关闭和开放泄（放）水通道的控制设施。
原材料/组部件规格型号		反映原材料/组部件的性质、性能、品质等一系列的指标，一般由一组字母和数字以一定的规律编号组成，如品牌、等级、成分、含量、纯度、大小（尺寸、重量）等。
原材料/组部件供应商名称		所使用的原材料/组部件的供应商的名称。
原材料/组部件国产/进口		所使用的原材料/组部件是国产或进口。
	国产	本国（中国）生产的原材料或组部件。
	进口	向非本国居民购买的生产或消费所需的原材料、产品、服务。
检测方式		为确定某一物质的性质、特征、组成等而进行的试验，或根据一定的要求和标准来检查试验对象品质的优良程度的方式。
	本厂全检	由本厂（公司、集团等）实施，对整批产品逐个进行检验，把其中的不合格品拣出来。
	本厂抽检	由本厂（公司、集团等）实施，从一批产品中按照一定规则随机抽取少量产品（样本）进行检验，据以判断该批产品是否合格的统计方法和理论。

表 **D**.1（续）

中类	小类	说明
	委外全检	委托给其他具有相关资质的单位实施，对整批产品逐个进行检验，把其中的不合格品拣出来。
	委外抽检	委托给其他具有相关资质的单位实施，从一批产品中按照一定规则随机抽取少量产品（样本）进行检验，据以判断该批产品是否合格的统计方法和理论。
	不检	不用检查或没有检查。
原材料/组部件入厂检测项目		原材料/组部件在入厂时所需开展的检测项目

水电站静止变频启动装置
供应商专用信息

目　次

1　范围 …………………………………………………………………… 196

2　规范性引用文件 ……………………………………………………… 196

3　术语和定义 …………………………………………………………… 197

4　符号 …………………………………………………………………… 197

5　报告证书 ……………………………………………………………… 197

6　生产制造 ……………………………………………………………… 197

7　试验检测 ……………………………………………………………… 198

8　原材料/组部件 ……………………………………………………… 198

附录 A（规范性）　报告证书 ………………………………………… 199

附录 B（规范性）　生产制造 ………………………………………… 200

附录 C（规范性）　试验检测 ………………………………………… 202

附录 D（规范性）　原材料/组部件 ………………………………… 204

水电站静止变频启动装置供应商专用信息

1 范围

本文件规定了水电站静止变频启动装置供应商专用信息的报告证书、生产制造、试验检测、原材料/组部件，规范了供应商专用信息分类规则。

本文件适用于电力物资及服务供应商关系管理相关系统的建设和信息交互，及其他涉及电力物资及服务供应商信息的业务应用。

2 规范性引用文件

下列文件中的内容通过文中的规范性引用而构成本文件必不可少的条款。其中，注日期的引用文件，仅该日期对应的版本适用于本文件；不注日期的引用文件，其最新版本（包括所有的修改单）适用于本文件。

GB/T 1094.1—2022　电力变压器　第 1 部分：总则

GB/T 1094.2—2022　电力变压器　第 2 部分：液浸式变压器的温升

GB/T 1094.3—2022　电力变压器　第 3 部分：绝缘水平、绝缘试验和外绝缘空气间隙

GB/T 1094.4—2022　电力变压器　第 4 部分：电力变压器和电器的雷电冲击和操作冲击试验导则

GB/T 1094.6—2011　电力变压器　第 6 部分：电抗器

GB/T 1094.11—2022　电力变压器　第 11 部分：干式变压器

GB/T 1984—2022　高压交流断路器

GB/T 1985—2014　高压交流隔离开关和接地开关

GB/T 4109—2022　交流电压高于 1000V 的绝缘套管

GB/T 11022—2022　高压开关设备和控制设备标准的共用技术要求

GB/T 11032—2020　交流无间隙金属氧化物避雷器

GB/T 14285—2006　继电保护和安全自动装置技术规程

GB/T 17626.5—2019　电磁兼容试验和测量技术浪涌（冲击）抗扰度试验

GB/T 18494.1—2014　变流变压器　第 1 部分：工业用变流变压器

GB/T 20840.7—2007　互感器　第 7 部分：电子式电压互感器

GB/T 20840.8—2007　互感器　第 8 部分：电子式电流互感器

DL/T 596—1996　电力设备预防性试验规程

DL/T 620—2016　交流电气装置的过电压保护和绝缘配合

3 术语和定义

下列术语和定义适用于本文件。

3.1

报告证书   report certificate

机关、机构等发的证明资格或权力的文件。

3.2

生产制造   production-manufacturing

生产企业整合相关的生产资源，按预定目标进行系统性的从前端概念设计到产品实现的物化过程。

3.3

试验检测   test

运用仪器设备按照相关规定或标准进行的一系列检测的过程。

3.4

原材料/组部件   raw material and components

生产某种产品的基本原料或元器件。

4 符号

下列符号适用于本文件。

kV：电压单位。

kW：功率单位。

kVA：电力设备（如变压器、电动机等）容量的一种单位。

MΩ：电阻单位。

m^2：面积单位。

%RH：湿度单位。

℃：温度单位。

mg/m^2：浓度单位。

5 报告证书

报告证书信息包括物料描述、报告编号、产品规格型号、委托单位、产品制造单位、报告出具机构、报告出具时间、报告扫描件、依据标准。具体内容应符合附录 A 表 A.1 的规定。

6 生产制造

6.1 生产厂房

生产制造中的生产厂房信息包括生产厂房所在地、厂房产权情况、厂区总面积（m^2）、厂房总面积（m^2）、客户用电户号。具体内容应符合附录 B 表 B.1 的规定。

6.2 主要生产装备

生产制造中的主要生产装备信息包括生产设备名称、生产设备型号、数量、计量单位、设备国产/进口、设备自制/外购、设备购置单价（万元）。具体内容应符合附录 B 表 B.2 的规定。

6.3 生产工艺文件

生产制造中的生产工艺文件信息表包括工艺文件名称、主要关键措施及作用、工艺文件扫描件、智能化描述。具体内容应符合附录 B 表 B.3 的规定。

7 试验检测

试验检测信息包括试验设备名称、试验设备型号、数量、计量单位、是否具有有效的检定证书或校准证书、设备制造商、设备国产/进口、设备自制/外购、设备购置单价（万元）、检测项目。具体内容应符合附录 C 表 C.1 的规定。

8 原材料/组部件

原材料/组部件信息包括原材料/组部件名称、原材料/组部件规格型号、原材料/组部件供应商名称、原材料/组部件国产/进口、检测方式、原材料/组部件入厂检测项目。具体内容应符合附录 D 表 D.1 的规定。

附　录　A
（规范性）
报　告　证　书

报告证书信息应符合表 A.1 的规定。

表 A.1　报告证书

中类	小类	说明
物料描述		以简短的文字、符号或数字、号码来代表物料、品名、规格或类别及其他有关事项的一种管理工具。
报告编号		按照 GB/T 15416—2014 中 3.2 规定，采用字母、数字混合字符组成的用以标识检测报告的完整的、格式化的一组代码，是检测报告上标注的唯一性标识。
产品规格型号		按照 GB/T 4831—2016 中 2.1 规定，便于使用、制造、设计等部门进行业务联系和简化技术文件中产品名称、规格、型式等叙述而引用的一种代号。
委托单位		委托检测活动的单位。
产品制造单位		检测报告中送检样品的生产制造单位。
报告出具机构		应申请检验人的要求，对产品进行检验后所出具书面证明的检验机构。
报告出具时间		检测报告出具的年月日。
报告扫描件		通过专用仪器扫描证书原件生成的 PDF 文件或电子图片。
依据标准		按照 GB/T 20000.1—2014 中 5.3 规定，通过标准化活动，按照规定的程序经协商一致制定，为各种活动或其结果提供规则、指南或特性，供共同使用和重复使用的文件

附 录 B
（规范性）
生 产 制 造

生产厂房信息应符合表 B.1 的规定。

表 B.1 生产厂房

中类	小类	说明
生产厂房所在地		生产厂房的地址，包括所属行政区划名称，乡（镇）、村、街名称和门牌号。
厂房产权情况		厂房产权在主体上的归属状态。
	自有	产权归属自己。
	租赁	按照达成的契约协定，出租人把拥有的特定财产（包括动产和不动产）在特定时期内的使用权转让给承租人，承租人按照协定支付租金的交易行为。
厂区总面积（m²）		厂区总的面积（m²）。
厂房总面积（m²）		厂房总的面积（m²）。
客户用电户号		用户向供电企业提交用电申请时，供电企业在录入相应的管理系统时随机生成的一组有规律的数字，一般是指电费通知上的客户编号

主要生产装备信息应符合表 B.2 的规定。

表 B.2 主要生产装备

中类	小类	说明
生产设备名称		在生产过程中为生产工人操纵的，直接改变原材料属性、性能、形态或增强外观价值所必需的劳动资料或器物。
生产设备型号		便于使用、制造、设计等部门进行业务联系和简化技术文件中产品名称、规格、型式等叙述而引用的一种代号。
数量		设备的数量。
计量单位		根据约定定义和采用的标量，任何其他同类量可与其比较，两个量之比用一个数表示。
设备国产/进口		在国内/国外生产的设备。
	国产	在本国生产的设备。
	进口	向非本国居民购买的生产或消费所需的原材料、产品、服务。
设备自制/外购		自制/外购的生产设备。

表 B.2（续）

中类	小类	说明
设 备 购 置 单 价 （万元）	自制	自己制造的设备。
	外购	向外界购买的设备。
		单台设备购买的完税后价格

生产工艺文件信息应符合表 B.3 的规定。

表 B.3　生产工艺文件

中类	小类	说明
工艺文件名称		描述通过过程控制实现最终产品的操作文件。
主要关键措施及 作用		起到决定性作用的措施及其具体的作用体现。
工艺文件扫描件		通过专用仪器扫描工艺文件原件生成的 PDF 文件或电子 图片。
智能化描述		对生产工艺智能化情况进行具体的描写叙述

附 录 C
（规范性）
试 验 检 测

试验检测设备信息应符合表 C.1 的规定。

表 C.1 试验检测设备

中类	小类	说明
试验设备名称		试验检测设备的专用称呼。
	安规测试仪	用于高电压元、器件的耐压测量试验（用交、直流耐压仪），如硅堆等。主要用来检测产品是否漏电、是否接地良好、会不会伤害人身安全的专用仪器，主要检测项目有电压、泄漏电流、绝缘电阻和接地电阻。
	万用表	用以测量电压、电流和电阻。
	继电保护测试仪	采用高速高性能数字信号处理器，运算速度快、传输频带宽，对基波可产生每周波 360 点的高密度拟合正弦波。这是同类输出方式中的最高水平。波形的保真度高、失真小，特别是在谐波输出时，即使对 6 次谐波、300Hz 也可以达到每周波 60 点 D/A 的高密度。
	示波器	把肉眼看不见的电信号变换成看得见的图像，便于人们研究各种电现象的变化过程。示波器利用狭窄的、由高速电子组成的电子束，打在涂有荧光物质的屏面上，就可产生细小的光点。
	电容表	一种智能型、性能稳定、高可靠性、35/6 数字多用表，仪表采用 33mm 字高 LCD 显示器，读数清晰，显示直观，操作方便，可用来测量电阻、电容、二极管及通断测试；同时还设有单位符号显示、数据保持、最大最小值测量，自动/手动量程转换、自动断电、自动识别及报警功能。整机采用一个能直接驱动 LCD 微处理器和双积分 A/D 转换集成电路，一个提供高分辨力、高精度的数字显示驱动。
	绕组电阻测量	变压器绕组直流电阻。
	电压比测量和联结组标号检定	检测得到的试验检测设备电压比，并检定联结组标号。电压比是一个绕组的额定电压与另一个具有较低或相等额定电压绕组的额定电压之比。联结组标号是用一组字母及时钟序数来表示变压器高压、中压（如果有）和低压绕组的联结方式，以及中压、低压绕组对高压绕组相对相位移的通用标号。
	短路阻抗和负载损耗测量	测量短路阻抗和负载损耗。短路阻抗是一对绕组中某一绕组端子间在额定功率及参考温度下的等值串联阻抗 $Z = R + jX$，单位为欧姆。负载损耗是在一对绕组中，当额定电流（分接电流）流经一个绕组的线路端子且另一绕组短路时在额定频率及参考温度下所吸取的有功功率。

表 C.1（续）

中类	小类	说明
	空载损耗和空载电流测量	测量空载损耗和空载电流。当额定频率下的额定电压（分接电压）施加到一个绕组的端子上，其他绕组开路时所吸取的有功功率测量；当额定频率下的额定电压（分接电压）施加到一个绕组的端子上，其他绕组开路时流经该绕组线路端子的电流方均根值测量。
	红外热像仪	将物体发出的不可见红外能量转变为可见的热图像。热图像的上面的不同颜色代表被测物体的不同温度。
	差分探头	示波器的一种测量探头。差分探头为现代示波器的主流配件。
试验设备型号		便于使用、制造、设计等部门进行业务联系和简化技术文件中产品名称、规格、型式等叙述而引用的一种代号。
数量		设备的数量。
计量单位		根据约定定义和采用的标量，任何其他同类量可与其比较，两个量之比用一个数表示。
是否具有有效的检定证书或校准证书		是否具备由法定计量检定机构对仪器设备出具的证书，且在规定的有效检测期内。
设备制造商		制造设备的生产厂商，不是代理商或贸易商。
设备国产/进口		在国内/国外生产的设备。
	国产	在本国生产的设备。
	进口	向非本国居民购买的生产或消费所需的原材料、产品、服务。
设备自制/外购		自制/外购的生产设备。
	自制	自己制造的设备。
	外购	向外界购买的设备。
设备购置单价（万元）		单台设备购买的完税后价格。
检测项目		由项目管理部门、技术服务部门或相关部门依据一定的工作准则与要求，通过严密的程序，定期或不定期地对项目实施单位有关项目准备、实施及管理的全过程所进行的全面的或专项的督促检查

附 录 D
（规范性）
原 材 料/组 部 件

原材料/组部件信息应符合表 D.1 的规定。

表 D.1 原材料/组部件

中类	小类	说明
原材料/组部件名称		生产某种产品的基本原料的名称，或产品的组成部件的名称。
	其他	其他的原材料/组部件名称。
	拦污栅	设在水电站引水口前，用以拦阻水流所挟带的沉木、树枝、杂草和其他固体杂物的框栅式结构。
	水封	在装置中有一定高度的水柱，防止排水管系统中气体窜入装置内。
	滑道	沿斜面滑动以输送物体的设备。
	自润滑轴套	无须加油，自身基体具有润滑作用的轴套。
	轴承	支撑机械旋转体，降低其运动过程中的摩擦系数，并保证其回转精度的机械设备中一种重要零部件。
	闸门	用于关闭和开放泄（放）水通道的控制设施。
原材料/组部件规格型号		反映原材料/组部件的性质、性能、品质等的一系列指标，一般由一组字母和数字以一定的规律编号组成如品牌、等级、成分、含量、纯度、大小（尺寸、重量）等。
原材料/组部件供应商名称		所使用的原材料/组部件的供应商的名称。
原材料/组部件国产/进口		所使用的原材料/组部件是国产或进口。
	国产	本国（中国）生产的原材料或组部件。
	进口	向非本国居民购买的生产或消费所需的原材料、产品、服务。
检测方式		为确定某一物质的性质、特征、组成等而进行的试验，或根据一定的要求和标准来检查试验对象品质的优良程度的方式。
	本厂全检	由本厂（公司、集团等）实施，对整批产品逐个进行检验，把其中的不合格品拣出来。
	本厂抽检	由本厂（公司、集团等）实施，从一批产品中按照一定规则随机抽取少量产品（样本）进行检验，据以判断该批产品是否合格的统计方法和理论。

表 **D**.1（续）

中类	小类	说明
原材料/组部件入厂检测项目	委外全检	委托给其他具有相关资质的单位实施，对整批产品逐个进行检验，把其中的不合格品拣出来。
	委外抽检	委托给其他具有相关资质的单位实施，从一批产品中按照一定规则随机抽取少量产品（样本）进行检验，据以判断该批产品是否合格的统计方法和理论。
	不检	不用检查或没有检查。
		原材料/组部件在入厂时所需开展的检测项目

水电站离相封闭母线供应商专用信息

目　次

1　范围 ……………………………………………………………………………… 208

2　规范性引用文件 ………………………………………………………………… 208

3　术语和定义 ……………………………………………………………………… 208

4　符号 ……………………………………………………………………………… 209

5　报告证书 ………………………………………………………………………… 209

6　生产制造 ………………………………………………………………………… 209

7　试验检测 ………………………………………………………………………… 209

8　原材料/组部件 ………………………………………………………………… 210

附录 A（规范性）　报告证书 ……………………………………………………… 211

附录 B（规范性）　生产制造 ……………………………………………………… 212

附录 C（规范性）　试验检测 ……………………………………………………… 214

附录 D（规范性）　原材料/组部件 ……………………………………………… 217

水电站离相封闭母线供应商专用信息

1 范围

本文件规定了水电站离相封闭母线供应商专用信息的报告证书，生产制造，试验检测，原材料/组部件，规范了供应商专用信息分类规则。

本文件适用于电力物资及服务供应商关系管理相关系统的建设和信息交互，及其他涉及电力物资及服务供应商信息的业务应用。

2 规范性引用文件

下列文件中的内容通过文中的规范性引用而构成本文件必不可少的条款。其中，注日期的引用文件，仅该日期对应的版本适用于本文件；不注日期的引用文件，其最新版本（包括所有的修改单）适用于本文件。

GB/T 8349—2000 金属封闭母线
GB/T 11345—2013 焊缝无损检测
GB/T 20840.2—2014 互感器 第2部分：电流互感器的补充技术要求
GB/T 50149—2010 电气装置安装工程 母线装置施工及验收规范
DL/T 726—2013 电力用电磁式电压互感器使用技术规范
DL/T 754—2013 母线焊接技术规程
NB/T 25036—2014 发电厂离相封闭母线技术要求
NB/T 25076—2017 压水堆核电厂常规岛用全绝缘中压浇注母线技术要求

3 术语和定义

下列术语和定义适用于本文件。

3.1

报告证书 report certificate
机关、机构等发的证明资格或权力的文件。

3.2

生产制造 production-manufacturing
生产企业整合相关的生产资源，按预定目标进行系统性的从前端概念设计到产品实现的物化过程。

3.3

试验检测 test
运用仪器设备按照相关规定或标准进行的一系列检测的过程。

3.4

原材料/组部件 raw material and components

生产某种产品的基本原料或元器件。

4 符号

下列符号适用于本文件。

kV：电压单位。

A：额定电流单位。

s：时间单位。

kA：电流单位。

mm：距离单位。

%RH：湿度单位。

℃：温度单位。

mg/m²：浓度单位。

m²：面积单位。

5 报告证书

报告证书信息包括物料描述、产品型号规格、报告编号、委托单位、产品制造单位、离相封闭母线电压等级（kV）、报告出具机构、报告出具日期、报告扫描件、额定电流（A）、短时耐受电流时间（s）、短时耐受电流（kA）。具体内容应符合附录 A 表 A.1 的规定。

6 生产制造

6.1 生产厂房

生产制造中的生产厂房信息包括生产厂房所在地、厂房产权情况、厂区总面积（m²）、厂房总面积（m²）、客户用电户号。具体内容应符合附录 B 表 B.1 的规定。

6.2 主要生产设备

生产制造中的主要生产设备信息包括生产设备名称、生产设备型号、数量、计量单位、设备国产/进口、设备自制/外购、设备购置单价（万元）。具体内容应符合附录 B 表 B.2 的规定。

6.3 生产工艺文件

生产制造中的生产工艺文件信息包括工艺文件名称、主要关键措施及作用、工艺文件扫描件、智能化描述。具体内容应符合附录 B 表 B.3 的规定。

7 试验检测

7.1 试验检测设备

试验检测设备信息包括试验设备名称、试验设备型号、数量、计量单位、是否具有有效的检定证书或校准证书、试验设备制造商、设备国产/进口、设备自制/外购、设备购置单价（万元）、检测项目。具体内容应符合附录 C 表 C.1 的规定。

7.2 试验检测管理文件

试验检测管理文件信息包括试验检测管理文件类型、试验检测管理文件名称、适用环节、试验检测管理文件扫描件、备注。具体内容应符合附录 C 表 C.2 的规定。

8 原材料/组部件

原材料/组部件包括原材料/组部件名称、原材料/组部件规格型号、原材料/组部件供应商名称、原材料/组部件国产/进口、检测方式、原材料/组部件入厂检测项目。具体内容应符合附录 D 表 D.1 的规定。

附 录 A
（规范性）
报 告 证 书

报告证书信息应符合表 A.1 的规定。

表 A.1 报告证书

中类	小类	说明
物料描述		以简短的文字、符号或数字、号码来代表物料、品名、规格或类别及其他有关事项的一种管理工具。
产品型号规格		按照 GB/T 15416—2014 中 3.2 规定，采用字母、数字混合字符组成的用以标识检测报告的完整的、格式化的一组代码，是检测报告上标注的唯一性标识。
报告编号		按照 GB/T 4831—2016 中 2.1 规定，便于使用、制造、设计等部门进行业务联系和简化技术文件中产品名称、规格、型式等叙述而引用的一种代号。
委托单位		委托检测活动的单位。
产品制造单位		检测报告中送检样品的生产制造单位。
离相封闭母线电压等级（kV）		离相封闭母线的电压等级。
报告出具机构		应申请检验人的要求，对产品进行检验后所出具书面证明的检验机构。
报告出具日期		检测报告出具的年月日。
报告扫描件		通过专用仪器扫描证书原件生成的 PDF 文件或电子图片。
额定电流（A）		用电设备在额定电压下，按照额定功率运行时的电流。
短时耐受电流时间（s）		短时耐受电流时间。
短时耐受电流（kA）		在规定的短时间内，断路器或者其他设备，能够承受的电流的有效值

附 录 B
（规范性）
生 产 制 造

生产厂房信息应符合表 B.1 的规定。

表 B.1 生产厂房

中类	小类	说明
生产厂房所在地		生产厂房的地址，包括所属行政区划名称，乡（镇）、村、街名称和门牌号。
厂房产权情况		厂房产权在主体上的归属状态。
	自有	产权归属自己。
	租赁	按照达成的契约协定，出租人把拥有的特定财产（包括动产和不动产）在特定时期内的使用权转让给承租人，承租人按照协定支付租金的交易行为。
厂区总面积（m²）		厂区总的面积（m²）。
厂房总面积（m²）		厂房总的面积（m²）。
客户用电户号		国家电网有限公司给每位用电客户的数字代码，一个用电客户的一块电表对应一个电费户号

主要生产设备信息应符合表 B.2 的规定。

表 B.2 主要生产设备

中类	小类	说明
生产设备名称		在生产过程中为生产工人操纵的，直接改变原材料属性、性能、形态或增强外观价值所必需的劳动资料或器物。
	四辊卷板机	适用于金属板材的弯曲成形工作，可卷制圆形、弧形和一定范围内的锥形工件，并有板材端部预弯功能，剩余直边小，工作效率高，并可在该机上对金属板材进行粗略校平。
	纵缝自动焊机	一种优质、高效、无变形，完成壁厚 0.5～6mm 薄壁筒体、锥形筒、平板或一端开口的方形盒体对接纵缝焊接的通用自动焊接设备。
	环缝自动焊机	一种能完成各种圆形、环形焊缝焊接的通用自动焊接设备。
	氩弧焊机	使用氩弧焊的机器，采用高压击穿的起弧方式。
	空气等离子切割机	利用高温等离子电弧的热量使工件切口处的金属局部熔化（和蒸发），并借高速等离子的动量排除熔融金属以形成切口的一种加工设备法。

表 B.2（续）

中类	小类	说明
生产设备名称	剪板机	用一个刀片相对另一刀片做往复直线运动剪切板材的机器。借于运动的上刀片和固定的下刀片，采用合理的刀片间隙，对各种厚度的金属板材施加剪切力，使板材按所需要的尺寸断裂分离。
	摇臂钻床	一种摇臂可绕立柱回转和升降，通常主轴箱在摇臂上做水平移动的钻床，可用来进行钻孔、扩孔、铰孔、攻丝及修刮端面等多种形式的加工。
	门式起重机	用于室外的货场、料场货、散货的装卸作业。
	全自动激光切割机	可以在预定的切割区域作业出理想的图案、加工效果。
生产设备型号		便于使用、制造、设计等部门进行业务联系和简化技术文件中产品名称、规格、型式等叙述而引用的一种代号。
数量		设备的数量。
计量单位		根据约定定义和采用的标量，任何其他同类量可与其比较，两个量之比用一个数表示。
设备国产/进口		在国内/国外生产的设备。
	国产	在本国生产的设备。
	进口	向非本国居民购买的生产或消费所需的原材料、产品、服务。
设备自制/外购		自制/外购的生产设备。
	自制	自己制造的设备。
	外购	向外界购买的设备。
设备购置单价（万元）		单台设备购买的完税后价格

生产工艺文件信息应符合表 B.3 的规定。

表 B.3　主要工艺文件

中类	小类	说明
工艺文件名称		描述通过过程控制实现最终产品的操作文件。
主要关键措施及作用		起到决定性作用的措施及其具体的作用体现。
工艺文件扫描件		通过专用仪器扫描工艺文件原件生成的 PDF 文件或电子图片。
智能化描述		对生产工艺智能化情况进行具体的描写叙述

附 录 C
（规范性）
试 验 检 测

试验检测设备、试验检测管理文件信息应符合表 C.1 和表 C.2 的规定。

表 C.1 试验检测设备

中类	小类	说明
试验设备名称		试验检测设备的专用称呼。
	超声波探伤仪	一种便携式工业无损探伤仪器，它能够快速、便捷、无损伤、精确地进行工件内部多种缺陷（裂纹、疏松、气孔、夹杂等）的检测、定位、评估和诊断。既可以用于实验室，也可以用于工程现场。
	局部放电综合分析仪	一种利用 x 射线、γ 射线和电子束等不同能量光子照射，通过测量被测物体内部产生的电荷密度变化来反映其内部结构的一种无损探伤仪器。
	高压绝缘兆欧表	由中大规模集成电路组成。输出功率大，短路电流值高，输出电压等级多，是电力、通信、机电安装和维修以及利用电力作为工业动力或能源的工业企业部门常用且必不可少的仪表。
	工频耐压试验装置	工频耐压试验装置分为一体式装置（30kV 以下）和分体式装置两类。控制箱（台）是由接触式调压器（50kVA 以上为电动柱式调压器）及其控制、保护、测量、信号电路组成。它是通过接入 220V 或 380V 工频电源，调节调压器（即试验变压器的输入电压），接入高压试验变压器的初级绕组，根据电磁感应原理，以获得所需要的试验高压电压值。按试验规程，各种大型电力变压器、电力电缆、汽轮及水轮发电机及其他容性设备都必须严格定期进行交流耐压试验。
	金属无损检测探伤机	一种便携式工业无损探伤仪器，它能够快速、便捷、无损伤、精确地进行工件内部多种缺陷（包括纵向裂纹、横向裂纹、疏松、气孔、夹渣等）的检测、定位、评估和诊断。
	锌层测厚仪	采用了磁性和涡流两种测厚方法，可无损地测量磁性金属基体（如铁、合金和硬磁性钢等）上非磁性覆层的厚度（如铜、铝、铬、珐琅、橡胶、油漆等）及非磁性金属基体（如铜、铝、锌、锡等）上的非导电覆层的厚度（如珐琅、橡胶、油漆、塑料等）。
	万能实验机	集拉伸、弯曲、压缩、剪切、环刚度等功能于一体的材料试验机，主要用于金属、非金属材料力学性能试验，是工矿企业、科研单位、大专院校、工程质量监督站等部门的理想检测设备。
试验设备型号		便于使用、制造、设计等部门进行业务联系和简化技术文件中产品名称、规格、型式等叙述而引用的一种代号。

表 C.1（续）

中类	小类	说明
数量		设备的数量。
计量单位		根据约定定义和采用的标量，任何其他同类量可与其比较，两个量之比用一个数表示。
是否具有有效的检定证书或校准证书		是否具备由法定计量检定机构对仪器设备出具的证书，且在规定的有效检测期内。
试验设备制造商		制造设备的生产厂商，不是代理商或贸易商。
设备国产/进口		在国内/国外生产的设备。
	国产	在本国生产的设备。
	进口	向非本国居民购买的生产或消费所需的原材料、产品、服务。
设备自制/外购		自制/外购的生产设备。
	自制	自己制造的设备。
	外购	向外界购买的设备。
设备购置单价（万元）		单台设备购买的完税后价格。
检测项目		由项目管理部门、技术服务部门或相关部门依据一定的工作准则与要求，通过严密的程序，定期或不定期地对项目实施单位有关项目准备、实施及管理的全过程所进行的全面的或专项的督促检查

表 C.2 试验检测管理文件

中类	小类	说明
试验检测管理文件类型		将试验检测管理文件按照一定规则归类后，该类产品对应的类别。
	操作规程	有权部门为保证本部门的生产、工作能够安全、稳定、有效运转而制定的，相关人员在操作设备或办理业务时必须遵循的程序或步骤。
	管理制度	组织、机构、单位管理的工具，对一定的管理机制、管理原则、管理方法以及管理机构设置的规范。它是实施一定的管理行为的依据，是社会再生产过程顺利进行的保证。合理的管理制度可以简化管理过程，提高管理效率。
	试验标准	以产品性能与质量方面的检测、试验方法为对象而制定的标准称为检测试验方法标准。
试验检测管理文件名称		试验检测管理文件的专用名称。

表 C.2（续）

中类	小类	说明
适用环节		适用的环节名称。
试验检测管理文件扫描件		通过专用仪器扫描试验检测管理文件原件生成的 PDF 文件或电子图片
备注		

附 录 D
（规范性）
原 材 料/组 部 件

原材料/组部件信息应符合表 D.1 的规定。

表 D.1 原材料/组部件

中类	小类	说明
原材料/组部件名称		生产某种产品的基本原料的名称，或产品的组成部件的名称。
	其他	其他的原材料/组部件名称。
	拦污栅	设在水电站引水口前，用以拦阻水流所挟带的沉木、树枝、杂草和其他固体杂物的框栅式结构。
	水封	在装置中有一定高度的水柱，防止排水管系统中气体窜入装置内。
	滑道	沿斜面滑动以输送物体的设备。
	自润滑轴套	无须加油，自身基体具有润滑作用的轴套。
	轴承	支撑机械旋转体，降低其运动过程中的摩擦系数，并保证其回转精度的机械设备中的一种重要零部件。
	闸门	用于关闭和开放泄（放）水通道的控制设施。
原材料/组部件规格型号		反映原材料/组部件的性质、性能、品质等的一系列指标，一般由一组字母和数字以一定的规律编号组成，如品牌、等级、成分、含量、纯度、大小（尺寸、重量）等。
原材料/组部件供应商名称		所使用的原材料/组部件的供应商的名称。
原材料/组部件国产/进口		所使用的原材料/组部件是国产或进口。
	国产	本国（中国）生产的原材料或组部件。
	进口	向非本国居民购买的生产或消费所需的原材料、产品、服务。
检测方式		为确定某一物质的性质、特征、组成等而进行的试验，或根据一定的要求和标准来检查试验对象品质优良程度的方式。
	本厂全检	由本厂（公司、集团等）实施，对整批产品逐个进行检验，把其中的不合格品拣出来。
	本厂抽检	由本厂（公司、集团等）实施，从一批产品中按照一定规则随机抽取少量产品（样本）进行检验，据以判断该批产品是否合格的统计方法和理论。

表 **D**.1（续）

中类	小类	说明
检测方式	委外全检	委托给其他具有相关资质的单位实施，对整批产品逐个进行检验，把其中的不合格品拣出来。
	委外抽检	委托给其他具有相关资质的单位实施，从一批产品中按照一定规则随机抽取少量产品（样本）进行检验，据以判断该批产品是否合格的统计方法和理论。
	不检	不用检查或没有检查。
原材料/组部件入厂检测项目		原材料/组部件在入厂时所需开展的检测项目

水电站主机设备、闸门及金属结构设备供应商专用信息

目　　次

1 范围 …………………………………………………………………………………… 221
2 规范性引用文件 ……………………………………………………………………… 221
3 术语和定义 …………………………………………………………………………… 221
4 符号 …………………………………………………………………………………… 222
5 报告证书 ……………………………………………………………………………… 222
6 生产制造 ……………………………………………………………………………… 222
7 试验检测 ……………………………………………………………………………… 222
8 原材料/组部件 ……………………………………………………………………… 223
附录A（规范性）　报告证书 ………………………………………………………… 224
附录B（规范性）　生产制造 ………………………………………………………… 225
附录C（规范性）　试验检测 ………………………………………………………… 227
附录D（规范性）　原材料/组部件 ………………………………………………… 228

水电站主机设备、闸门及金属结构设备供应商专用信息

1 范围

本文件规定了水电站主机设备、闸门及金属结构设备供应商专用信息的报告证书、生产制造、试验检测、原材料/组部件，规范了供应商专用信息分类规则。

本文件适用于电力物资及服务供应商关系管理相关系统的建设和信息交互，及其他涉及电力物资及服务供应商信息的业务应用。

2 规范性引用文件

下列文件中的内容通过文中的规范性引用而构成本文件必不可少的条款。其中，注日期的引用文件，仅该日期对应的版本适用于本文件；不注日期的引用文件，其最新版本（包括所有的修改单）适用于本文件。

GB/T 4831—2016　旋转电机产品型号编制方法

GB/T 6974.1—2008　起重机　术语　第 1 部分：通用术语

GB/T 10969—2008　水轮机、蓄能泵和水泵水轮机通流部件技术条件

GB/T 15416—2014　科技报告编号规则

GB/T 15468—2020　水轮机基本技术条件

GB/T 22581—2008　混流式水泵水轮机基本技术条件

GB/T 31946—2015　水电站压力钢管用钢板

NB/T 35045—2014　水电工程钢闸门制造安装及验收规范

NB/T 35051—2015　水电工程启闭机制造安装及验收规范

3 术语和定义

下列术语和定义适用于本文件。

3.1

报告证书　report certificate

机关、机构等发的证明资格或权力的文件。

3.2

生产制造　production-manufacturing

生产企业整合相关的生产资源，按预定目标进行系统性的从前端概念设计到产品实现的物化过程。

3.3

试验检测   test

运用仪器设备按照相关规定或标准进行的一系列检测的过程。

3.4

原材料/组部件   raw material and components

生产某种产品的基本原料或元器件。

4   符号

下列符号适用于本文件。

%RH：湿度单位。

m^2：面积单位。

℃：温度计量单位。

5   报告证书

报告证书中检测报告数据信息包括物料描述、报告编号、产品型号规格、委托单位、产品制造单位、报告出具机构、报告出具时间、报告扫描件、依据标准。具体内容应符合附录 A 表 A.1 的规定。

6   生产制造

6.1   生产厂房

生产制造中的生产厂房信息包括生产厂房所在地、厂房权属情况、租赁起始日期、租赁截止日期、厂房总面积（m^2）、封闭厂房总面积（m^2）、是否含净化车间、净化车间总面积（m^2）、净化车间平均降尘量（$mg/m^2 \cdot 30$ 天）、净化车间平均温度（℃）、净化车间平均相对湿度（%RH）、客户用电户号。具体内容应符合附录 B 表 B.1 的规定。

6.2   主要生产设备

生产制造中的主要生产设备信息包括生产设备名称、生产设备型号、数量、计量单位、生产设备制造商、设备国产/进口、设备自制/外购、设备单价、适用工序环节、设备购买合同及发票扫描件。具体内容应符合附录 B 表 B.2 的规定。

6.3   生产工艺文件

生产制造中的生产工艺文件信息包括物料描述、工艺文件名称、主要关键措施及作用、保障提升产品性能质量的作用、工艺文件扫描件。具体内容应符合附录 B 表 B.3 的规定。

7   试验检测

试验检测信息包括试验设备名称、试验设备型号、数量、计量单位、是否具有有效的检定证书或校准证书、设备制造商、设备国产/进口、设备自制/外购、设备单价、检测项目、设备购买合同及发票扫描件。具体内容应符合附录 C 表 C.1 的规定。

8 原材料/组部件

原材料/组部件包括原材料/组部件名称、原材料/组部件规格型号、原材料/组部件制造商名称、原材料/组部件国产/进口、原材料/组部件入厂检测项目、检测方式。具体内容应符合附录 D 表 D.1 的规定。

附　录　A
（规范性）
报　告　证　书

检测报告数据表信息应符合表 A.1 的规定。

表 A.1　检测报告数据表

中类	小类	说明
物料描述		以简短的文字、符号或数字、号码来代表物料、品名、规格或类别及其他有关事项的一种管理工具。
报告编号		按照 GB/T 15416—2014 中 3.2 规定，采用字母、数字混合字符组成的用以标识检测报告的完整的、格式化的一组代码，是检测报告上标注的唯一性标识。
产品型号规格		按照 GB/T 4831—2016 中 2.1 规定，便于使用、制造、设计等部门进行业务联系和简化技术文件中产品名称、规格、型式等叙述而引用的一种代号。
委托单位		委托检测活动的单位。
产品制造单位		检测报告中送检样品的生产制造单位。
报告出具机构		应申请检验人的要求，对产品进行检验后出具书面证明的检验机构。
报告出具时间		检测报告出具的年月日。
报告扫描件		通过专用仪器扫描证书原件生成的 PDF 文件或电子图片。
依据标准		通过标准化活动，按照规定的程序经协商一致制定，为各种活动或其结果提供规则、指南或特性，供共同使用和重复使用的文件

附 录 B

（规范性）

生 产 制 造

生产厂房、主要生产设备、生产工艺文件信息应符合表 B.1～表 B.3 的规定。

表 B.1　生产厂房

中类	小类	说明
生产厂房所在地		生产厂房的地址，包括所属行政区划名称，乡（镇）、村、街名称和门牌号。
厂房权属情况		厂房产权在主体上的归属状态。
	自有	产权归属自己。
	租赁	按照达成的契约协定，出租人把拥有的特定财产（包括动产和不动产）在特定时期内的使用权转让给承租人，承租人按照协定支付租金的交易行为。
租赁起始日期		租赁的起始年月日。
租赁截止日期		租赁的截止年月日。
厂房总面积（m²）		厂房总的面积。
封闭厂房总面积（m²）		设有屋顶，建筑外围护结构全部采用封闭式墙体（含门、窗）构造的生产性（储存性）建筑物的总面积。
是否含净化车间		具备空气过滤、分配、优化、构造材料和装置的房间，其中特定规则的操作程序用以控制空气悬浮微粒浓度，从而达到适当的微粒洁净度级别。
净化车间总面积（m²）		净化车间的总面积。
净化车间平均降尘量（mg/m²·30天）		在限定空间范围内空气中飘游的微尘粒子量的平均数。
净化车间平均温度（℃）		净化车间的平均温度。
净化车间平均相对湿度（%RH）		净化车间中水在空气中的蒸汽压与同温度同压强下水的饱和蒸汽压的比值。
客户用电户号		用户向供电企业提交用电申请时，供电企业在录入相应的管理系统时随机生成的一组有规律的数字，一般是指电费通知上的客户编号

表 B.2　主要生产设备

中类	小类	说明
生产设备名称		生产设备的专用称呼。
	起重设备	按照 GB/T 6974.1—2008 规定，用吊钩或其他取物装置吊装重物，在空间进行升降与运移等循环性作业的机械。
	机械加工设备	实现机械加工工艺所需要的装备。
	切割设备	将被连续拉出的铸坯按定尺要求切断的连铸设备。
	焊接设备	实现焊接工艺所需要的装备。
	防锈防腐设备	实现除锈防腐工艺所需要的装备。
生产设备型号		便于使用、制造、设计等部门进行业务联系和简化技术文件中产品名称、规格、型式等叙述而引用的一种代号。
数量		设备的数量。
计量单位		对生产设备的主要技术性能指标项目进行描述。
生产设备制造商		制造设备的生产厂商。
设备国产/进口		在国内/国外生产的设备。
	国产	在本国生产的设备。
	进口	向非本国居民购买的生产或消费所需的原材料、产品、服务。
设备自制/外购		自制/外购的生产设备。
	外购	从外部购进的设备。
	自制	自己组织生产的设备。
设备单价		单台设备购买的完税后价格。
适用工序环节		适用的工序环节名称。
设备购买合同及发票扫描件		通过专用仪器扫描设备购买合同及发票原件生成的 PDF 文件或电子图片

表 B.3　生产工艺文件

中类	小类	说明
物料描述		以简短的文字、符号或数字、号码来代表物料、品名、规格或类别及其他有关事项的一种管理工具。
工艺文件名称		描述通过过程控制实现最终产品的操作文件。
主要关键措施及作用		起到决定性作用的措施及其具体的作用体现。
保障提升产品性能质量的作用		工艺文件中对保障提升产品性能质量的作用。
工艺文件扫描件		通过专用仪器扫描工艺文件原件生成的 PDF 文件或电子图片

附 录 C
（规范性）
试 验 检 测

试验检测设备信息应符合表 C.1 的规定。

表 C.1 试验检测设备

中类	小类	说明
试验设备名称		试验检测设备的专用称呼。
	探伤检测仪	对被测物体发射超声，然后利用其反射、多普勒效应、透射等来获取被测物体内部的信息并经过处理形成图像的仪器。
	元素定量分析仪	以光电倍增管等光探测器测量谱线不同波长位置强度的装置，以色散元件将辐射源的电磁辐射分离出所需要的波长或波长区域，并在选定的波长上（或扫描某一波段）进行元素成分测定。
	拉伸试验机	测定材料在拉伸载荷作用下的一系列试验的材料试验机。
	冲击试验机	检测材料冲击性能的机器。
试验设备型号		便于使用、制造、设计等部门进行业务联系和简化技术文件中产品名称、规格、型式等叙述而引用的一种代号。
数量		试验检测设备的数量。
计量单位		对生产设备的主要技术性能指标项目进行描述。
是否具有有效的检定证书或校准证书		是否具备由法定计量检定机构对仪器设备出具的证书，且在规定的有效检测期内。
设备制造商		制造设备的生产厂商，不是代理商或贸易商。
设备国产/进口		在国内/国外生产的设备。
	国产	在本国生产的设备。
	进口	向非本国居民购买的生产或消费所需的原材料、产品、服务。
设备自制/外购		自制/外购的生产设备。
	外购	从外部购进的设备。
	自制	自己组织生产的设备。
设备单价		单台设备购买的完税后价格。
检测项目		针对欲检测的样品所开展检测的项目。
设备购买合同及发票扫描件		通过专用仪器扫描设备购买合同及发票原件生成的 PDF 文件或电子图片

附 录 D
（规范性）
原 材 料/组 部 件

原材料/组部件信息应符合表 D.1 的规定。

表 D.1 原材料/组部件

中类	小类	说明
原材料/组部件名称		生产某种产品的基本原料的名称，或产品的组成部件的名称。
	位置指示器	根据相对于标尺标记的位置即可确定示值的，显示单元中固定的或可动的元件。
	供电装置	提供电力的装置。
	保护装置	通常采用壳、罩、屏、门、盖、栅栏、封闭式装置等作为物体障碍，将被保护对象与危险隔离的装置。
	减速器	一种由封闭在刚性壳体内的齿轮传动的设备。
	制动器	使机械中的运动件停止或减速的机械零件。
	卷筒装置	卷筒以及安装在卷筒上的橡胶套。
	大车行走机构	主要由电动机、减速箱、制动器、行走台车等组成。
	夹轨器	可将门式起重机锁定在轨道上，以防止受意外推力而滑动。
	小车架	刚性的焊接结构。
	小车行走机构	使起重小车横移的机构。
	控制柜	对设备作控制、运行管理等电气控制的箱柜。
	控制阀组	控制系统中调节流体流量的控制装置。
	机架	用于固定电信柜内的接插板、外壳和设备。
	油泵电动机组	一种改进的驱动油泵的特定电动机组。
	油箱	装燃料的容器，是液压系统中储存液压油或液压液的专用容器。
	液压缸	将液压能转变为机械能的、做直线往复运动（或摆动运动）的液压执行元件。
	滑轮组	由多个动滑轮、定滑轮组装而成的一种简单机械。
	电动机	将电能转换成机械能的一种设备。
	管路	液压系统中传输工作流体的管道。
	起升机构	由起升电动机通过联轴器经减速器空心轴驱动卷筒旋转，从而使绕在卷筒上的钢丝绳/缆线带动吊钩装置上升或下降。

表 **D**.1（续）

中类	小类	说明
原材料/组部件规格型号	钢丝绳	先由多层钢丝捻成股，再以绳芯为中心，由一定数量股捻绕成螺旋状的绳。
	门架	由桥架和支腿组成的结构。
	拦污栅	设在水电站引水口前，用以拦阻水流所挟带的沉木、树枝、杂草和其他固体杂物的框栅式结构。
	水封	在装置中有一定高度的水柱，防止排水管系统中气体窜入装置内。
	滑道	沿斜面滑动以输送物体的设备。
	自润滑轴套	无须加油，自身基体具有润滑作用的轴套。
	轴承	支撑机械旋转体，降低其运动过程中的摩擦系数，并保证其回转精度的机械设备中的一种重要零部件。
	闸门	用于关闭和开放泄（放）水通道的控制设施。
	其他	其他的原材料/组部件名称。
		反映原材料/组部件的性质、性能、品质等一系列的指标，一般由一组字母和数字以一定的规律编号组成，如品牌、等级、成分、含量、纯度、大小（尺寸、重量）等。
原材料/组部件制造商名称		所使用的原材料/组部件的制造商的名称。
原材料/组部件国产/进口		所使用的原材料/组部件是国产或进口。
	国产	本国（中国）生产的原材料或组部件。
	进口	向非本国居民购买的生产或消费所需的原材料、产品、服务。
原材料/组部件入厂检测项目		原材料/组部件在入厂时所需开展的检测项目。
检测方式		为确定某一物质的性质、特征、组成等而进行的试验，或根据一定的要求和标准来检查试验对象品质的优良程度的方式。
	本厂全检	由本厂（公司、集团等）实施，对整批产品逐个进行检验，把其中的不合格品拣出来。
	本厂抽检	由本厂（公司、集团等）实施，从一批产品中按照一定规则随机抽取少量产品（样本）进行检验，据以判断该批产品是否合格的统计方法和理论。
	自检	由本厂（公司、集团等）实施，根据某种标准对被检查产品进行检查。
	委外全检	委托给其他具有相关资质的单位实施，对整批产品逐个进行检验，把其中的不合格品拣出来。

表 **D**.1（续）

中类	小类	说明
	委外抽检	委托给其他具有相关资质的单位实施，从一批产品中按照一定规则随机抽取少量产品（样本）进行检验，据以判断该批产品是否合格的统计方法和理论。
	不检	不用检查或没有检查

调相机供应商专用信息

目　　次

1　范围···233

2　规范性引用文件··233

3　术语和定义···233

4　符号和缩略语···234

5　报告证书···234

6　生产制造···234

7　原材料/组部件··235

附录 A（规范性）　报告证书··236

附录 B（规范性）　生产制造··239

附录 C（规范性）　原材料/组部件···241

调相机供应商专用信息

1 范围

本文件规定了调相机供应商专用信息的报告证书、生产制造、原材料/组部件，规范了供应商专用信息分类规则。

本文件适用于电力物资及服务供应商关系管理相关系统的建设和信息交互，及其他涉及电力物资及服务供应商信息的业务应用。

2 规范性引用文件

下列文件中的内容通过文中的规范性引用而构成本文件必不可少的条款。其中，注日期的引用文件，仅该日期对应的版本适用于本文件；不注日期的引用文件，其最新版本（包括所有的修改单）适用于本文件。

GB/T 755—2019 旋转电机定额和性能

GB/T 1029—2021 三相同步电机试验方法

GB/T 1971—2021 旋转电机线端标志与旋转方向

GB/T 7064—2017 隐极同步发电机技术要求

GB/T 7441—2008 汽轮机及被驱机械发出的空间噪声的测量

DL/T 1523—2016 同步发电机进相试验导则

DL/T 2122—2020 大型同步调相机调试技术规范

Q/GDW 11588—2016 快速动态响应同步调相机技术规范

Q/GDW 11959—2019 快速动态响应同步调相机工程调试技术规范

3 术语和定义

下列术语和定义适用于本文件。

3.1

报告证书 report certificate

机关、机构等发的证明资格或权力的文件。

3.2

研发设计 research and development design

将需求转换为产品的过程或体系规定的特性或规范的一组过程。

3.3

生产制造 production-manufacturing

生产企业整合相关的生产资源，按预定目标进行系统性的从前端概念设计到产品实现的物化过程。

3.4

试验检测   test

运用仪器设备按照相关规定或标准进行的一系列检测的过程。

3.5

原材料/组部件   raw material and components

生产某种产品的基本原料或元器件。

3.6

产品产能   product capacity

在计划期内，企业参与生产的全部固定资产，在既定的组织技术条件下，所能生产的产品数量。

4 符号和缩略语

下列符号和缩略语适用于本文件。

4.1 符号

Mvar：无功功率的单位。

MW：功率的单位。

m^3：体积单位。

4.2 缩略语

GD^2：转动惯量。

5 报告证书

报告证书中检测报告信息包括物料描述、报告编号、产品规格型号、试验类型、出具机构资质、报告认可情况、委托单位、产品制造单位、报告出具机构、报告出具日期、报告扫描件、空载特性和空载损耗的测定、稳态短路特性和短路损耗的测定、损耗测定、轴电压测定、电压正弦性畸变率的测定及电话谐波因数的测定、电抗和时间常数的测定、调相机转子转动惯量 GD^2 的测定、无励磁时的一般机械检查及测定轴承油温和振动值、噪声测定、温升试验、额定磁场电流和电压调整率的确定、定子铁芯与机座振动的测定、定子绕组端部模态及固有振动频率的测定、定子绕组端部手包绝缘施加直流电压的测量、相序检查、轴承对地绝缘电阻测定、进水支座绝缘电阻测定（水冷型）、转子通风试验（空冷型）、额定转速下机械检查、机械损耗温升和损耗测定、短路温升试验、空载温升试验、间接法计算温升和效率、1.3 倍短时升高电压试验、定子过负荷试验、转子过负荷试验、三相突然短路试验。具体内容应符合附录 A 表 A.1 的规定。

6 生产制造

6.1 生产厂房

生产制造中的生产厂房信息包括生产厂房所在地、厂房权属情况、租赁起始日期、租赁截止日期、厂区总面积（m²）、厂房总面积（m²）、客户用电户号。具体内容应符合附录 B 表 B.1 的规定。

6.2 净化车间

生产制造中的净化车间信息包括净化车间、净化车间总面积、降尘量检测记录来源、卷制净化车间洁净度等级。具体内容应符合附录 B 表 B.2 的规定。

7 原材料/组部件

原材料/组部件信息包括原材料/组部件名称、原材料/组部件类型、原材料/组部件规格型号、原材料/组部件制造商名称、业绩属性、单位、额定容量、合同名称或工程名称、投运时间或计划投运时间。具体内容应符合附录 C 表 C.1 的规定。

附 录 A
（规范性）
报 告 证 书

检测报告信息应符合表 A.1 的规定。

表 A.1 检测报告

中类	小类	说明
物料描述		以简短的文字、符号或数字、号码来代表物料、品名、规格或类别及其他有关事项的一种管理工具。
报告编号		采用字母、数字混合字符组成的用以标识检测报告的完整的、格式化的一组代码，是检测报告上标注的唯一性标识。
产品规格型号		便于使用、制造、设计等部门进行业务联系和简化技术文件中产品名称、规格、型式等叙述而引用的一种代号。
试验类型		对不同试验方式进行区别分类。
	型式试验	完成一种新的调相机设计开发时所做的试验，以确定代表性的性能，并证明符合有关标准。
	委托试验	企业委托具有法定试验资格的机构进行试验，其目的是监督和判定生产、销售的产品的质量。
	性能试验	通过改变所给的条件，测量试验对象的状态变化并分析其原因，明确试验对象的性能或性能故障。
	其他	其他试验类型。
出具机构资质		出具机构的资质。
报告认可情况		机构出具报告的认可情况。
委托单位		委托检测活动的单位。
产品制造单位		检测报告中送检样品的生产制造单位。
报告出具机构		应申请检验人的要求，对产品进行检验后所出具书面证明的检验机构。
报告出具日期		检测报告出具的年月日。
报告扫描件		通过专用仪器扫描报告原件生成的 PDF 文件或电子图片。
空载特性和空载损耗的测定		调相机不带负载，在定子绕组上加额定电压，测其空载电流和空载损耗的试验。
稳态短路特性和短路损耗的测定		调相机的转速为额定转速和电枢绕组三相短路的情况下，励磁绕组通入一定的电流，测量电枢绕组的短路电流与励磁绕组电流之间的关系。
损耗测定		按规定的工作条件下，测定调相机的损耗值。

表 A.1（续）

中类	小类	说明
轴电压测定		按照 GB/T 1029—2021 中 6.3 规定，用高内阻交流电压表先测定轴电压，然后将转轴没有绝缘的一端与其轴承座短接（双侧绝缘的转轴短接任意一侧），测另一端对轴承座的油膜电压，再测该轴承座对地的电压。
电压正弦性畸变率的测定及电话谐波因数的测定		电压波形畸变的程度用电压正弦波畸变率来衡量，也称电压谐波畸变率；电话谐波因数的测定指电压波形中基波及各次谐波有效值加权平方和的平方根值与整个波形有效值的百分比的测量。
电抗和时间常数的测定		在规定的条件下，测量额定端电压和实测电流（有效值）的比值及通过测量电流与时间测出电路的时间常数。
调相机转子转动惯量 GD^2 的测定		调相机转子绕轴转动时惯性（回转物体保持其匀速圆周运动或静止的特性）量度的测量。
无励磁时的一般机械检查及测定轴承油温和振动值		调相机无励磁运行时，对轴承等部分的机械检查，并测定轴承油温和振动值。
噪声测定		为确定电机噪声级而进行的试验。
温升试验		在规定的工作条件下，通以规定的电流验证开关设备温升是否符合规定的试验。
额定磁场电流和电压调整率的确定		通过调节励磁使在额定负载电流及额定功率因数时发电机的端电压为额定值，测定此时的励磁电流即为额定励磁电流及通过发电机的外特性求出电压调整率的两项测定方法。
定子铁芯与机座振动的测定		为了解发电机的制造环节对定子机座和铁芯模态的影响，对定子机座的椭圆固有频率和振型，在叠装铁芯和总装后进行的测试。
定子绕组端部模态及固有振动频率的测定		试验按规定要求分别对定子绕组整体进行模态试验，对定子绕组鼻部接头固有频率和定子绕组引出线及过渡引线固有频率进行测量。
定子绕组端部手包绝缘施加直流电压的测量		试验按规定要求对定子绕组加直流电压后，移动测杆记录各部位指示值。
相序检查		检查电动机定子绕组接线的相序。
轴承对地绝缘电阻测定		在规定条件下，测量轴承对地之间的电阻。
进水支座绝缘电阻测定（水冷型）		通水时用万用表测量进水支座绝缘电阻。
转子通风试验（空冷型）		将专用蜗壳式进风室安装在转子一端的护环及转轴上或安装在槽部某进风区，用风速仪在转子相应的各个出风口进行风速的测量。

表 A.1（续）

中类	小类	说明
额定转速下机械检查		额定转速下对机械各部件的检查。
机械损耗温升和损耗测定		考核定子铁芯的铁损值和铁齿各部分在接上负载电流时其表面发热情况及铁芯损耗的试验。
短路温升试验		考核设备附件在短路时其表面发热情况。
空载温升试验		考核电机在空载运行时其表面发热情况。
间接法计算温升和效率		将一个被测量转化为若干可直接测量的量，而后再依据由定义或规律导出的关系式（即测量式）进行计算出温升和效率。
1.3 倍短时升高电压试验		调相机应能承受的 1.3 倍短时工频电压耐受试验。
定子过负荷试验		检验发电机定子所承受的电流超过其额定电流的性能。
转子过负荷试验		检验发电机转子所承受的电流超过其额定电流的性能。
三相突然短路试验		调相机三相突然短路时，测定直轴超瞬变电抗及时间常数等试验数值

附 录 B

（规范性）

生 产 制 造

生产厂房和净化车间信息应符合表 B.1 和表 B.2 的规定。

表 B.1 生产厂房

中类	小类	说明
生产厂房所在地		生产厂房的地址，包括所属行政区划名称，乡（镇）、村、街名称和门牌号。
厂房权属情况		厂房产权在主体上的归属状态。
	自有	产权归属自己。
	租赁	按照达成的契约协定，出租人把拥有的特定财产（包括动产和不动产）在特定时期内的使用权转让给承租人，承租人按照协定支付租金的交易行为。
	部分自有	部分产权归属自己。
租赁起始日期		租赁的起始年月日。
租赁截止日期		租赁的截止年月日。
厂区总面积（m²）		厂区总的面积（m²）。
厂房总面积（m²）		厂房总的面积（m²）。
客户用电户号		客户的用电户号

表 B.2 净化车间

中类	小类	说明
净化车间		具备空气过滤、分配、优化、构造材料和装置的房间，其中特定的规则的操作程序以控制空气悬浮微粒浓度，从而达到适当的微粒洁净度级别。
净化车间总面积（m²）		净化车间的总面积（m²）。
降尘量检测记录来源		在限定空间范围内空气中飘游的微尘粒子量的多少。
	厂房自行检测	由厂房自行检测。
	未提供检测记录	未提供符合规定的检测记录。
	第三方检测	第三方检测又称公正检验。两个相互联系的主体之外的某个客体称为第三方。

表 B.2（续）

中类	小类	说明
卷制净化车间洁净度等级		卷制净化车间空气环境中空气所含尘埃量多少的程度，在一般的情况下，是指单位体积的空气中所含大于等于某一粒径粒子的数量。含尘量高则洁净度低，含尘量低则洁净度高。
	万级	净化车间洁净度等级为万级。
	十万级	净化车间洁净度等级为十万级。
	十万级以上	净化车间洁净度等级为十万级以上

附 录 C
（规范性）
原 材 料/组 部 件

原材料/组部件供应商业绩情况信息应符合表 C.1 的规定。

表 C.1　原材料/组部件供应商业绩情况

中类	小类	说明
原材料/组部件名称		生产某种产品的基本原料的名称，或产品的组成部件的名称。
原材料/组部件类型		原材料/组部件的种类。
	传感器	能感受到被测量的信息，并将感受到的信息，按一定规律变换成电信号或其他所需形式的信息输出，以满足信息的传输、处理、存储、显示、记录和控制等要求的检测装置。
	外冷系统	通过外循环保持在适当的温度范围内的冷却系统。
	开关	可以使电路开路、使电流中断或使其流到其他电路的电子元件。
	泵	输送流体或使流体增压的机械。
	润滑油系统	由润滑油箱、主油泵、辅助油泵、油冷却器、油过滤器、高位油箱、阀门以及管路等部分组成的系统。
	电刷	在旋转部件与静止部件之间传导电流的元件。
	电机	把电能转换成机械能的设备。
	电磁阀	用电磁控制的工业设备，是用来控制流体的自动化基础元件。
	继电器	当输入量的变化达到规定要求时，在电气输出电路中使被控量发生预定的阶跃变化的一种电控制器件。
	轴承	支撑在机器中旋转的"轴"的部件。
	阀门	用于开闭管路、控制流向、调节和控制输送介质的参数（温度、压力和流量）的管路附件。
原材料/组部件规格型号		反映原材料/组部件的性质、性能、品质等的一系列指标，一般由一组字母和数字以一定的规律编号组成如品牌、等级、成分、含量、纯度、大小（尺寸、重量）等。
原材料/组部件制造商名称		所使用的原材料/组部件的制造商的名称。
业绩属性		不同种类设备的业绩。
	发电机业绩	发电机的销售金额。

表 C.1（续）

中类	小类	说明
单位	核电机组	核电机组的销售金额。
	特高压换流站	特高压换流站的销售金额。
	调相机业绩	调相机的销售金额。
		计量事物的标准量的名称。
	Mvar	无功功率的单位。
	MW	功率的单位。
额定容量		电机或电器在额定工作条件下能长期持续工作的容量。
合同名称或工程名称		合同或工程的名称。
投运时间或计划投运时间		新设备投入运营的时间或新设备计划投入运营的时间

换流阀供应商专用信息

目　次

1　范围 ·· 245

2　规范性引用文件 ··· 245

3　术语和定义 ··· 246

4　符号和缩略语 ·· 246

5　报告证书 ·· 247

6　生产制造 ·· 247

7　试验检测 ·· 248

8　原材料/组部件 ·· 249

附录 A（规范性）　报告证书 ··· 250

附录 B（规范性）　生产制造 ··· 258

附录 C（规范性）　试验检测 ··· 262

附录 D（规范性）　原材料/组部件 ··· 267

换流阀供应商专用信息

1 范围

本文件规定了换流阀供应商专用信息的报告证书、生产制造、试验检测、原材料/组部件，规范了供应商专用信息分类规则。

本文件适用于电力物资及服务供应商关系管理相关系统的建设和信息交互，及其他涉及电力物资及服务供应商信息的业务应用。

2 规范性引用文件

下列文件中的内容通过文中的规范性引用而构成本文件必不可少的条款。其中，注日期的引用文件，仅该日期对应的版本适用于本文件；不注日期的引用文件，其最新版本（包括所有的修改单）适用于本文件。

GB/T 4831—2016　旋转电机产品型号编制方法

GB/T 7354—2018　高电压试验技术　局部放电测量

GB/T 11032—2020　交流无间隙金属氧化物避雷器

GB/T 11604—2015　高压电器设备无线电干扰测试方法

GB/T 15416—2014　科技报告编号规则

GB/T 16927.1—2011　高压试验技术　第 1 部分：一般试验要求

GB/T 16927.2—2011　高压试验技术　第 2 部分：测量系统

GB/T 17626.1—2006　电磁兼容　试验和测量技术　抗扰度试验　总论

GB/T 17626.2—2006　电磁兼容　试验和测量技术　静电放电抗扰度试验

GB/T 17626.3—2006　电磁兼容　试验和测量技术　射频电磁场辐射抗扰度试验

GBYT 17626.4—2008　电磁兼容　试验和测量技术　电快速瞬变脉冲群抗扰度试验

GB/T 17626.5—2008　电磁兼容　试验和测量技术　浪涌（冲击）抗扰度试验

GB/T 17626.6—2008　电磁兼容　试验和测量技术　射频场感应的传导骚扰抗扰度

GB/T 17626.7—2008　电磁兼容　试验和测量技术　供电系统及所连设备谐波、谐间波的测量和测量仪器导则

GB/T 17626.8—2006　电磁兼容　试验和测量技术　工频磁场抗扰度试验

GB/T 17626.9—2006　电磁兼容　试验和测量技术　脉冲磁场抗扰度试验

GB/T 17626.10—2006　电磁兼容　试验和测量技术　阻尼振荡磁场抗扰度试验

GB/T 17626.11—2008　电磁兼容　试验和测量技术　电压暂降、短时中断和电压变化的抗扰度试验

GB/T 17626.12—2006　电磁兼容　试验和测量技术　震荡波抗扰度试验

GB/T 17626.13—2006　电磁兼容　试验和测量技术　交流电源端口谐波、谐间波及电网信号的低频抗扰度试验

GB/T 20989—2017　高压直流换流站损耗的确定

GB/T 20990.1—2020　高压直流输电晶闸管阀　第 1 部分：电气试验

GB/T 30425—2013　高压直流输电换流阀水冷设备

GB/T 30553—2014　基于电压源换流器的高压直流输电

GB/T 33348—2016　高压直流输电用电压源换流器阀　电气试验

GB/T 34118—2017　高压直流系统用电压源换流器术语

GB/T 35702.1—2017　高压直流系统用电压源换流器阀损耗

GB/T 36498—2018　柔性直流换流站绝缘配合导则

GB/T 36559—2018　高压直流输电用晶闸管阀

GB/T 36956—2018　柔性直流输电用电压源换流器阀基控制设备试验

GB 50150—2016　电气装置安装工程电气设备交接试验标准

GB/T 51381—2019　柔性直流输电换流站设计标准

GB/T 51397—2019　柔性直流输电成套设计标准

DL/T 1833—2018　柔性直流输电换流阀检修规程

3　术语和定义

下列术语和定义适用于本文件。

3.1

报告证书　report certificate

机关、机构等发的证明资格或权力的文件。

3.2

生产制造　production-manufacturing

生产企业整合相关的生产资源，按预定目标进行系统性的从前端概念设计到产品实现的物化过程。

3.3

试验检测　test

运用仪器设备按照相关规定或标准进行的一系列检测的过程。

3.4

原材料/组部件　raw material and components

生产某种产品的基本原料或元器件。

4　符号和缩略语

下列符号和缩略语适用于本文件。

4.1　符号

h：时间单位。

kV：电压单位。

A：电流单位。

μm：长度单位。

min：时间单位。

s：时间单位。

4.2　缩略语

IGBT：绝缘栅双极型晶体管。

MVU：多重阀。

HVDC：高压直流。

5　报告证书

5.1　晶闸管换流阀检测报告

报告证书中晶闸管换流阀检测报告信息包括物料描述、产品型号规格、晶闸管规格、报告编号、试验类型、多重阀（单元）绝缘型式试验、阀支架/悬吊的绝缘型式试验、阀的绝缘型式试验、阀的运行特性型式试验、委托单位、产品制造单位、报告出具机构、出具机构资质、报告认可情况、报告出具时间、报告扫描件。具体内容应符合附录 A 表 A.1 的规定。

5.2　IGBT 换流阀检测报告

报告证书中 IGBT 换流阀检测报告数据信息包括物料描述、产品型号规格、IGBT 规格、报告编号、试验类型、多重阀单元绝缘型式试验、阀支架绝缘型式试验、阀绝缘型式试验、阀或阀组件运行特性型式试验、委托单位、产品制造单位、报告出具机构、出具机构资质、报告认可情况、报告出具时间、报告扫描件。具体内容应符合附录 A 表 A.2 的规定。

6　生产制造

6.1　生产厂房

生产制造中的生产厂房信息包括生产厂房所在地、厂房权属情况、企业名称、租赁起始日期、租赁截止日期、厂区总面积（m²）、厂房总面积（m²）、客户用电户号。具体内容应符合附录 B 表 B.1 的规定。

6.2　净化车间

生产制造中的净化车间信息包括企业名称、是否含净化车间、净化车间总面积（m²）、降尘量检测记录来源、净化车间洁净度等级。具体内容应符合附录 B 表 B.2 的规定。

6.3　主要生产设备

生产制造中的主要生产设备信息包括生产设备类别、生产设备名称、生产设备型号、生产设备产权方、数量、生产设备制造商、设备国产/进口、设备自制/外购、设备购置单价（万元）、备注。具体内容应符合附录 B 表 B.3 的规定。

6.4 生产工艺文件

生产制造中的生产工艺文件信息包括适用的工艺文件编制单位、产品类别、主要工序名称、工艺文件名称、主要关键措施及作用、智能化描述、工艺文件扫描件。具体内容应符合附录 B 表 B.4 的规定。

6.5 生产工艺控制

生产制造中的生产工艺控制信息包括产品类别、生产工艺过程是否具有可追溯性、生产工艺管理执行情况、主要工序名称。具体内容应符合附录 B 表 B.5 的规定。

7 试验检测

7.1 试验检测设备

反映试验检测设备属性情况，包括试验设备类别、试验设备名称、试验设备型号、试验设备产权方、数量、是否具有有效的检定/校准证书、试验设备制造商、设备国产/进口、设备自制/外购、设备购置单价、检测项目、备注。具体内容应符合附录 C 表 C.1 的规定。

7.2 高压试验检测人员

高压试验检测人员信息包括缴纳社保企业名称、姓名、岗位名称、上岗证、相关检验资质证书、证书出具机构、有效期至、资质证书扫描件、培训证明、培训机构。具体内容应符合附录 C 表 C.2 的规定。

7.3 现场抽样检测记录表

现场抽样检测记录表信息包括现场抽样检测时间、物料描述、检测项目、产品规格型号、抽查试验项目、检验项目是否合格、检测报告扫描件、不合格原因。具体内容应符合附录 C 表 C.3 的规定。

7.4 试验检测场所

试验检测场所信息包括试验场所归属方企业名称、独立试验场所、试验大厅（面积）（m²）、试验大厅（高度）（m）、区域用途、屏蔽大厅、屏蔽大厅面积（m²）、CNAS 国家合格评定委员会认证。具体内容应符合附录 C 表 C.4 的规定。

7.5 试验检测管理文件

试验检测管理文件信息包括试验检测管理文件编制单位、产品类别、试验检测管理文件类型、试验检测管理文件名称、适用环节、试验检测管理文件扫描件。具体内容应符合附录 C 表 C.5 的规定。

7.6 现场抽查检测报告

现场抽查检测报告信息包括现场抽查报告时间、物料描述、检测报告名称、检测报告编号、检测报告是否满足要求、检测报告扫描件、不合格原因。具体内容应符合附录 C 表 C.6 的规定。

7.7 试验检测管理执行情况

试验检测管理执行情况信息包括现场核实日期、产品类别、产品等级、试验检测管理是否具有可追溯性、试验检测管理执行情况、备注。具体内容应符合附录 C 表 C.7 的规定。

8 原材料/组部件

8.1 原材料/组部件

原材料/组部件信息包括原材料/组部件类别、原材料/组部件名称、原材料/组部件规格型号、原材料/组部件国产/进口、原材料/组部件购买方企业名称、原材料/组部件制造商名称、检测方式、原材料/组部件入厂检测项目、原材料/组部件供应方式。具体内容应符合附录 D 表 D.1 的规定。

8.2 原材料/组部件管理执行情况

原材料/组部件管理执行情况信息包括现场核实日期、产品类别、原材料/组部件管理是否具有可追溯性、原材料/组部件管理执行情况、备注。具体产品类别符合附录 D 表 D.2 的规定。

8.3 原材料/组部件供应商业绩情况

原材料/组部件供应商业绩情况信息包括原材料/组部件类型、原材料/组部件名称、原材料/组部件规格型号、原材料/组部件制造商名称、供货情况、供货运行情况。具体产品类别符合附录 D 表 D.3 的规定。

<h1 style="text-align:center">附 录 A</h1>

（规范性）

<h1 style="text-align:center">报 告 证 书</h1>

晶闸管换流阀和 IGBT 换流阀的检测报告信息应符合表 A.1 和表 A.2 的规定。

表 A.1　晶闸管换流阀检测报告

中类	小类	说明
物料描述		以简短的文字、符号或数字、号码来代表物料、品名、规格或类别及其他有关事项的一种管理工具。
产品型号规格		按照 GB/T 4831—2016 中 2.1 规定，便于使用、制造、设计等部门进行业务联系和简化技术文件中产品名称、规格、型式等叙述而引用的一种代号。
晶闸管规格		由三个或三个以上 PN 结构成，能从断态转换到通态的双稳态半导体元器件尺寸的大小。
报告编号		按照 GB/T 15416—2014 中 3.2 规定，采用字母、数字混合字符组成的用以标识检测报告的完整的、格式化的一组代码，是检测报告上标注的唯一性标识。
试验类型		按不同试验方式进行区别分类。
	型式试验	为了验证产品能否满足技术规范的全部要求所进行的试验。
	委托试验	企业为了对其生产、销售的产品质量进行监督和判定，委托具有法定检验资格的检验机构进行试验。
	性能试验	通过改变所给的条件，测量试验对象的状态变化并分析其原因，明确试验对象的性能或性能故障，如对产品的高（低）温试验、振动颠簸试验等。
	其他	其他类型试验。
多重阀（单元）绝缘型式试验		检验多重阀（单元）的高电压特性而进行的试验。
	多重阀单元对地直流电压试验	按照 GB/T 20990.1—2020 中 7.3.1 规定，直流试验电压应施加在多重阀单元最高电位的直流端子与地之间。起始电压应不大于 1min 试验电压的 50%，电压应在大约 10s 的时间内上升至规定的 1min 试验电压，保持 1min 恒定，然后降低至规定的 3h 试验电压，保持 3h 恒定，最后降电压至零。

表 A.1（续）

中类	小类	说明
阀支架/悬吊的绝缘型式试验	多重阀单元交流电压试验	按照 GB/T 20990.1—2020 中 7.3.2 规定，如果多重阀的任何两个端子间承受交流或交直流复合电压，但其耐受能力未被其他试验充分验证，则有必要对多重阀的这些端子间进行交流电压试验。进行试验时，试验电压应施加在待考核的多重阀端子间。应根据试验回路的布置安排接地点。起始电压应不大于 1 min 试验电压的 50%，电压应在大约 10s 的时间内上升至规定的 1 min 试验电压，保持 1 min 恒定，然后降低至规定的 30 min 试验电压，保持 30 min 恒定，最后降电压至零。
	多重阀单元操作冲击试验	按照 GB/T 20990.1—2020 中 7.3.3 规定，应采用符合 GB/T 16927.1 的标准操作冲击电压波形。多重阀的操作冲击试验电压应施加在多重阀的高压端子和地之间。试验由施加 3 次正极性和 3 次负极性的规定幅值的操作冲击电压组成。
	多重阀单元雷电冲击试验	按照 GB/T 20990.1—2020 中 7.3.4 规定，应采用符合 GB/T 16927.1 的标准雷电冲击电压波形。多重阀的雷电冲击试验电压应施加在多重阀的高压端子与地之间。试验由施加 3 次正极性和 3 次负极性的规定幅值的雷电冲击电压组成。
	多重阀陡波前冲击耐压试验	按照 GB/T 20990.1—2020 中 7.3.5 规定，本试验包括在多重阀单元（MVU）的高压端和低压端之间施加 3 次正极性和 3 次负极性陡波前冲击电压。
		为检验阀支架/悬吊的高电压特性而进行的试验。
	直流电压试验	检测产品能够承受的最大电压峰值的试验。
	交流电压试验	鉴定电力设备绝缘强度最有效和最直接的方法。
	操作冲击试验	验证设备在运行过程中耐受与开关操作相关的典型的上升时间缓慢瞬态电压的能力；本试验用来验证线端和它所连接的绕组对地及对其他绕组的操作冲击耐受强度，同时也验证相间和被试绕组纵绝缘的操作冲击耐受强度。
	雷电冲击试验	验证设备在运行过程中耐受瞬态快速上升典型雷电冲击电压的能力，用来验证被试变压器的雷电冲击耐受强度。
阀的绝缘型式试验	陡波前冲击试验	按照 GB/T 20990.1—2020 中 3.1.2 规定，达到峰值的时间比标准雷电冲击短，但不比 GB/T 311.1 中定义的极快波前电压短的快波前电压冲击试验。
		按照 GB/T 20990.1—2020 中 3.3.1 规定，为检验阀的高电压特性而进行的试验。
	直流电压试验	按照 GB/T 20990.1—2020 中 8.3.1 规定，直流试验电压源应连接在阀的一个主端子与地之间，阀的其他主要端子接地。起始电压应不大于 1min 试验电压的 50%，电压应在大约 10s 的时间内上升至规定的 1min 试验电压，保持 1min 恒定，然后降低至规定的 3h 试验电压，保持 3h 恒定，最后降电压至零。

表 A.1（续）

中类	小类	说明
	交流电压试验	按照 GB/T 20990.1—2020 中 8.3.3 规定，试验时，试验电压应施压在阀的两个端子上。接地连接点应根据试验回路的布置确定。起始电压应不大于 15s 试验电压的 50%，电压应在大约 10s 的时间内上升至规定的 15s 试验电压，保持 15s 恒定，然后降低至规定的 30 min 试验电压，保持 30 min 恒定，最后降电压至零。
	操作冲击试验	按照 GB/T 20990.1—2020 中 8.3.5 规定，应采用符合 GB/T 16927.1 的标准操作冲击电压波形。试验由施加 3 次正极性和 3 次负极性规定幅值的操作冲击电压组成，且阀的电子回路在开始时就应带电。正极性试验应在阀的电子回路开始时不带电的情况下重复进行。在正向试验期间，若阀发生正向过电压保护，必须施加 3 次附加的协商的幅值正向操作冲击，不应导致阀触发。对于这些附加试验，阀电子单元应带电。
	雷电冲击试验	按照 GB/T 20990.1—2020 中 8.3.7 规定，应采用符合 GB/T 16927.1 的标准雷电冲击电压波形。试验由施加 3 次正极性和 3 次负极性规定幅值的雷电冲击电压组成。如果在正向试验期间，阀发生正向过电压保护触发，则应在阀不触发的、协议的幅值和波前时间下进行 3 次附加的协商的正向雷电冲击试验。
	陡波前冲击试验	按照 GB/T 20990.1—2020 中 8.3.8 规定，对于陡波前冲击试验，应采用符合该标准 3.1.2 中规定的电压波形。应根据系统研究确定最严酷情况下陡波前冲击试验电压视在陡度 S 和峰值。视在陡度应根据研究结果按最大的 du/dt（单位为 kV/μs），在全部电压偏移的 60%范围内计算平均值。
	湿态操作冲击试验	按照 GB/T 20990.1—2020 中 8.3.6 规定，应模拟在网结构顶部的一个组件发生冷却水泄漏的情况下，重复进行。试验电压与试验次数同该标准 8.3.5，泄漏量至少应为 15L/h，在施加操作冲击试验电压时和在此之前至少 1h 内泄漏量应保持恒定，液体的电导率应比引发电导率报警定值至少高 5%。
	湿态直流电压试验	按照 GB/T 20990.1—2020 中 8.3.2 规定，应模拟在阀结构顶部的一个组件发生冷却水泄漏的情况下重复进行。泄漏量至少应为 15L/h，在施加直流试验电压时和在此之前至少 1h 内泄漏量应保持恒定，液体的电导率应比引发电导报警定值至少高 5%。合闸电压应不大于最大试验电压的 50%，电压上升到规定的试验电压（同该标准 8.3.1 中的 1 min 试验电压值）保持恒定并维持 1 min，然后降低到规定的试验电压（同该标准 8.3.1 中的 3b 试验电压值），保持恒定并维持 5min 后降到零。然后，试验应在相反极性的电压下重复进行。每个极性电压试验结束后要将主端子短路并接地数小时。
	非周期触发试验	按照 GB/T 20990.1—2020 中 8.4.1、8.4.3 的规定，试验由施加 3 次正极性操作冲击电压及阀在冲击电压峰值处触发导通组成。试验的主要目的是检查晶闸管和关联电路，在规定的高电压情况下投入时，有关的电流和电压强度是适当的。

表 A.1（续）

中类	小类	说明
阀的运行特性型式试验		按照 GB/T 20990.1—2020 中 3.3.2 的规定，为检验阀的导通、关断以及与电流有关的特性而进行的试验。
	最大连续运行负荷试验	按照 GB/T 20990.1—2020 中 9.3.2 的规定，试验电流应是基于最高环境温度下的最大持续直流电流。冷却剂温度不低于晶闸管实际运行中最高稳态结温对应的冷却剂温度。试验电流应包括试验安全系数 1.05。
	最高暂态运行负荷试验	按照 GB/T 20990.1—2020 中 9.3.3 的规定，最高暂态运行负荷试验。
	最小交流电压试验	按照 GB/T 20990.1—2020 中 9.3.4 的规定，最小交流电压试验。
	暂态欠电压试验	按照 GB/T 20990.1—2020 中 9.3.5 的规定，本试验的目的是验证阀设计的正确性。这些阀的触发能量取自阀两端间的电压。
	断续直流电流试验	按照 GB/T 20990.1—2020 中 9.3.6 的规定，试验应在阀冷却剂的最高温度下进行。应再现下面两种运行条件下断续直流电流运行产生的负荷： 1）在 $\alpha=90°$，最高交流电压运行且 $k=1.0$（见该标准 9.3.3）； 2）整流器最小 α 下以最低交流电压运行（见该标准 9.3.4.2） 试验的持续时间至少应为规定条件下断续直流电流运行的正常允许时间的两倍。
	保护性触发连续运行试验	按照 GB/T 20990.1—2020 中 9.3.7 的规定，试验中应将一个晶闸管级正常触发功能闭锁，使该晶闸管级的保护触发连续动作，试验参数与该标准 9.3.2.2 中参数一致，试验时间不少于 1h。
	阀损耗验证	按照 GB/T 20990.1—2020 中 9.3.8 的规定，阀损耗应该符合 GB/T 20989—2017 中规定，损耗量可根据试验和已获得的试验结果进行综合计算来验证。
	恢复期暂态正向电压试验	按照 GB/T 20990.1—2020 中 10.1 的规定，恢复期暂态正向电压试验的主要目的是检查在最高温度下，阀能够承受电流关断期间立即施加的暂态正向电压。该试验应证明阀或能够承受暂态正向电压，或能够安全导通。第二个目的是验证在运行于最高稳态结温下，恢复期后施加暂态正向电压时，阀的保护触发水平和 du/dt 耐受能力与设计一致。
	再加正向电压的单波故障电流试验	按照 GB/T 20990.1—2020 中 11.3.2 的规定，试验前，阀或阀组件应运行在能够产生最大连续运行的晶闸管结温下。阀或阀组件应承受规定的峰值和导通时间的单波故障电流，以及接着施加的正向电压。

表 A.1（续）

中类	小类	说明
	无再加正向电压的多波故障电流试验	按照 GB/T 20990.1—2020 中 11.3.3 的规定，试验前，阀或阀组件应运行在能够产生最大连续运行的晶闸管结温下。阀或阀组件经受一次规定峰值和导通时间的规定波数的故障电流。阀或阀组件应经受故障电流波间的反向电压，但应通过连续触发晶闸管防止其经受正向闭锁电压。
	阀抗电磁干扰试验	按照 GB/T 20990.1—2020 中 12.1 的规定，主要目的是验证阀抵抗从阀内部产生及外部强加的瞬时电压和电流引起的电磁干扰（电磁扰动）的能力。阀中的敏感元件主要用于晶闸管级触发、保护和检测的电子电路。
	特殊功能试验及故障容许试验	按照 GB/T 20990.1—2020 中 13.1.1 的规定，试验是为了验证阀特殊设计和性能。
委托单位		委托检测活动的单位。
产品制造单位		检测报告中送检样品的生产制造单位。
报告出具机构		应申请检验人的要求，对产品进行检验后所出具书面证明的检验机构。
出具机构资质		报告出具机构的资质。
报告认可情况		检测报告认可的情况。
报告出具时间		检测报告出具的年月日。
报告扫描件		通过专用仪器扫描证书原件生成的 PDF 文件或电子图片

表 A.2　IGBT 换流阀检测报告

中类	小类	说明
物料描述		以简短的文字、符号或数字、号码来代表物料、品名、规格或类别及其他有关事项的一种管理工具。
产品型号规格		按照 GB/T 4831—2016 中 2.1 规定，便于使用、制造、设计等部门进行业务联系和简化技术文件中产品名称、规格、型式等叙述而引用的一种代号。
IGBT 规格		绝缘栅双极型晶体管的规格。
报告编号		按照 GB/T 15416—2014 中 3.2 规定，采用字母、数字混合字符组成的用以标识检测报告的完整的、格式化的一组代码，是检测报告上标注的唯一性标识。
试验类型		按不同试验方式进行区别分类。
	型式试验	为了验证产品能否满足技术规范的全部要求所进行的试验。
	委托试验	企业为了对其生产、销售的产品质量进行监督和判定，委托具有法定检验资格的检验机构进行试验。

表 A.2（续）

中类	小类	说明
多重阀单元绝缘型式试验	性能试验	通过改变所给的条件，测量试验对象的状态变化并分析其原因，明确试验对象的性能或性能故障，如对产品的高（低）温试验、振动颠簸试验等。
	其他	其他类型试验。
		为检验多重阀单元的高电压特性而进行的试验。
	多重阀单元对地直流电压试验	按照 GB/T 20990.1—2020 中 7.3.1 规定，直流试验电压应施加在多重阀单元最高电位的直流端子与地之间。起始电压应不大于 1min 试验电压的 50%，电压应在大约 10s 的时间内上升至规定的 1min 试验电压，保持 1min 恒定，然后降低至规定的 3h 试验电压，保持 3h 恒定，最后降电压至零。
	多重阀单元交流电压试验	按照 GB/T 20990.1—2020 中 7.3.2 规定，如果多重阀的任何两个端子间承受交流或交直流复合电压，但其耐受能力未被其他试验充分验证，则有必要对多重阀的这些端子间进行交流电压试验。进行试验时，试验电压应施加在待考核的多重阀端子间。应根据试验回路的布置安排接地点。起始电压应不大于 1 min 试验电压的 50%，电压应在大约 10s 的时间内上升至规定的 1 min 试验电压，保持 1 min 恒定，然后降低至规定的 30 min 试验电压，保持 30 min 恒定，最后降电压至零。
	多重阀单元操作冲击试验	按照 GB/T 20990.1—2020 中 7.3.3 规定，应采用符合 GB/T 16927.1 的标准操作冲击电压波形。多重阀的操作冲击试验电压应施加在多重阀的高压端子和地之间。试验由施加 3 次正极性和 3 次负极性的规定幅值的操作冲击电压组成。
	多重阀单元雷电冲击试验	按照 GB/T 20990.1—2020 中 7.3.4 规定，应采用符合 GB/T 16927.1 的标准雷电冲击电压波形。多重阀的雷电冲击试验电压应施加在多重阀的高压端子与地之间。试验由施加 3 次正极性和 3 次负极性的规定幅值的雷电冲击电压组成。
阀支架绝缘型式试验		为检验阀支架的高电压特性而进行的试验。
	直流电压试验	检测产品能够承受的最大电压峰值的试验。
	交流电压试验	鉴定电力设备绝缘强度最有效和最直接的方法。
	操作冲击试验	验证设备在运行过程中耐受与开关操作相关的典型的上升时间缓慢瞬态电压的能力；本试验用来验证线端和它所连接的绕组对地及对其他绕组的操作冲击耐受强度，同时也验证相间和被试绕组纵绝缘的操作冲击耐受强度。
	雷电冲击试验	验证设备在运行过程中耐受瞬态快速上升典型雷电冲击电压的能力，用来验证被试变压器的雷电冲击耐受强度。
阀绝缘型式试验		为检验阀的高电压特性而进行的试验。

表 A.2（续）

中类	小类	说明
阀或阀组件运行特性型式试验	交流－直流电压试验	1）按照 GB/T 20990.1—2020 中 8.3.3 规定，试验时，试验电压应施压在阀的两个端子上。接地连接点应根据试验回路的布置确定。起始电压应不大于 15s 试验电压的 50%，电压应在大约 10s 的时间内上升至规定的 15s 试验电压，保持 15s 恒定，然后降低至规定的 30 min 试验电压，保持 30 min 恒定，最后降电压至零。 2）按照 GB/T 20990.1—2020 中 8.3.1 规定，直流试验电压源应连接在阀的一个主端子与地之间，阀的其他主要端子接地。起始电压应不大于 1min 试验电压的 50%，电压应在大约 10s 的时间内上升至规定的 1min 试验电压，保持 1min 恒定然后降低至规定的 3h 试验电压，保持 3h 恒定，最后降电压至零。
	操作冲击试验	按照 GB/T 20990.1—2020 中 8.3.5 规定，应采用符合 GB/T 16927.1 的标准操作冲击电压波形。试验由施加 3 次正极性和 3 次负极性规定幅值的操作冲击电压组成，且阀的电子回路在开始时就应带电。正极性试验应在阀的电子回路开始时不带电的情况下重复进行。在正向试验期间，若阀发生正向过电压保护，必须施加 3 次附加的协商的幅值正向操作冲击，不应导致阀触发。对于这些附加试验，阀电子单元应带电。
	雷电冲击试验	按照 GB/T 20990.1—2020 中 8.3.7 规定，应采用符合 GB/T 16927.1 的标准雷电冲击电压波形。试验由施加 3 次正极性和 3 次负极性规定幅值的雷电冲击电压组成。如果在正向试验期间，阀发生正向过电压保护触发，则应在阀不触发的、协议的幅值和波前时间下进行 3 次附加的协商的正向雷电冲击试验。
		为检验阀或阀组件的导通、关断以及与电流有关的特性而进行的试验。
	最大连续运行负载试验	按照 GB/T 20990.1—2020 中 9.3.2 规定，试验电流应是基于最高环境温度下的最大持续直流电流。冷却剂温度不低于晶闸管实际运行中最高稳态结温对应的冷却剂温度。试验电流应包括试验安全系数 1.05。
	最大暂态过负荷运行试验	按照 GB/T 20990.1—2020 中 9.3.3 规定，最大暂态运行负荷试验。
	最小直流电压试验	按照 GB/T 20990.1—2020 中 9.3.4 规定，最小交流电压试验。
	IGBT 过电流关断试验	柔性直流输电换流阀暂态试验之一，是为了检验换流阀设计的正确性及对桥臂直通工况应力耐受性进行的试验。
	短路电流试验	阀或阀组件应设计制造成能在规定的条件下承受外部短路的热和动稳定效应而无损伤的试验。
	阀抗电磁干扰试验	按照 GB/T 20990.1—2020 中 12.1 的规定，主要目的是验证阀抵抗从阀内部产生及外部强加的瞬时电压和电流引起的电磁干扰（电磁扰动）的能力。阀中的敏感元件主要用于晶闸管级触发、保护和检测的电子电路。

表 A.2（续）

中类	小类	说明
委托单位		委托检测活动的单位。
产品制造单位		检测报告中送检样品的生产制造单位。
报告出具机构		应申请检验人的要求，对产品进行检验后所出具书面证明的检验机构。
出具机构资质		报告出具机构的资质。
报告认可情况		检测报告认可的情况。
报告出具时间		检测报告出具的年月日。
报告扫描件		通过专用仪器扫描证书原件生成的 PDF 文件或电子图片

附 录 B

（规范性）

生 产 制 造

生产厂房、净化车间、主要生产设备、生产工艺文件、生产工艺控制的信息应符合表 B.1～表 B.5 的规定。

表 B.1 生产厂房

中类	小类	说明
生产厂房所在地		生产厂房的地址，包括所属行政区划名称，乡（镇）、村、街名称和门牌号。
厂房产权情况		厂房产权在主体上的归属状态。
	自有	产权归属自己。
	租赁	按照达成的契约协定，出租人把拥有的特定财产（包括动产和不动产）在特定时期内的使用权转让给承租人，承租人按照协定支付租金的交易行为。
企业名称		作为法人的公司或企业的名称。
租赁起始日期		租赁的起始年月日。
租赁截止日期		租赁的截止年月日。
厂区总面积（m²）		厂区围墙内（生产区）用地面积总和（m²）。
厂房总面积（m²）		厂房总的面积（m²）。
客户用电户号		用户向供电企业提交用电申请时，供电企业在录入相应的管理系统时随机生成的一组有规律数字，一般是指电费通知上的客户编号

表 B.2 净化车间

中类	小类	说明
企业名称		作为法人的公司或企业的名称。
是否含净化车间		具备空气过滤、分配、优化、构造材料和装置的房间，其中特定规则的操作程序用以控制空气悬浮微粒浓度，从而达到适当的微粒洁净度级别。
净化车间总面积（m²）		净化车间的总面积（m²）。
降尘量检测记录来源		测定环境空气中可沉降的颗粒物多少的记录来源。
	厂房自行检测	厂家进行自我检验，厂家有自己的试验室，可以开展出厂项目的检验。

表 B.2（续）

中类	小类	说明
净化车间洁净度等级	未提供检测记录	无检测相关的记录。
	第三方检测	两个相互联系的主体之外的某个客体，是由处于买卖利益之外的第三方（如专职监督检验机构），以公平、公正和权威的当事人身份，根据有关法律、标准或合同进行的商品检验、测试等活动。
		净化车间洁净程度等级。
	万级	按照每立方英尺含有 0.5μm 粒子数量多少而来的，10000 个/立方英尺为百级。
	十万级	按照每立方英尺含有 0.5μm 粒子数量多少而来的，100000 个/立方英尺为十万级。
	十万级以上	按照每立方英尺含有 0.5μm 粒子数量多少而来的，超过 100000 个/立方英尺为十万级以上。
	无净化车间	没有净化车间

表 B.3 主要生产设备

中类	小类	说明
生产设备类别		将设备按照不同种类进行区别归类。
	装配工装	用于组装零件的各种夹具、工位和工具等，它们能够提高装配效率和质量。
	其他	其他类别的生产设备。
生产设备名称		生产设备的专用称呼。
	压线机	一种专用的压线设备。
	剥线机	将电线等外包裹的塑料包皮与金属芯剥离的机器。
	梁式起重机	起重机的一种，是由桥架和起重小车组成的起重机。
	电动叉车	以电来进行作业的叉车，大多数是为蓄电池工作。
	电动搬运车	起搬运货物作用的物流搬运设备。是采用蓄电池为动力源，以电动机为动力，通过齿轮传动驱动车辆行走，货叉的起升靠直流电动机和液压传动，推动油缸上下运动起升货叉和货物。
	升降车	升降机安装在汽车上的设备。
	其他	其他类别的生产设备。
生产设备型号		生产中便于使用、制造、设计等部门进行业务联系和简化技术文件中产品名称、规格、型式等叙述而引用的一种代号。

表 B.3（续）

中类	小类	说明
生产设备产权方		拥有动产或不动产的产权登记单位。
数量		设备的数量。
生产设备制造商		制造设备的生产厂商。
设备国产/进口		在国内/国外生产的设备。
	国产	在本国生产的设备。
	进口	向非本国居民购买生产或消费所需的原材料、产品、服务。
设备自制/外购		自制/外购的生产设备。
	自制	自己制造。
	外购	向外界购买。
设备购置单价（万元）		单台设备购买的完税后价格。
备注		额外的说明

表 B.4 生产工艺文件

中类	小类	说明
工艺文件编制单位		生产工艺文件中的编制单位。
产品类别		将产品按照一定规则归类后，该类产品对应的类别。
	IGBT 换流阀	由 BJT（双极型三极管）和 MOS（绝缘栅型场效应管）组成的复合全控型电压驱动式功率半导体器件组成的换流阀。
	晶闸管换流阀	由晶闸管元件及其辅助单元组成的换流阀。
主要工序名称		对产品的质量、性能、功能、生产效率等有重要影响的工序。
工艺文件名称		指导工人进行生产操作，以及进行生产和工艺管理用的各种技术文件的总称。
主要关键措施及作用		对产品的质量、性能、功能、生产效率等有重要影响的各项风险控制指标限额和控制措施以及作用。
智能化描述		运用各种修辞手法，对在计算机网络、大数据、物联网和人工智能等技术的支持下，所具有的能满足人的各种需求的属性事物进行形象化的阐述。
工艺文件扫描件		通过专用仪器扫工艺文件原件生成的 PDF 文件或电子图片

表 B.5　生产工艺控制

中类	小类	说明
产品类别		将产品按照一定规则归类后,该类产品对应的类别。
生产工艺过程是否具有可追溯性		通过一定的生产设备或管道,从原材料投入到成品产出,按顺序连续进行加工的全过程,整个过程是否具有可追溯性。
生产工艺管理执行情况		生产工艺管理的总体情况。
主要工序名称		对产品的质量、性能、功能、生产效率等有影响的工序

附 录 C

（规范性）

试 验 检 测

试验检测设备、高压试验检测人员、现场抽样检测记录表、试验检验场所记录表、试验检测管理文件记录表、现场抽查检测报告情况、试验检测管理执行情况的信息应符合表 C.1～表 C.7 的规定。

表 C.1 试验检测设备

中类	小类	说明
试验设备类别		对产品质量或性能按设计要求进行验证的仪器，将设备按照不同种类进行区别归类。
试验设备名称		试验检测设备的专用称呼。
	功率循环试验装置	对功率半导体等试验体反复施加电流以及停止施加电流从而对该试验体施加热冲击，进行各种器件的可靠性进行试验的装置。
	子模块功能测试装置	一个大模块下的小功能模块性能测试装置。
	密闭式循环冷却装置	一种封闭式循环冷却设备，由水作为冷却介质，通过水冷却器（或称水冷却器）与工艺介质间接换热。
	耐压试验装置	广泛应用于电工制造部门、电力运行部门、科研单位和高等院校。工频耐压试验装置分为一体式装置（30kV 以下）和分体式装置两类。控制箱（台）由接触式调压器（50kVA 以上为电动柱式调压器）及其控制、保护、测量、信号电路组成。
	阀控设备功能测试装置	晶体阀的控制设备的基本功能性测试装置。
	阀组件功能试验装置	晶体阀组部件的基本功能性测试装置。
	其他	除以上外其他类别的设备。
试验设备型号		试验设备便于使用、制造、设计等部门进行业务联系和简化技术文件中产品名称、规格、型式等叙述而引用的一种代号。
试验设备产权方		拥有动产或不动产的产权登记单位。
数量		试验检测设备的数量。
是否具有有效的检定/校准证书		是否具备由法定计量检定机构对仪器设备出具的证书，且在规定的有效检测期内。
试验设备制造商		试验制造设备的生产厂商，不是代理商或贸易商。

表 C.1（续）

中类	小类	说明
设备国产/进口		在国内/国外生产的设备。
	国产	在本国生产的设备。
	进口	向非本国居民购买的生产或消费所需的原材料、产品、服务。
设备自制/外购		自制/外购的生产设备。
	自制	自己制造。
	外购	向外界购买。
设备购置单价		购置单台生产设备的完税后价格。
检测项目		运用仪器设备按照相关规定或标准进行一系列检测的过程中各个项目名称。
备注		额外的说明

表 C.2　高压试验检测人员

中类	小类	说明
缴纳社保企业名称		为员工缴纳社会保险的单位名称。
姓名		在户籍管理部门正式登记注册、人事档案中正式记载的姓氏名称。
岗位名称		从事岗位的具体名称。
上岗证		从事某种行业或岗位所具有的资格证明。
相关检验资质证书		相关检验资质证明有能力完成一项工程的证明书。
证书出具机构		资质评定机关的中文全称。
有效期至		资质证书登记的有效期的终止日期。
资质证书扫描件		通过专用仪器扫描资质证书原件生成的 PDF 文件或电子图片。
培训证明		对受到过的培训提供的一种证明。
培训机构		以提升能力、培养技能、学历教育、认证培训等为目的的教育培训机构，需要有场地的要求及师资的要求

表 C.3　现场抽样检测记录表

中类	小类	说明
现场抽样检测时间		现场随机抽取产品进行试验检测的具体日期。

表 C.3（续）

中类	小类	说明
物料描述		以简短的文字、符号或数字、号码来代表物料、品名、规格或类别及其他有关事项的一种管理工具。
检测项目		将产品按照一定规则归类后，该类产品对应的类别。
产品规格型号		便于使用、制造、设计等部门进行业务联系和简化技术文件中产品名称、规格、型式等叙述而引用的一种代号。
抽查试验项目		从欲检测的全部样品中抽取一部分样品单位进行检测的项目。
检验项目是否合格		检验项目是否符合标准要求。
检测报告扫描件		通过专用仪器扫描检测报告原件生成的 PDF 文件或电子图片。
不合格原因		分析抽检试验项目不合格的原因

表 C.4 试验检测场所记录表

中类	小类	说明
试验场所归属方企业名称		试验室所属机构的单位名称。
独立试验场所		与生产场所相对隔离，开展检验检测活动的独立场所。
试验大厅（面积）（m²）		试验大厅的面积（m²）。
试验大厅（高度）（m）		试验大厅的高度（m）。
区域用途		检测场所的所处地理位置以及实际功能。
屏蔽大厅		由磁性材料制成试验大厅。
屏蔽大厅面积（m²）		屏蔽大厅的面积（m²）。
CNAS 国家合格评定委员会认证		由国家认证认可监督管理委员会批准设立并授权的国家认可机构，统一负责对认证机构、实验室和检查机构等相关机构的认可工作

表 C.5 试验检测管理文件记录表

中类	小类	说明
试验检测管理文件编制单位		试验检测管理文件的编制单位。
产品类别		将产品按照一定规则归类后，该类产品对应的类别。

264

表 C.5（续）

中类	小类	说明
试验检测管理文件类型	IGBT 换流阀	由 BJT（双极型三极管）和 MOS（绝缘栅型场效应管）组成的复合全控型电压驱动式功率半导体器件的换流阀。
	晶闸管换流阀	由晶闸管元件及其辅助单元组成的换流阀。
		将试验检测管理文件按照一定规则归类后，该类产品对应的类别。
	操作规程	为保证本部门的生产、工作能够安全、稳定、有效运转而制定的，相关人员在操作设备或办理业务时必须遵循的程序或步骤。
	管理制度	对一定的管理机制、管理原则、管理方法以及管理机构设置的规范制度。
	试验标准	以产品性能与质量方面的检测、试验方法为对象而制定的标准。
试验检测管理文件名称		试验检测管理文件的专用名称。
适用环节		试验管理文件所适用的相关检测项目。
试验检测管理文件扫描件		通过专用仪器扫描试验检测管理文件原件生成的 PDF 文件或电子图片

表 C.6　现场抽查检测报告情况

中类	小类	说明
现场抽查报告时间		现场随机抽取产品检测报告的具体日期。
物料描述		以简短的文字、符号或数字、号码来代表物料、品名、规格或类别及其他有关事项的一种管理工具。
检测报告名称		对产品、材料、设备或系统进行安全性、性能、质量等方面的检测后所得出的书面报告专用称呼。
检测报告编号		采用字母、数字混合字符组成的用以标识检测报告的完整的、格式化的一组代码，是检测报告上标注的唯一性标识。
检测报告是否满足要求		检测报告是否满足标准要求。
检测报告扫描件		通过专用仪器扫描检测报告原件生成的 PDF 文件或电子图片。
不合格原因		分析不合格原因

表 C.7　试验检测管理执行情况

中类	小类	说明
现场核实日期		现场核实的年月日。
产品类别		将产品按照一定规则归类后，该类产品对应的类别。
	IGBT 换流阀	由 BJT（双极型三极管）和 MOS（绝缘栅型场效应管）组成的复合全控型电压驱动式功率半导体器件的换流阀。
	晶闸管换流阀	由晶闸管元件及其辅助单元组成的换流阀。
产品等级		产品按电压值的大小所分的若干级别。
试验检测管理是否具有可追溯性		试验检测管理过程中是否具有可追溯性。
试验检测管理执行情况		试验检测管理的总体情况。
备注		额外的说明

附 录 D
（规范性）
原 材 料/组 部 件

原材料/组部件、原材料/组部件管理执行情况、原材料/组部件供应商业绩情况的信息应符合表 D.1～表 D.3 的规定。

表 D.1　原材料/组部件

中类	小类	说明
原材料/组部件类别		原材料/组部件不同的种类或按种类不同而做出的区别。
原材料/组部件名称		原材料名称是指生产某种产品的基本原料名称。组部件名称是机械的一部分，由若干装配在一起的零件所组成，此处指产品的组成部件名称。
	IGBT	绝缘栅双极型晶体管，是由 BJT（双极型三极管）和 MOS（绝缘栅型场效应管）组成的复合全控型电压驱动式功率半导体器件，兼有金氧半场效晶体管的高输入阻抗和电力晶体管的低导通压降两方面的优点。
	子模块二次板卡	一个大模块下的小功能模块板卡，制作时带有插芯，可以插入计算机的主电路板的插槽中，用来控制硬件的运行，安装驱动程序后，即可实现相应的硬件功能。
	旁路开关	跨接在一个或多个换流桥直流端子间的开关装置。
	晶闸管	一般指可控硅（Silicon Controlled Rectifier，SCR），是一种大功率电器元件。
	晶闸管电子电路	在晶闸管阀电位上执行控制及检测功能的电子电路，接受阀基电子电路的控制信号，并向阀基电子电路回报阀的状态信息。
	电容	电容量的简称，是电子设备中大量使用的电子元件之一，广泛应用于隔直、耦合、旁路、滤波、调谐回路、能量转换、控制电路等方面。
	电阻	科学上把导体对电的阻碍作用称为导体的电阻。
	阀冷设备	将阀体上各元器件的发热量排除到阀厅外，保证换流阀温度在正常运行范围内的设备。
	饱和电抗器	一种无功补偿装置。这种补偿器由一个多相的谐波补偿自饱和电抗器与一个可投切电容器并联组成。
	其他	其他的原材料/组部件。
原材料/组部件规格型号		反映原材料/组部件的性质、性能、品质等一系列的指标，一般由一组字母和数字以一定的规律编号组成，如品牌、等级、成分、含量、纯度、大小（尺寸、重量）等。

表 D.1（续）

中类	小类	说明
原材料/组部件国产/进口		所使用的原材料/组部件是国产或进口。
	国产	本国（中国）生产的原材料或组部件。
	进口	向非本国居民购买的生产或消费所需的原材料、产品、服务。
原材料/组部件购买方企业名称		所使用的原材料/组部件的购买方的名称。
原材料/组部件制造商名称		所使用的原材料/组部件的制造商的名称。
检测方式		为确定某一物质的性质、特征、组成等而进行的试验，或根据一定的要求和标准来检查试验对象品质的优良程度的方式。
	本厂全检	由本厂（公司、集团等）实施，对整批产品逐个进行检验，把其中的不合格品拣出来。
	本厂抽检	由本厂（公司、集团等）实施，从一批产品中按照一定规则随机抽取少量产品（样本）进行检验，据以判断该批产品是否合格的统计方法和理论。
	委外全检	委托给其他具有相关资质的单位实施，对整批产品逐个进行检验，把其中的不合格品拣出来。
	委外抽检	委托给其他具有相关资质的单位实施，从一批产品中按照一定规则随机抽取少量产品（样本）进行检验，据以判断该批产品是否合格的统计方法和理论。
	不检	不用检查或没有检查。
原材料/组部件入厂检测项目		原材料/组部件入厂时进行检测的项目名称。
原材料/组部件供应方式		获得原材料/组部件的方式。
	自制	自行制订，自己制造。
	外协	外包的一种形式，主要指受组织控制，由外协单位使用自己的场地、工具等要素，按组织提供的原材料、图纸、检验规程、验收准则等进行产品和服务的生产和提供，并由组织验收的过程。
	外购	向外界购买，是为了与外包相对应而出现的词汇，其实含义与采购相同，只是外购在国际贸易中用得更多。
	其他	其他的供应方式

表 D.2　原材料/组部件管理执行情况

中类	小类	说明
现场核实日期		现场核实的年月日。
产品类别		将产品按照一定规则归类后，该类产品对应的类别。
	IGBT 换流阀	是由 BJT（双极型三极管）和 MOS（绝缘栅型场效应管）组成的复合全控型电压驱动式功率半导体器件的换流阀。
	晶闸管换流阀	由晶闸管元件及其辅助单元组成的换流阀。
原材料/组部件管理是否具有可追溯性		原材料/组部件管理过程中是否具有可追溯性。
原材料/组部件管理执行情况		原材料/组部件管理总体情况。
备注		额外的说明

表 D.3　原材料/组部件供应商业绩情况

中类	小类	说明
原材料/组部件类型		按不同原材料/组部件进行区别分类。
原材料/组部件名称		生产某种产品的基本原料的名称，或产品的组成部件的名称。
	IGBT	绝缘栅双极型晶体管，是由 BJT（双极型三极管）和 MOS（绝缘栅型场效应管）组成的复合全控型电压驱动式功率半导体器件，兼有金氧半场效晶体管的高输入阻抗和电力晶体管的低导通压降两方面的优点。
	电容	电容量的简称，是电子设备中大量使用的电子元件之一，广泛应用于隔直、耦合、旁路、滤波、调谐回路、能量转换、控制电路等方面。
	阀冷设备	将阀体上各元器件的发热量排除到阀厅外，保证换流阀温度在正常运行范围内的设备。
	饱和电抗器	一种无功补偿装置。这种补偿器由一个多相的谐波补偿自饱和电抗器与一个可投切电容器并联组成。
	其他	其他的原材料/组部件。
原材料/组部件规格型号		反映原材料/组部件的性质、性能、品质等一系列的指标，一般由一组字母和数字以一定的规律编号组成，如品牌、等级、成分、含量、纯度、大小（尺寸、重量）等。
原材料/组部件制造商名称		所使用的原材料/组部件的制造商的名称。
供货情况		用于说明某种产品或服务的供货情况，其中包括供货的数量、时间、地点等信息。

表 D.3（续）

中类	小类	说明
供货运行情况	具有换流站（含换流站调相机）供货业绩	具有换流站（含换流站调相机）供货业绩。
	具有直流输电工程一年及以上供货业绩	具有直流输电工程一年及以上供货业绩。
	无供货证明资料	无供货证明资料。 用于说明某种产品或服务的供货运行情况。
	具有换流站（含换流站调相机）运行业绩	具有换流站（含换流站调相机）运行业绩。
	具有直流输电工程一年及以上运行业绩	具有直流输电工程一年及以上运行业绩。
	无供货运行证明	无供货运行的证明

电源系统供应商专用信息

目　　次

1　范围 ……………………………………………………………………………………… 273

2　规范性引用文件 ………………………………………………………………………… 273

3　术语和定义 ……………………………………………………………………………… 273

4　符号 ……………………………………………………………………………………… 274

5　报告证书 ………………………………………………………………………………… 274

6　生产制造 ………………………………………………………………………………… 277

7　试验检测 ………………………………………………………………………………… 277

8　原材料/组部件 …………………………………………………………………………… 279

附录 A（规范性）　报告证书 …………………………………………………………… 280

附录 B（规范性）　生产制造 …………………………………………………………… 311

附录 C（规范性）　试验检测 …………………………………………………………… 315

附录 D（规范性）　原材料/组部件 ……………………………………………………… 333

电源系统供应商专用信息

1 范围

本文件规定了电源系统供应商专用信息的报告证书、生产制造、试验检测、原材料/组部件，规范了供应商专用信息分类规则。

本文件适用于电力物资及服务供应商关系管理相关系统的建设和信息交互，及其他涉及电力物资及服务供应商信息的业务应用。

2 规范性引用文件

下列文件中的内容通过文中的规范性引用而构成本文件必不可少的条款。其中，注日期的引用文件，仅该日期对应的版本适用于本文件；不注日期的引用文件，其最新版本（包括所有的修改单）适用于本文件。

GB/T 2423.4—2008 电工电子产品环境试验 第 2 部分：试验方法 试验 Db 交变湿热（12h＋12h 循环）

GB/T 4208—2017 外壳防护等级（IP 代码）

GB/T 4831—2016 旋转电机产品型号编制方法

GB/T 7260.503—2020 不间断电源系统（UPS） 第 5-3 部分：直流输出 UPS 性能和试验要求

GB/T 15416—2014 科技报告编号规则

GB/T 19638.1—2014 固定型阀控式铅酸蓄电池 第 1 部分：技术条件

GB/T 19826—2014 电力工程直流电源设备通用技术条件及安全要求

GB/T 19870—2018 工业检测型红外热像仪

GB/T 20840.1—2010 互感器 第 1 部分：通用技术要求

DL/T 459—2017 电力用直流电源设备

DL/T 637—2019 电力用固定型阀控式铅酸蓄电池

DL/T 781—2021 电力用高频开关整流模块

DL/T 1074—2019 电力用直流和交流一体化不间断电源

JB/T 5777.2—2002 电力系统二次电路用控制及继电保护屏（柜、台）通用技术条件

3 术语和定义

下列术语和定义适用于本文件。

3.1

报告证书 report certificate

机关、机构等发的证明资格或权力的文件。

3.2

生产制造 production-manufacturing

生产企业整合相关的生产资源，按预定目标进行系统性的从前端概念设计到产品实现的物化过程。

3.3

试验检测 test

运用仪器设备按照相关规定或标准进行的一系列检测的过程。

3.4

原材料/组部件 raw material and components

生产某种产品的基本原料或元器件。

4　符号

下列符号适用于本文件。

I_{10}：10h 率放电电流。

U_{flo}：蓄电池或蓄电池组的浮充电电压。

dB：声音强度单位。

kPa：压强单位。

5　报告证书

5.1　UPS（不间断电源）检测报告数据表

报告证书中的 UPS（不间断电源）检测报告数据表信息包括物料描述、报告编号、试验类型、委托单位、产品制造单位、报告出具机构、报告出具日期、报告扫描件、产品型号规格、一般检查、电气间隙和爬电距离检验、电气绝缘性能检验、防护等级检验、噪声检验、温升检验、电压和电流调节范围检验、稳压精度检验、纹波系数检验、谐波电流检验、效率及功率因数检验、动态电压瞬变范围检验、瞬变响应恢复时间检验、启动冲击电流、同步精度检验、频率检验、电压波形失真度试验、总切换时间试验、报警及保护功能检验、监控装置检验、并机均流性能检验、电压不平衡度试验、电压相位偏差试验、维修旁路开关切换时间、隔离变压器试验、交流旁路输入调压器、电磁兼容。具体内容应符合附录 A 表 A.1 的规定。

5.2　充电屏检测报告数据表

报告证书中的充电屏检测报告数据表信息包括物料描述、报告编号、试验类型、委托单位、产品制造单位、报告出具机构、报告出具日期、报告扫描件、产品型号规格、结构及工艺检查、稳流精度检验、稳压精度检验、纹波因数检验、直流电流电压输出误差检验、限流及限压特性检验、效率及功率因数检验、均流不平衡度检验、直流供电能力检验、噪声检验、报警及保护功能检验、监控装置检验、通信功能要求检验、产品的充电功能要求检验、产品配置要求检验、电气间隙及爬电距离检验、绝缘电阻试验、介电强度检验、冲击耐压检验、温升检验、防护等级检验、防触电措施检验、温度变化对性能的影响检验、耐湿热性能检验、反灌纹波电压检验（直流变换电源装置）、杂音电压检验（直流变换电源装置）、工频或直流耐压检验、电压和电流调节范围检验、输出电压温度系数检验、谐波电流检验、动态电压瞬变范围和瞬变响应恢复时间检验、软启动特性检验、开机过冲幅度检验、防止输出端电流反灌性检验、电磁兼容。具体内容应符合附录 A 表 A.2 的规定。

5.3 馈电屏检测报告数据表

报告证书中的馈电屏检测报告数据表信息包括物料描述、报告编号、试验类型、委托单位、产品制造单位、报告出具机构、报告出具日期、报告扫描件、产品型号规格、外观和结构要求检验、温升检验、机械性能检验、整组功能要求检验、绝缘电阻检验、电气间隙和爬电距离检验、介质强度检验、冲击电压检验、环境适应性检查、接地要求检验、防护等级要求检验、可燃性要求检验、防静电要求检验。具体内容应符合附录 A 表 A.3 的规定。

5.4 逆变电源检测报告数据表

报告证书中的逆变电源检测报告数据表信息包括物料描述、报告编号、试验类型、委托单位、产品制造单位、报告出具机构、报告出具日期、报告扫描件、产品型号规格、一般检查、绝缘性能检验、稳压稳流精度检验、效率检验、噪声检验、温升检验、整流限流及限压试验、保护及报警功能检验、逆变程序试验、显示和检测功能、通信功能检验、"三遥"功能试验、谐波测量试验、模块并机均流功能试验、电气间隙和爬电距离检验、防护等级检验、负荷能力检验、连续供电能力检验、电压和电流的调节范围检验、启动冲击电流检验、频率检验、电压波形失真度检验、电磁兼容。具体内容应符合附录 A 表 A.4 的规定。

5.5 试验电源屏检测报告数据表

报告证书中的试验电源屏检测报告数据表信息包括物料描述、报告编号、试验类型、委托单位、产品制造单位、报告出具机构、报告出具日期、报告扫描件、产品型号规格、外观检查检验、稳压精度检验、绝缘电阻检验、介质强度检验、冲击电压检验、耐低温性能检验、耐高温性能检验、耐湿热性能检验、交流输出不平衡度检验、交流输出电压总谐波度畸变率检验、纹波系数检验、交流输入过欠电压检验、直流输出过电压检验、音响噪声检验、保护接地电阻检验、电磁兼容。具体内容应符合附录 A 表 A.5 的规定。

5.6 蓄电池组检测报告数据表

报告证书中的蓄电池组检测报告数据表信息包括物料描述、报告编号、试验类型、委托单位、产品制造单位、报告出具机构、报告出具日期、报告扫描件、产品型号规格、外观和极性及尺寸检查、密封性检查、安全阀试验、容量性能试验、端电压均衡性试验、再充电性能试验、荷电保持性能试验、低温敏感性试验、热失控敏感性试验、防雾酸能力试验、耐高电流能力试验、防爆能力试验、蓄电池间连接性能试验、气体析出量试验、短路电流与直流内阻试验、循环耐久性试验、耐接地短路能力试验、抗机械破损能力试验、材料的阻燃能力试验、封口剂性能检验、耐过充电能力试验、不同倍率放电和冲击放电性能试验。具体内容应符合附录 A 表 A.6 的规定。

5.7 一体化电源系统、一体化（智能）电源系统检测报告数据表

报告证书中的一体化电源系统、一体化（智能）电源系统检测报告数据表信息包括物料描述、报告编号、试验类型、委托单位、产品制造单位、报告出具机构、报告出具日期、报告扫描件、产品型号规格、一般检查、电气间隙和爬电距离检验、电气绝缘性能检验、防护等级检验、噪声检验、温升检验、并机均流性能检验、效率及功率因数检验、报警及保护功能检验、监控装置检验、电压和电流调节范围检验、蓄电池组容量检验、事故放电能力检验、负荷能力检验、连续供电能力检验、控制母线的电压调整功能检验、稳流精度检验、稳压精度检验、纹波系数检验、直流电流整定误差检验、直流电压整定误差检验、谐波电流检验、限流及限压特性检验、动态电压瞬变范围检验、瞬变响应恢复时间检验、软启动特性、开关机过冲幅度、启动冲击电流、同步精度检验（UPS 和 INV 的其他要求）、频率检验（UPS 和 INV 的其他要求）、电压不平衡度试验（UPS 和 INV 的其他要求）、电压相位偏差试验（UPS 和 INV 的其他要求）、电压波形失真度试验（UPS 和 INV 的其他要求）、总切换时间试验（UPS 和 INV 的其他要求）、维修旁路开关切换时间（UPS 和 INV 的其他要求）、隔离变压器试验（UPS 和 INV 的其他要求）、交流旁路输入调压器（UPS 和 INV 的其他要求）、电磁兼容。具体内容应符合附录 A 表 A.7 的规定。

5.8 配套高频开关电源整流模块检测报告数据表

报告证书中的配套高频开关电源整流模块检测报告数据表信息包括物料描述、报告编号、试验类型、委托单位、产品制造单位、报告出具机构、报告出具日期、报告扫描件、产品型号规格、外观检查、绝缘电阻检验、效率及功率因数检验、噪声检验、温升检验、通信功能检验、保护及告警功能检验、工频耐压检验、冲击耐压检验、防护检验、电压和电流调节范围检验、稳流精度检验、稳压精度检验、纹波系数检验、限流及限压特性检验、并机均流性能检验、输出电压整定误差检验、输出电压温度系数检验、谐波电流检验、动态电压瞬变范围检验、瞬变响应恢复时间检验、软启动特性检验、开关机过冲幅度检验、防止输出端电流反灌性能检验、面板指示与操作功能检验、耐湿热性能检验、电磁兼容。具体内容应符合附录 A 表 A.8 的规定。

5.9 直流电源系统检测报告数据表

报告证书中的直流电源系统检测报告数据表信息包括物料描述、报告编号、试验类型、委托单位、产品制造单位、报告出具机构、报告出具日期、报告扫描件、产品型号规格、结构及工艺检查、稳流精度检验、稳压精度检验、纹波因数检验、直流电流电压输出误差检验、限流及限压特性检验、效率及功率因数检验、均流不平衡度检验、蓄电池检验、直流供电能力检验、噪声检验、报警及保护功能检验、监控装置检验、通信功能要求检验、产品的充电功能要求检验、产品配置要求检验、电气间隙及爬电距离检验、绝缘电阻试验、介电强度检验、冲击耐压检验、温升检验、防护等级检验、防触电措施

检验、温度变化对性能的影响检验、耐湿热性能检验、动态电压瞬变范围检验（交流不间断电源和逆变电源）、瞬变响应恢复时间检验（交流不间断电源和逆变电源）、同步精度检验（交流不间断电源和逆变电源）、频率检验（交流不间断电源和逆变电源）、电压不平衡度检验（交流不间断电源和逆变电源）、电压相位偏差检验（交流不间断电源和逆变电源）、电压波形失真度检验（交流不间断电源和逆变电源）、输出电流峰值因数检验（交流不间断电源和逆变电源）、反灌纹波电压检验（直流变换电源装置、交流不间断电源和逆变电源）、总切换时间检验（交流不间断电源和逆变电源）、交流旁路输入要求检验（交流不间断电源和逆变电源）、杂音电压检验（直流变换电源装置）、电磁兼容。具体内容应符合附录 A 表 A.9 的规定。

6 生产制造

6.1 生产厂房

生产制造中的生产厂房信息包括生产厂房所在地、厂房权属情况、租赁起始日期、租赁截止日期、厂房总面积（m²）、厂区总面积（m²）、客户用电户号、是否含净化车间、净化车间总面积（m²）、降尘量检测记录来源、净化车间洁净度等级、卷制净化车间面积（m²）、卷制净化车间温度（℃）、净化车间平均温度（℃）、净化车间平均相对湿度（%RH）、净化车间洁净度检测报告扫描件。具体内容应符合附录 B 表 B.1 的规定。

6.2 主要生产设备

生产制造中的主要生产设备信息包括生产设备类别、生产设备名称、生产设备型号、数量、生产设备制造商、设备国产/进口、设备购置单价、设备自制/外购。具体内容应符合附录 B 表 B.2 的规定。

6.3 生产工艺控制

生产制造中的生产工艺控制信息包括产品类别、工序名称、主要工序名称、现场核实日期、工艺文件名称、主要关键措施及作用、智能化描述、工艺文件扫描件、生产工艺过程是否具有可追溯性。具体内容应符合附录 B 表 B.3 的规定。

7 试验检测

7.1 试验检测场所

试验检测场所信息包括独立试验场所、试验大厅长度（m）、试验大厅宽度（m）、试验大厅高度（m）。具体内容应符合附录 C 表 C.1 的规定。

7.2 试验检测人员

试验检测人员信息包括姓名、岗位名称、上岗证、相关检验资质证书、证书出具机构、有效期至、资质证书扫描件、是否具有培训证明、培训单位。具体内容应符合附录 C 表 C.2 的规定。

7.3 试验检测设备

试验检测设备信息包括试验设备名称、试验设备类别、试验设备型号、数量、设备自制/外购、是否具有有效的检定证书或校准证书、试验设备制造商、设备国产/进口、设备购置单价。具体内容应符合附录 C 表 C.3 的规定。

7.4 现场抽样检测记录表

现场抽样检测记录表信息包括现场抽样检测时间、物料描述、产品规格型号、检验项目是否合格、检测报告扫描件、不合格原因、抽查试验项目。具体内容应符合附录 C 表 C.4 的规定。

7.5 现场抽查检测报告

7.5.1 UPS 电源（不间断电源）现场抽查检测报告

UPS 电源（不间断电源）现场抽查检测报告信息包括现场抽查报告时间（现场核实时间）、物料描述、检测报告名称、检测报告编号、检测报告是否满足要求、检测报告扫描件、不合格原因、出厂试验。具体内容应符合附录 C 表 C.5.1 的规定。

7.5.2 充电屏现场抽查检测报告

充电屏现场抽查检测报告信息包括现场抽查报告时间（现场核实时间）、物料描述、检测报告名称、检测报告编号、检测报告是否满足要求、检测报告扫描件、不合格原因、出厂试验。具体内容应符合附录 C 表 C.5.2 的规定。

7.5.3 馈电屏现场抽查检测报告

馈电屏现场抽查检测报告信息包括现场抽查报告时间（现场核实时间）、物料描述、检测报告名称、检测报告编号、检测报告是否满足要求、检测报告扫描件、不合格原因、出厂试验。具体内容应符合附录 C 表 C.5.3 的规定。

7.5.4 逆变电源现场抽查检测报告

逆变电源现场抽查检测报告信息包括现场抽查报告时间（现场核实时间）、物料描述、检测报告名称、检测报告编号、检测报告是否满足要求、检测报告扫描件、不合格原因、出厂试验。具体内容应符合附录 C 表 C.5.4 的规定。

7.5.5 试验电源屏现场抽查检测报告

试验电源屏现场抽查检测报告信息包括现场抽查报告时间（现场核实时间）、物料描述、检测报告名称、检测报告编号、检测报告是否满足要求、检测报告扫描件、不合格原因、出厂试验。具体内容应符合附录 C 表 C.5.5 的规定。

7.5.6 一体化电源系统、一体化（智能）电源系统现场抽查检测报告

一体化电源系统、一体化（智能）电源系统现场抽查检测报告信息包括现场抽查报告时间（现场核实时间）、物料描述、检测报告名称、检测报告编号、检测报告是否满足要求、检测报告扫描件、不合格原因、出厂试验。具体内容应符合附录 C 表 C.5.6 的规定。

7.5.7 直流电源系统现场抽查检测报告

直流电源系统现场抽查检测报告信息包括现场抽查报告时间（现场核实时间）、物料描述、检测报告名称、检测报告编号、检测报告是否满足要求、检测报告扫描件、不合格原因、出厂试验。具体内容应符合附录 C 表 C.5.7 的规定。

7.5.8 蓄电池组现场抽查检测报告

蓄电池组现场抽查检测报告信息包括现场抽查报告时间（现场核实时间）、物料描述、

检测报告名称、检测报告编号、检测报告是否满足要求、检测报告扫描件、不合格原因、出厂试验。具体内容应符合附录 C 表 C.5.8 的规定。

8 原材料/组部件

原材料/组部件信息包括原材料/组部件名称、原材料/组部件规格型号、原材料/组部件制造商名称、原材料/组部件国产/进口、检测方式、原材料/组部件入厂检测项目、原材料/组部件入厂检验是否具有可追溯性、原材料/组部件供应方式。具体内容应符合附录 D 表 D.1 的规定。

附 录 A
（规范性）
报 告 证 书

UPS（不间断电源），充电屏，馈电屏，逆变电源，试验电源屏，蓄电池组，一体化电源系统、一体化（智能）电源系统，配套高频开关电源整流模块，直流电源系统检测报告数据表的信息应符合表 A.1～表 A.9 的规定。

表 A.1 UPS（不间断电源）检测报告数据表

中类	小类	说明
物料描述		以简短的文字、符号或数字、号码来代表物料、品名、规格或类别及其他有关事项的一种管理工具。
报告编号		按照 GB/T 15416—2014 中 3.2 规定，采用字母、数字混合字符组成的用以标识检测报告的完整的、格式化的一组代码，是检测报告上标注的唯一性标识。
试验类型		按不同试验方式进行区别分类。
委托单位		委托检测活动的单位。
产品制造单位		检测报告中送检样品的生产制造单位。
报告出具机构		应申请检验人的要求，对产品进行检验后所出具书面证明的检验机构。
报告出具日期		检测报告出具的年月日。
报告扫描件		通过专用仪器扫描证书原件生成的 PDF 文件或电子图片。
产品型号规格		按照 GB/T 4831—2016 中 2.1 规定，便于使用、制造、设计等部门进行业务联系和简化技术文件中产品名称、规格、型式等叙述而引用的一种代号。
一般检查		包括设备配置检查，柜体结构及安装、外形尺寸、保护接地的检查，元器件检查。
电气间隙和爬电距离检验		检验两个导电部件之间的最短直线距离和两导电部件之间沿绝缘材料表面的最短距离。
电气绝缘性能检验		检验电气绝缘材料或电工设备绝缘结构的介电强度（见介质击穿）的试验。
防护等级检验		检验产品是否具有防尘和防水的能力，测试该产品的密封性是否完好，并依据 GB/T 4208—2017 评定防护等级。
噪声检验		按照 GB/T 19826—2014 中 6.13 规定，在交流输入电压为额定输入电压，输出额定负载，周围环境噪声不大于 40dB，在距噪声源水平位置 1m，离地面高度 1～1.5m，测得产品的噪声；对风冷式产品，改变负载为 50%额定负载，测试产品噪声的试验。

表 A.1（续）

中类	小类	说明
温升检验		在规定的工作条件下，通以规定的电流验证 UPS（不间断电源）温升是否符合规定的试验。
电压和电流调节范围检验		测试电压调节范围、充电电流调节范围、负荷电流调节范围的试验。
稳压精度检验		电源输入端分别单独输入直流电源和单独输入交流电源进行的试验。
纹波系数检验		按照 DL/T 459—2017 中 3.1.12 规定，脉动直流电量的峰值与谷值之差的一半，与直流电量平均值之比。
谐波电流检验		在额定电压或按要求的最高运行电压下，用谐波分析仪测量电流。
效率及功率因数检验		按照 GB/T 19826—2014 中 6.6 规定，交流输入电压为额定电压，在稳压状态下，直流输出电流为额定电流、直流输出电压为电压调节范围上限值，测量交流输入有功功率 P、直流输出的电流值 I_n 和电压值 U_m，并计算出效率和功率因数的试验。
动态电压瞬变范围检验		按照 DL/T 781—2021 中 3.4 规定，输入电压不变、负载突变时，输出电压的变化量。
瞬变响应恢复时间检验		按照 DL/T 781—2021 中 3.5 规定，测量从输出电压突变并超出稳压精度范围的时刻起，到恢复至稳压精度范围内并不再超出该范围的时刻止，所需时间的试验。
启动冲击电流		接通电源瞬间，电源电压为最大输入电压的最高电压瞬值（90°或 270°相位），电源承受的电流冲击情况。
同步精度检验		按照 GB/T 19826—2014 中 6.9.4 规定，旁路输入为标准正弦波，UPS 输出接阻性额定负载，当 UPS 与旁路输入同步后，用存储示波器测量旁路输入波形和 UPS 输出波形的相位差，按公式计算同步精度。
频率检验		按照 GB/T 19826—2014 中 6.9.5 规定，断开 UPS 或 INV 的旁路输入，在阻性额定负载下，测量出输出频率。
电压波形失真度试验		按照 GB/T 19826—2014 中 6.9.8 规定，在电源输入分别为交流输入和直流输入情况下测试，电源在逆变输出工作状态，在空载、阻性额定负载及非线性额定负载（三相为平衡负载）条件下，测量出输出电压波形失真度的试验。
总切换时间试验		按照 GB/T 1074—2019 中 3.13 规定，测量从电力用交流不间断电源输出异常或输出超出允差条件的时刻起，到完成输出量切换时刻止，所需时间的试验。
报警及保护功能检验		包括绝缘监察要求试验、电压监察要求试验、闪光报警要求试验、过电压和欠电压保护试验、过负荷和短路保护试验、故障报警要求试验。

表 A.1（续）

中类	小类	说明
监控装置检验	绝缘监察要求试验	按照 GB/T 19826—2014 中 6.14.1 规定，模拟绝缘降低故障，观察绝缘监察装置的动作和触点输出等情况的试验。
	电压监察要求试验	按照 GB/T 19826—2014 中 6.14.2 规定，调整母线电压，观察电压监察装置的动作和触点输出等情况的试验。
	闪光报警要求试验	按照 GB/T 19826—2014 中 6.14.3 规定，观察闪光信号装置动作情况与相应配置的试验。
	过电压和欠电压保护试验	按照 GB/T 19826—2014 中 6.14.4 规定，分别调整输入电压为过电压和欠电压值，观察产品动作情况；分别调整输出电压为过电压和欠电压值，观察产品动作情况的试验。
	过负荷和短路保护试验	按照 GB/T 19826—2014 中 6.14.5 规定，模拟过负荷和短路故障，观察产品动作情况的试验。
	故障报警要求试验	按照 GB/T 19826—2014 中 6.14.6 规定，模拟故障，观察故障报警情况及触点输出情况的试验。
		按照 GB/T 19826—2014 中 6.14.6 规定，检查监控装置的一般控制功能、显示与检测功能、保护和故障管理。
并机均流性能检验		按照 GB/T 19826—2014 中 6.9.7 规定，电源输入为额定值，输出负载电流分别为额定值的 50%和 100%，测量各个单元的输出电流，按公式计算负载电流不均衡度。
电压不平衡度试验		按照 GB/T 19826—2014 中 6.9.6 规定，输入额定电压和频率，在阻性负载下，分别在对称负载和不对称负载下，测量三相输出的相电压，计算电压不平衡度的试验。
电压相位偏差试验		按照 GB/T 19826—2014 中 6.9.7 规定，UPS 三相输出接平衡阻性额定负载，测量三相输出相电压的相位角的试验。
维修旁路开关切换时间		旁路转换开关切换的时间。
隔离变压器试验		测量隔离变压器的绝缘电阻、工频耐压、冲击耐压的试验。
交流旁路输入调压器		测试交流旁路输入调压器的输出电压调节范围、输出电压稳压精度试验。
电磁兼容		按照 GB/T 20840.1—2010 中 6.11 规定，是一种性能试验，表示设备或系统在其电磁环境中能正常工作且不对该环境中任何事物构成不能承受的电磁骚扰的试验。
	阻尼振荡波抗扰度检验	验证设备受到阻尼振荡波时的抗扰度的试验。
	静电放电抗扰度检验	验证单个设备或系统的抗静电干扰能力的试验。
	电快速瞬变脉冲群抗扰度检验	测量设备或系统在其电磁环境中符合要求运行并不对其环境中的任何设备产生无法忍受的电磁干扰能力的试验。

282

表 A.1（续）

中类	小类	说明
	射频电磁场辐射抗扰度检验	测量设备或系统在其电磁环境中符合要求运行并不对其环境中的任何设备产生无法忍受的电磁干扰能力的试验。
	浪涌（冲击）抗干扰度检验	模拟雷击带来的干扰影响进行电磁兼容的试验。
	工频磁场抗扰度检验	工频磁场可对各种电气和电子设备造成不同程度的影响，工频磁场抗扰度用于评价处于工频（连续和短时）磁场中的家用、商用和工业用电气和电子设备的磁场抗扰度性能评估。
	阻尼振荡磁场抗扰度检验	当设备遭受与其特定位置和安装条件（例如设备靠近骚扰源）相关的阻尼振荡磁场时，本部分的试验可检验设备的抗扰度。
	传导发射限值检验	通常也被称为骚扰电压测试，只要有电源线的产品都会涉及，包括许多直流供电产品。另外，信号/控制线在不少标准中也有传导发射的要求，通常用骚扰电压或骚扰电流的限值（两者有相互转换关系）来表示。
	辐射发射限值检验	物质吸收能量后产生电磁辐射的现象，其实质为辐射跃迁，即当物质的粒子吸收能量被激发至高能（E2）后，瞬间返回基态或低能态（E1），多余的能量以电磁辐射的形式释放出来

表 A.2　充电屏检测报告数据表

中类	小类	说明
物料描述		以简短的文字、符号或数字、号码来代表物料、品名、规格或类别及其他有关事项的一种管理工具。
报告编号		按照 GB/T 15416—2014 中 3.2 规定，采用字母、数字混合字符组成的用以标识检测报告的完整的、格式化的一组代码，是检测报告上标注的唯一性标识。
试验类型		按不同试验方式进行区别分类。
委托单位		委托检测活动的单位。
产品制造单位		检测报告中送检样品的生产制造单位。
报告出具机构		应申请检验人的要求，对产品进行检验后所出具书面证明的检验机构。
报告出具日期		检测报告出具的年月日。
报告扫描件		通过专用仪器扫描证书原件生成的 PDF 文件或电子图片。
产品型号规格		按照 GB/T 4831—2016 中 2.1 规定，便于使用、制造、设计等部门进行业务联系和简化技术文件中产品名称、规格、型式等叙述而引用的一种代号。

表 A.2（续）

中类	小类	说明
结构及工艺检查		包括结构要求，表面涂敷层及系统模拟图要求，元件安装要求，母线、连接导线的要求，绝缘导线的敷设和连接，其他要求。
	结构要求	按照 GB/T 19826—2014 中 5.5.1 规定，产品的结构外形尺寸公差及形位公差应符合标准要求。
	表面涂敷层及系统模拟图要求	按照 GB/T 19826—2014 中 5.5.2 规定，产品表面涂敷层与系统模拟图应符合标准要求。
	元件安装要求	按照 GB/T 19826—2014 中 5.5.3 规定，产品元件安装应符合标准要求。
	母线、连接导线的要求	按照 GB/T 19826—2014 中 5.5.4 规定，产品母线、连接导线应符合标准要求。
	绝缘导线的敷设和连接	按照 GB/T 19826—2014 中 5.5.5 规定，产品绝缘导线的敷设和连接应符合标准要求。
	其他要求	其他的结构及工艺检查要求。
稳流精度检验		按照 GB/T 19826—2014 中 6.3.2 规定，充电装置在恒流充电状态下，充电电流设定为该标准表 2 规定的整定范围内任一点，交流输入电压在（85%～120%）额定值（电压表 2PV 所示值）内变化，调整充电电压在该标准表 2 规定的变化范围内变化，分别测量充电电流（电流表 1PA 所示值），找出 上述变化范围内充电电流的极限值 I_M，按公式计算稳流精度。
稳压精度检验		电源输入端分别单独输入直流电源和单独输入交流电源进行的试验。
纹波因数检验		脉动量直流电量的峰值与谷值之差的一半对直流分量的绝对值之比的试验。
直流电流电压输出误差检验		包括充电电流整定误差试验、直流输出电压整定误差试验。
	充电电流整定误差试验	按照 GB/T 19826—2014 中 6.4.1 规定，充电装置在恒流充电状态下，充电电流设定在该标准表 2 规定的整定范围内，交流输入电压为额定值（电压表 2PV 所示值），调整充电电压在该标准表 2 规定的变化范围内的中间值，分别测量充电电流值 I_Z（电流表 1PA 所示值）的试验。
	直流输出电压整定误差试验	按照 GB/T 19826—2014 中 6.4.2 规定，充电装置在稳压状态下，直流输出电压设定在该标准表 2 规定的整定范围内，交流输入电压为额定值（电压表 2PV 所示值），调整负载电流为 50%额定值（电流表 1PA 所示值），分别测量其充电装置的输出电压 U_Z（电压表 1PV 所示值）的试验。

表 A.2（续）

中类	小类	说明
限流及限压特性检验		按照 GB/T 19826—2014 中 6.5 规定，充电装置在恒流充电状态下运行，调整负载电阻，使直流输出电压增加，当输出电压超过限压整定值时，应能自动限制输出直流电压的增加。充电装置在稳压状态下运行，调整负载电阻，使输出电流逐渐上升而超过限流整定值，充电装置将自动限制直流输出电流。当输出电流减小到限制电流以下时，能自动恢复工作的试验。
效率及功率因数检验		按照 GB/T 19826—2014 中 6.6 规定，交流输入电压为额定电压，在稳压状态下，直流输出为额定电流、直流输出电压为电压调节范围上限值，测量交流输入有功功率 P、直流输出的电流值 I_n 和电压值 U_m，并计算出效率和功率因数的试验。
均流不平衡度检验		按照 GB/T 19826—2014 中 6.7 规定，充电装置在浮充电状态下，调整高频开关电源模块总输出电流为 $50\%I_n$，测量各模块输出电流值的试验。
直流供电能力检验		包括合闸冲击放电试验、直流母线连续供电试验、控制母线的电压调节功能试验。
噪声检验		按照 GB/T 19826—2014 中 6.13 规定，在交流输入电压为额定输入电压，输出额定负载，周围环境噪声不大于 40dB，在距噪声源水平位置 1m，离地面高度 1～1.5m，测得产品的噪声；对风冷式产品，改变负载为 50%额定负载，测试产品噪声的试验。
报警及保护功能检验		包括绝缘监察要求试验、电压监察要求试验、闪光报警要求试验、过电压和欠电压保护试验、过负荷和短路保护试验、故障报警要求试验。
	绝缘监察要求试验	按照 GB/T 19826—2014 中 6.14.1 规定，模拟绝缘降低故障，观察绝缘监察装置的动作和触点输出等情况的试验。
	电压监察要求试验	按照 GB/T 19826—2014 中 6.14.2 规定，调整母线电压，观察电压监察装置的动作和触点输出等情况的试验。
	闪光报警要求试验	按照 GB/T 19826—2014 中 6.14.3 规定，观察闪光信号装置动作情况与相应的配置的试验。
	过电压和欠电压保护试验	按照 GB/T 19826—2014 中 6.14.4 规定，分别调整输入电电压为过电压和欠电压值，观察产品动作情况；分别调整输出电压为过电压和欠电压值，观察产品动作情况的试验。
	过负荷和短路保护试验	按照 GB/T 19826—2014 中 6.14.5 规定，模拟过负荷和短路故障，观察产品动作情况的试验。
	故障报警要求试验	按照 GB/T 19826—2014 中 6.14.6 规定，模拟故障，观察故障报警情况及触点输出情况的试验。
监控装置检验		按照 GB/T 19826—2014 中 6.14.6 规定，检查监控装置的一般功能、控制功能、显示与检测功能、保护和故障管理。

表 A.2（续）

中类	小类	说明
通信功能要求检验		包括遥测功能试验、遥信功能试验、遥控功能试验。
	遥测功能试验	按照 GB/T 19826—2014 中 6.16.3 规定，与通信接口连接的主站应能正确接收到当前运行状态下的参数的试验。
	遥信功能试验	按照 GB/T 19826—2014 中 6.16.4 规定，模拟各种故障及动作信号，与产品通信接口连接的主站应能正确接收到各种相应的报警信号及设备运行状态指示信号的试验。
	遥控功能试验	按照 GB/T 19826—2014 中 6.16.5 规定，与通信接口连接的主站应能对设备工作状态进行转换操作的试验。
产品的充电功能要求检验		按照 GB/T 19826—2014 中 6.17.2 规定，交流输入电压为额定电压，调整充电装置的充电电流值（铅酸蓄电池充电装置为 I_{10}），按蓄电池要求的充电方式进行充电，测量蓄电池每个单体电池的端电压和蓄电池组电压的试验。
产品配置要求检验		检查产品配置要求的试验。
电气间隙及爬电距离检验		检验两个导电部件之间的最短直线距离和两导电部件之间沿绝缘材料表面的最短距离的试验。
绝缘电阻试验		在规定条件下，测量用绝缘材料隔开的两个导电元件之间的电阻。
介电强度检验		验证设备的绝缘性能的试验。
冲击耐压检验		用来验证设备在运行过程中耐受瞬态快速上升冲击电压的能力。
温升检验		在规定的工作条件下，通以规定的电流验证 UPS 电源（不间断电源）温升是否符合规定的试验。
防护等级检验		检验产品是否具有防尘和防水的能力，测试该产品的密封性是否完好，并依据 GB/T 4208—2017 评定防护等级。
防触电措施检验		防止触电措施的检验。
温度变化对性能的影响检验		检查温度变化对电源性能的影响。
耐湿热性能检验		按照 GB/T 19826—2014 中 5.3.6 规定，产品应能承受 GB/T 2423.4—2008 规定的交变湿热试验，产品在最高温度为 +40℃、试验周期为两周期（48h）的条件下，经交变湿热试验，在试验结束前 2h 内，用规定开路电压值的测试仪表，分别测量规定部位的绝缘电阻，不应小于 0.5MΩ，其介质强度为规定试验电压的 75% 的试验。
反灌纹波电压检验（直流变换电源装置）		按照 GB/T 19826—2014 中 6.10.5 规定，蓄电池组处于浮充电状态，反灌波纹电压测试装置保护电路是否准确被触发。

表 A.2（续）

中类	小类	说明
杂音电压检验（直流变换电源装置）		用杂音计中电话衡重加权测量模式，选择输入阻抗，并选择适当的量程，读取并记录杂音计的最大电压测量读数的试验。
工频或直流耐压检验		工频耐受强度或直流耐受强度的试验。
电压和电流调节范围检验		测试电压调节范围、充电电流调节范围、负荷电流调节范围的试验。
输出电压温度系数检验		输出电压随温度的变化而变化，这种变化的系数称为输出电压温度系数。
谐波电流检验		在额定电压或按要求的最高运行电压下，用谐波分析仪测量的电流。
动态电压瞬变范围和瞬变响应恢复时间检验		包括动态电压瞬变范围和瞬变响应恢复时间检验。
	动态电压瞬变范围检验	按照 DL/T 781—2021 中 3.4 规定，输入电压不变、负载突变时，测量输出电压变化量的试验。
	瞬变响应恢复时间检验	按照 DL/T 781—2021 中 3.5 规定，测量从输出电压突变并超出稳压精度范围的时刻起，到恢复至稳压精度范围内并不再超出该范围的时刻止，所需时间的试验。
软启动特性检验		按照 GB/T 19826—2014 中 6.8 规定，交流输入电压为额定值，负载电流为 50% 额定负载电流，启动充电装置，用存储示波器适当的量程观察充电装置从输出直流电压开始到输出电压稳定的过程，同时记录该过程的时间，电压从 10% 到 90% 的时间应符合该标准 5.2.1.8 的要求。
开机过冲幅度检验		按照 DL/T 1074—2019 中 6.21 规定，反复三次进行开关机操作，用存储示波器测量输出电压波形，并找出最大的过冲电压值，最大过冲电压值与额定输出电压之比的试验。
防止输出端电流反灌性检验		按照 DL/T 781—2021 中 6.19 规定，设定耐压测试仪直流输出电压不低于该标准 5.21 规定的二极管反向击穿电压值、漏电流不高于该标准 5.21 规定的反灌电流值。模块处于关机状态，将耐压测试仪直流输出的正极连接到模块输出端的正极，耐压测试仪直流输出的负极连接到模块输出端的负极。启动耐压测试，并持续 1min 的试验。
电磁兼容		按照 GB/T 20840.1—2010 中 6.11 规定，是一种性能试验，表示设备或系统在其电磁环境中能正常工作且不对该环境中任何事物构成不能承受的电磁骚扰的试验。
	阻尼振荡波抗扰度检验	验证设备受到阻尼振荡时的抗扰度。
	静电放电抗扰度检验	验证单个设备或系统的抗静电干扰能力的试验。

表 A.2（续）

中类	小类	说明
	电快速瞬变脉冲群抗扰度检验	验证单个设备或系统的抗电快速瞬变脉冲群干扰能力的试验。
	射频电磁场辐射抗扰度检验	验证设备或系统在其电磁环境中符合要求运行并不对其环境中的任何设备产生无法忍受的电磁干扰能力的试验。
	浪涌（冲击）抗干扰度检验	模拟雷击带来的干扰影响进行的电磁兼容试验。
	阻尼振荡磁场抗扰度检验	当设备遭受与其特定位置和安装条件（例如设备靠近骚扰源）相关的阻尼振荡磁场时，本部分的试验可检验设备的抗扰度。
	射频场感应的传导骚扰抗扰度检验	由射频发射机产生空间电磁场，这些电磁场可以在敏感设备的各种连接馈线上感应电流（或电压），作用于设备的敏感部分，对设备产生骚扰；各种骚扰源，通过连接到设备上的电源线或信号线、天线等直接对设备产生骚扰。
	工频磁场抗扰度检验	工频磁场可对各种电气和电子设备造成不同程度的影响，工频磁场抗扰度用于评价处于工频（连续和短时）磁场中的家用、商用和工业用电气和电子设备的磁场抗扰度性能评估。
	传导发射限值检验	通常也被称为骚扰电压测试，只要有电源线的产品都会涉及，包括许多直流供电产品。另外，信号/控制线在不少标准中也有传导发射的要求，通常用骚扰电压或骚扰电流的限值（两者有相互转换关系）来表示。
	辐射发射限值检验	物质吸收能量后产生电磁辐射的现象，其实质为辐射跃迁，即当物质的粒子吸收能量被激发至高能（E2）后，瞬间返回基态或低能态（E1），多余的能量以电磁辐射的形式释放出来。
	谐波电流限值检验	在额定电压或按要求的最高运行电压下，用谐波分析仪测量的电流限值

表 A.3　馈电屏检测报告数据表

中类	小类	说明
物料描述		以简短的文字、符号或数字、号码来代表物料、品名、规格或类别及其他有关事项的一种管理工具。
报告编号		按照 GB/T 15416—2014 中 3.2 规定的采用字母、数字混合字符组成的用以标识检测报告的完整的、格式化的一组代码，是检测报告上标注的唯一性标识。
试验类型		按不同试验方式进行区别分类。
委托单位		委托检测活动的单位。
产品制造单位		检测报告中送检样品的生产制造单位。

表 A.3（续）

中类	小类	说明
报告出具机构		应申请检验人的要求，对产品进行检验后所出具书面证明的检验机构。
报告出具日期		检测报告出具的年月日。
报告扫描件		通过专用仪器扫描证书原件生成的 PDF 文件或电子图片。
产品型号规格		按照 GB/T 4831—2016 中 2.1 规定，便于使用、制造、设计等部门进行业务联系和简化技术文件中产品名称、规格、型式等叙述而引用的一种代号。
外观和结构要求检验		按照 GB/T 19826—2014 中 5.5.1 规定，产品的结构外形尺寸公差及形位公差应符合标准要求。
温升检验		在规定的工作条件下，通以规定的电流验证 UPS 电源（不间断电源）温升是否符合规定的试验。
机械性能检验		材料在不同环境（温度、介质、湿度）下，承受各种外加载荷（拉伸、压缩、弯曲、扭转、冲击、交变应力等）时所表现出的力学特征。
整组功能要求检验		通过采用各种试验手段模拟电力系统的运行情况，来检验装置的性能能否满足运行的要求。
绝缘电阻检验		在规定条件下，测量用绝缘材料隔开的两个导电元件之间的电阻。
电气间隙和爬电距离检验		检验两个导电部件之间的最短直线距离和两导电部件之间沿绝缘材料表面的最短距离。
介质强度检验		按照 GB/T 19826—2014 中 5.3.3 规定，能承受频率为（50±5）Hz 的工频耐压试验，历时 1min（也可采用直流电压，试验电压为交流电压有效值的 1.4 倍），不应出现击穿或闪络现象的试验。
冲击电压检验		用来检验各种高压电气设备在雷电过电压、操作过电压等冲击电压作用下的绝缘性能和保护性能，试验电压要比设备绝缘正常运行时承受的电压高出很多。许多高压电气设备在出厂试验、型式试验时或大修后都必须进行冲击耐压试验。
环境适应性检查		产品在使用过程中的综合环境因素作用下能实现所有预定的性能和功能且不被破坏的能力，是产品对环境适应能力的具体体现，是一种重要的质量特性。
接地要求检验		为了保护系统的正常工作，在设备接地时对接地电阻提出要求的检验。
防护等级要求检验		检验产品是否具有防尘和防水的能力，测试该产品的密封性是否完好，并依据 GB/T 4208—2017 评定防护等级。
可燃性要求检验		在规定的试验条件下，材料或制品能进行有焰燃烧的能力。
防静电要求检验		防止静电措施的检验

表 A.4 逆变电源检测报告数据表

中类	小类	说明
物料描述		以简短的文字、符号或数字、号码来代表物料、品名、规格或类别及其他有关事项的一种管理工具。
报告编号		按照 GB/T 15416—2014 中 3.2 规定，采用字母、数字混合字符组成的用以标识检测报告的完整的、格式化的一组代码，是检测报告上标注的唯一性标识。
试验类型		按不同试验方式进行区别分类。
委托单位		委托检测活动的单位。
产品制造单位		检测报告中送检样品的生产制造单位。
报告出具机构		应申请检验人的要求，对产品进行检验后所出具书面证明的检验机构。
报告出具日期		检测报告出具的年月日。
报告扫描件		通过专用仪器扫描证书原件生成的 PDF 文件或电子图片。
产品型号规格		按照 GB/T 4831—2016 中 2.1 规定，便于使用、制造、设计等部门进行业务联系和简化技术文件中产品名称、规格、型式等叙述而引用的一种代号。
一般检查		包括设备配置检查，柜体结构及安装、外形尺寸、保护接地的检查，元器件检查。
绝缘性能检验		检验电气绝缘材料或电工设备绝缘结构的介电强度（见介质击穿）的试验。
稳压稳流精度检验		包括稳压精度检验、稳流精度检验。
	稳压精度检验	电源输入端分别单独输入直流电源和单独输入交流电源进行的试验。
	稳流精度检验	按照 GB/T 19826—2014 中 6.3.2 规定，充电装置在恒流充电状态下，充电电流设定为该标准表 2 规定的整定范围内任一点，交流输入电压为 85%～120%额定值（电压表 2PV 所示值）内变化，调整充电电压在该标准表 2 规定的变化范围内变化，分别测量充电电流（电流表 1PA 所示值），找出上述变化范围内充电电流的极限值 I_M，按公式计算稳流精度。
效率检验		按照 GB/T 19826—2014 中 6.6 规定，交流输入电压为额定电压，在稳压状态下，直流输出为额定电流、直流输出电压为电压调节范围上限值，测量交流输入有功功率 P、直流输出的电流值 I_n 和电压值 U_m，并计算出效率因数的试验。
噪声检验		按照 GB/T 19826—2014 中 6.13 规定，在交流输入电压为额定输入电压，输出额定负载，周围环境噪声不大于 40dB，在距噪声源水平位置 1m，离地面高度 1m～1.5m，测得产品的噪声；对风冷式产品，改变负载为 50% 额定负载，测试产品噪声的试验。

290

表 A.4（续）

中类	小类	说明
温升检验		在规定的工作条件下，通以规定的电流验证 UPS 电源（不间断电源）温升是否符合规定的试验。
整流限流及限压试验		包括限压特性、限流特性。
	限压特性	按照 DL/T 459—2017 中 6.4.15.2 规定，充电装置在（恒流）充电状态下运行，改变负荷，使直流输出电压逐渐上升，当直流输出电压超过限定整定值时，应能自动转为恒压充电方式运行，达到限压保护目的。
	限流特性	按照 DL/T 459—2017 中 6.4.15.1 规定，充电装置在浮充电（稳压）状态下运行时，改变负荷，使输出电流逐渐上升至限流整定值，充电装置的输出电流将保持不变，输出电压逐渐降低的试验。
保护及报警功能检验		包括绝缘监察要求试验、电压监察要求试验、闪光报警要求试验、过电压和欠电压保护试验、过负荷和短路保护试验、故障报警要求试验。
	绝缘监察要求试验	按照 GB/T 19826—2014 中 6.14.1 规定，模拟绝缘降低故障，观察绝缘监察装置的动作和触点输出等情况的试验。
	电压监察要求试验	按照 GB/T 19826—2014 中 6.14.2 规定，调整母线电压，观察电压监察装置的动作和触点输出等情况的试验。
	闪光报警要求试验	按照 GB/T 19826—2014 中 6.14.3 规定，观察闪光信号装置动作情况与相应的配置的试验。
	过电压和欠电压保护试验	按照 GB/T 19826—2014 中 6.14.4 规定，分别调整输入电压为过电压和欠电压值，观察产品动作情况；分别调整输出电压为过电压和欠电压值，观察产品动作情况的试验。
	过负荷和短路保护试验	按照 GB/T 19826—2014 中 6.14.5 规定，模拟过负荷和短路故障，观察产品动作情况的试验。
	故障报警要求试验	按照 GB/T 19826—2014 中 6.14.6 规定，模拟故障，观察故障报警情况及触点输出情况的试验。
逆变程序试验		按照 DL/T 857—2004 中 7.2.11 规定，启动逆变运行方式，调整直流侧逆变电流，使蓄电池组通过逆变放电运行方式向交流电网放电运行，并对以下的逆变监控程序进行测试的试验。
显示和检测功能、通信功能检验		设备对运行参数的显示符合规定，对电压及电流的测量误差满足规定，遥测功能、遥信功能、遥控功能符合规定的试验。
"三遥"功能试验		包括遥测功能试验、遥信功能试验、遥控功能试验。
	遥测功能试验	按照 GB/T 19826—2014 中 6.16.3 规定，与通信接口连接的主站应能正确接收到当前运行状态下的参数。

表 A.4（续）

中类	小类	说明
	遥信功能试验	按照 GB/T 19826—2014 中 6.16.4 规定，模拟各种故障及动作信号，与产品通信接口连接的主站应能正确接收到各种相应的报警信号及设备运行状态指示信号。
	遥控功能试验	按照 GB/T 19826—2014 中 6.16.5 规定，与通信接口连接的主站应能对设备工作状态进行转换操作。
谐波测量试验		按照 DL/T 459—2017 中 6.4.23 规定，设备在正常状态下运行，使输出电流为设备的额定电流，用谐波分析仪测量交流输入侧充电装置在运行中返回交流电网中的各次谐波电流的试验。
模块并机均流功能试验		按照 GB/T 19826—2014 中 6.9.7 规定，电源输入为额定值，输出负载电流分别为额定值的 50% 和 100%，测量各个单元的输出电流，按公式计算负载电流不均衡度。
电气间隙和爬电距离检验		检验两个导电部件之间的最短直线距离和两导电部件之间沿绝缘材料表面的最短距离。
防护等级检验		检验产品是否具有防尘和防水的能力，测试该产品的密封性是否完好，并依据 GB/T 4208—2017 评定防护等级。
负荷能力检验		按照 DL/T 1074—2019 中 6.9 规定，在蓄电池组充满电、充电装置处于浮充电状态、直流（控制）母线带经常性负荷的条件下，在直流（动力）母线施加该标准表 5 规定的冲击电流，冲击放电 500ms。用存储示波器记录直流母线电压的波形的试验。
连续供电能力检验		按照 DL/T 1074—2019 中 6.9 规定，在蓄电池组充满电、充电装置处于浮充电状态的条件下，人为中断交流输入电源 500~1000ms，用存储示波器记录交流中断和恢复供电全过程的交流电压和直流母线电压波形的试验。
电压和电流的调节范围检验		测量电压调节范围、充电电流调节范围、负荷电流调节范围的试验。
启动冲击电流检验		接通电源瞬间，电源电压为最大输入电压的最高电压瞬值（90°或 270°相位），电源承受的电流冲击情况。
频率检验		按照 GB/T 19826—2014 中 6.9.5 规定，断开 UPS 或 INV 的旁路输入，在阻性额定负载下，测量出输出频率。
电压波形失真度检验		按照 GB/T 19826—2014 中 6.9.8 规定，在电源输入分别为交流输入和直流输入下测试，电源在逆变输出工作状态，在空载、阻性额定负载及非线性额定负载（三相为平衡负载）条件下，测量出输出电压波形失真度。
电磁兼容		按照 GB/T 20840.1—2010 中 6.11 规定，是一种性能试验，表示设备或系统在其电磁环境中能正常工作且不对该环境中任何事物构成不能承受的电磁骚扰的试验。

表 A.4（续）

中类	小类	说明
	阻尼振荡波抗扰度检验	验证设备受到阻尼振荡波时的抗扰度。
	静电放电抗扰度检验	验证单个设备或系统的抗静电干扰能力的试验

表 A.5　试验电源屏检测报告数据表

中类	小类	说明
物料描述		以简短的文字、符号或数字、号码来代表物料、品名、规格或类别及其他有关事项的一种管理工具。
报告编号		按照 GB/T 15416—2014 中 3.2 规定，采用字母、数字混合字符组成的用以标识检测报告的完整的、格式化的一组代码，是检测报告上标注的唯一性标识。
试验类型		按不同试验方式进行区别分类。
委托单位		委托检测活动的单位。
产品制造单位		检测报告中送检样品的生产制造单位。
报告出具机构		应申请检验人的要求，对产品进行检验后所出具书面证明的检验机构。
报告出具日期		检测报告出具的年月日。
报告扫描件		通过专用仪器扫描证书原件生成的 PDF 文件或电子图片。
产品型号规格		按照 GB/T 4831—2016 中 2.1 规定，便于使用、制造、设计等部门进行业务联系和简化技术文件中产品名称、规格、型式等叙述而引用的一种代号。
外观检查检验		按照 GB/T 19826—2014 中 5.5.1 规定，产品的结构外形尺寸公差及形位公差应符合该标准表 13 的规定。
稳压精度检验		电源输入端分别单独输入直流电源和单独输入交流电源进行的试验。
绝缘电阻检验		在规定条件下，测量用绝缘材料隔开的两个导电元件之间的电阻。
介质强度检验		按照 GB/T 19826—2014 中 5.3.3 规定，能承受频率为（50±5）Hz 的工频耐压试验，历时 1min（也可采用直流电压，试验电压为交流电压有效值的 1.4 倍），不应出现击穿或闪络现象的试验。
冲击电压检验		用来检验各种高压电气设备在雷电过电压、操作过电压等冲击电压作用下的绝缘性能和保护性能，试验电压要比设备绝缘正常运行时承受的电压高出很多。许多高压电气设备在出厂试验、型式试验时或大修后都必须进行冲击耐压试验。
耐低温性能检验		检查低温对电源性能的影响。

表 **A.5**（续）

中类	小类	说明
耐高温性能检验		检查高温对电源性能的影响。
耐湿热性能检验		按照 GB/T 19826—2014 中 5.3.6 规定,产品应能承受 GB/T 2423.4—2008 规定的交变湿热试验, 产品在最高温度为+40℃、试验周期为两周期（48h）的条件下, 经交变湿热试验, 在试验结束前 2h 内, 用规定开路电压值的测试仪表, 分别测量规定部位的绝缘电阻, 不应小于 0.5MΩ, 其介质强度为规定试验电压的 75%的试验。
交流输出不平衡度检验		检验不同情况下电源屏的电气不平衡度。
交流输出电压总谐波度畸变率检验		检验电压波形中所有谐波电压的总和与基波电压的比值。
纹波系数检验		按照 DL/T 459—2017 中 3.1.12 规定,脉动直流电量的峰值与谷值之差的一半, 与直流电量平均值之比。
交流输入过欠电压检验		电源屏正常运行时, 发生电压降低现象的检验。
直流输出过电压检验		检验某一指定点的对地电压或两个指定点之间的电压超过其最高允许运行电压并对绝缘有危险电压的试验。
音响噪声检验		按照 GB/T 19826—2014 中 6.13 规定, 在交流输入电压为额定输入电压,输出额定负载, 周围环境噪声不大于 40dB, 在距噪声源水平位置 1m, 离地面高度 1～1.5m, 测得产品的噪声; 对风冷式产品, 改变负载为 50% 额定负载, 测试产品噪声的试验。
保护接地电阻检验		检验裸露的导体部件至供外部连接的保护接地端子间电阻值的试验。
电磁兼容		按照 GB/T 20840.1—2010 中 6.11 规定,是一种性能试验, 表示设备或系统在其电磁环境中能正常工作且不对该环境中任何事物构成不能承受的电磁骚扰的试验。
	阻尼振荡波抗扰度检验	验证设备受到阻尼振荡波时抗扰度的试验。
	静电放电抗扰度检验	验证单个设备或系统的抗静电干扰能力的试验。
	电快速瞬变脉冲群抗扰度检验	验证设备或系统在其电磁环境中符合要求运行并不对其环境中的任何设备产生无法忍受的电磁干扰能力的试验。
	射频电磁场辐射抗扰度检验	验证设备或系统在其电磁环境中符合要求运行并不对其环境中的任何设备产生无法忍受的电磁干扰能力的试验

表 A.6 蓄电池组检测报告数据表

中类	小类	说明
物料描述		以简短的文字、符号或数字、号码来代表物料、品名、规格或类别及其他有关事项的一种管理工具。
报告编号		按照 GB/T 15416—2014 中 3.2 规定，采用字母、数字混合字符组成的用以标识检测报告的完整的、格式化的一组代码，是检测报告上标注的唯一性标识。
试验类型		按不同试验方式进行区别分类。
委托单位		委托检测活动的单位。
产品制造单位		检测报告中送检样品的生产制造单位。
报告出具机构		应申请检验人的要求，对产品进行检验后所出具书面证明的检验机构。
报告出具日期		检测报告出具的年月日。
报告扫描件		通过专用仪器扫描证书原件生成的 PDF 文件或电子图片。
产品型号规格		按照 GB/T 4831—2016 中 2.1 规定，便于使用、制造、设计等部门进行业务联系和简化技术文件中产品名称、规格、型式等叙述而引用的一种代号。
外观和极性及尺寸检查		用目视检查蓄电池外观质量，用目视或反极仪器检查蓄电池极性，用符合精度的量具测量蓄电池外形尺寸的试验。
密封性检查		按照 GB/T 19638.1—2014 中 6.6 规定，通过蓄电池安全阀的孔内充入（或抽出）气体，当正压力（或负压力）为 50kPa 时，压力计指针应稳定 3～5s 的试验。
安全阀试验		记录每只蓄电池的开阀压力和闭阀压力的试验。
容量性能试验		用放电电流值 I（A）乘以放电持续时间 T（h）。
端电压均衡性试验		按照 GB/T 19638.1—2014 中 6.16.1 规定，完全充电蓄电池组在 20℃～25℃的环境中开路静置 24h，分别测量和记录每只蓄电池的开路端电压值（测量点在端子处），计算开路端电压最高值与最低值差值的试验。
再充电性能试验		蓄电池进行完全充电后以 I_{10}（A）电流放电至单体蓄电池平均电压为 1.80V 时终止，将所得的容量值修正至 25℃容量；放电结束后蓄电池静置保持 1h±0.1h，以 U_{n0}（V）电压限流 $2.0I_{10}$（A）进行再充电 168h。然后以 I_{10}（A）电流放电至蓄电池单体平均电压为 1.80V 时终止，将所得的容量值修正至 25℃容量值，计算蓄电池再充电能力因素的试验。
荷电保持性能试验		按照 GB/T 19638.1—2014 中 6.19 规定，经 6.17 容量试验达到额定容量值的蓄电池完全充电后，在 25℃±5℃的环境中开路静置 180d，在蓄电池静置过冲中每天记录一次蓄电池端电压及表面温度，静置 180d 后蓄电池不经再充电按 6.17 进行静置后的 3h 率容量试验，并得出静置后的容量 C_b（25℃），按公式计算出荷电保持能力的试验。

表 A.6（续）

中类	小类	说明
低温敏感性试验		按照 GB/T 19638.1—2014 中 3.12 规定的测量蓄电池在低温环境下容量稳定性的试验。
热失控敏感性试验		按照 GB/T 19638.1—2014 中 3.11 规定，测量蓄电池在通常的过电压充电条件下，对充电电流和温度感应能力的试验。
防雾酸能力试验		按照 GB/T 19638.1—2014 中 3.8 规定，测量蓄电池在通常的过充电条件下，抑制其内部产生的酸雾向外部泄放能力的试验。
耐高电流能力试验		按照 GB/T 19638.1—2014 中 3.6 规定，测量蓄电池结构耐受短期不正常的大电流放电能力的试验。
防爆能力试验		按照 GB/T 19638.1—2014 中 3.7 规定，测量蓄电池在通常的过充电条件下，安全阀装置阻止外部火源点燃内部气体能力的试验。
蓄电池间连接性能试验		按照 DL/T 637—2019 中 8.21 规定，蓄电池组完全充电后，在规定的适宜使用温度下静置 1～24h；待蓄电池组表面温度与环境温度基本一致时，以 $3.0I_{10}$ 电流持续放电；放电期间，测量蓄电池端子根部测量蓄电池之间的连接条电压降的试验。
气体析出量试验		按照 GB/T 19638.1—2014 中 3.5 规定，测量蓄电池在通常的浮充电和过充电条件下对外排放气体量的试验。
短路电流与直流内阻试验		经容量试验达到额定容量值的蓄电池完全充电后，在 20～25℃ 的环境中，通过两点测定法测定放电特性曲线的试验。
循环耐久性试验		经容量试验达到额定容量值的蓄电池完全充电后，分别在 25℃±2℃、40℃±2℃、60℃±2℃ 的环境中按标准方法进行连续放充循环的试验。
耐接地短路能力试验		按照 GB/T 19638.1—2014 中 3.9 规定，测量蓄电池在特殊工作方向时，耐受电解液传播所产生接地短路电流能力的试验。
抗机械破损能力试验		按照 GB/T 19638.1—2014 中 3.9 规定，完全充电的蓄电池在 20～25℃ 的环境中按规定的高度向坚固、平滑的水泥地面以正立状态自由跌落二次，检查并记录蓄电池是否有破损及泄漏的试验。
材料的阻燃能力试验		按照 GB/T 19638.1—2014 中 3.10 规定，测量蓄电池塑料槽、盖耐受明火燃烧能力的试验。
封口剂性能检验		封口剂表面应均匀，并应具有耐寒、耐热性能.当温度在 −25℃ 时不应有裂纹或与蓄电池槽、盖分离；在 65℃ 时不应溢流的试验。
耐过充电能力试验		蓄电池在环境温度 25℃±5℃ 范围内，用 $0.3I_{10}$ 的定电流连续充电 160h 的试验。

表 A.6（续）

中类	小类	说明
不同倍率放电和冲击放电性能试验		经容量性能试验达到额定容量的蓄电池组完全充电后，在规定的适宜使用温度下静置，以规定的放电倍率持续放电。放电 1h 后，在不停止持续放电电流的情况下，叠加不同幅值的冲击放电电流的试验

表 A.7　一体化电源系统、一体化（智能）电源系统检测报告数据表

中类	小类	说明
物料描述		以简短的文字、符号或数字、号码来代表物料、品名、规格或类别及其他有关事项的一种管理工具。
报告编号		按照 GB/T 15416—2014 中 3.2 规定，采用字母、数字混合字符组成的用以标识检测报告的完整的、格式化的一组代码，是检测报告上标注的唯一性标识。
试验类型		按不同试验方式进行区别分类。
委托单位		委托检测活动的单位。
产品制造单位		检测报告中送检样品的生产制造单位。
报告出具机构		应申请检验人的要求，对产品进行检验后所出具书面证明的检验机构。
报告出具日期		检测报告出具的年月日。
报告扫描件		通过专用仪器扫描证书原件生成的 PDF 文件或电子图片。
产品型号规格		按照 GB/T 4831—2016 中 2.1 规定，便于使用、制造、设计等部门进行业务联系和简化技术文件中产品名称、规格、型式等叙述而引用的一种代号。
一般检查		包括设备配置检查，柜体结构及安装、外形尺寸、保护接地的检查，元器件检查。
电气间隙和爬电距离检验		检验两个导电部件之间的最短直线距离和两导电部件之间沿绝缘材料表面的最短距离。
电气绝缘性能检验		检验电气绝缘材料或电工设备绝缘结构的介电强度（见介质击穿）的试验。
防护等级检验		检验产品是否具有防尘和防水的能力，测试该产品的密封性是否完好，并依据 GB/T 4208—2017 评定防护等级。
噪声检验		按照 GB/T 19826—2014 中 6.13 规定，在交流输入电压为额定输入电压，输出额定负载，周围环境噪声不大于 40dB，在距噪声源水平位置 1m，离地面高度 1～1.5m，测得产品的噪声；对风冷式产品，改变负载为 50% 额定负载，测试产品噪声的试验。
温升检验		在规定的工作条件下，通以规定的电流验证 UPS 电源（不间断电源）温升是否符合规定的试验。

表 A.7（续）

中类	小类	说明
并机均流性能检验		按照 GB/T 19826—2014 中 6.9.7 规定,电源输入为额定值,输出负载电流分别为额定值的 50%和 100%,测量各个单元的输出电流,按公式计算负载电流不均衡度。
效率及功率因数检验		按照 GB/T 19826—2014 中 6.6 规定,交流输入电压为额定电压,在稳压状态下,直流输出为额定电流、直流输出电压为电压调节范围上限值,测量交流输入有功功率 P、直流输出的电流值 I_n 和电压值 U_m,并计算出效率和功率因数的试验。
报警及保护功能检验		按照 DL/T 1074—2019 中 6.24 规定,按一体化电源设备的技术条件设定保护值和报警值,人为模拟各种故障,观察一体化电源设备的动作情况的试验。
监控装置检验		按照 DL/T 1074—2019 中 6.25 规定,监控装置的一般功能试验、参数设置功能试验、蓄电池管理功能试验、显示和检测功能试验、通信功能试验。
电压和电流调节范围检验		电压调节范围、充电电流调节范围、负荷电流调节范围的试验。
蓄电池组容量检验		按照 DL/T 1074—2019 中 6.7 规定,将蓄电池组充满电,充电装置停止工作。按该标准表 4 规定的放电电流恒流放电,测量蓄电池组中每只蓄电池的端电压。记录首只蓄电池达到放电终止电压时的放电时间,并依此时间计算蓄电池组容量（Ah）的试验。
事故放电能力检验		按照 DL/T 1074—2019 中 6.8 规定,将蓄电池组充满电,充电装置停止工作。按该标准 5.10 规定的事故放电电流和事故放电时间持续放电后,在事故放电电流不停止的情况下叠加该标准 5.10 规定的冲击电流,冲击放电 500ms。用存储示波器记录事故放电时的直流（动力）母线电压波形的试验。
负荷能力检验		按照 DL/T 1074—2019 中 6.9 规定,在蓄电池组充满电,充电装置处于浮充电状态、直流（控制）母线带经常性负荷的条件下,在直流（动力）母线施加该标准表 5 规定的冲击电流,冲击放电 500ms。用存储示波器记录直流母线电压的波形的试验。
连续供电能力检验		按照 DL/T 1074—2019 中 6.9 规定,在蓄电池组充满电,充电装置处于浮充电状态的条件下,人为中断交流输入电源 500～1000ms,用存储示波器记录交流中断和恢复供电全过程的交流电压和直流母线电压波形的试验。
控制母线的电压调整功能检验		按照 DL/T 1074—2019 中 6.11 规定,装有硅链调压装置时,应在额定负载条件下分别进行手动调压和自动调压试验;装有无级调压装置时,在标称直流输入电压和额定负载条件下,人为模拟无级调压装置故障,用存储示波器记录控制母线的电压波形的试验。

表 A.7（续）

中类	小类	说明
稳流精度检验		按照 GB/T 19826—2014 中 6.3.2 规定，充电装置在恒流充电状态下，充电电流设定为该标准表 2 规定的整定范围内任一点，交流输入电压在 85%~120%额定值（电压表 2PV 所示值）内变化，调整充电电压在该标准表 2 规定的变化范围内变化，分别测量充电电流（电流表 1PA 所示值），找出上述变化范围内充电电流的极限值 I_M，按公式计算稳流精度。
稳压精度检验		电源输入端分别单独输入直流电源和单独输入交流电源进行的试验。
纹波系数检验		按照 DL/T 459—2017 中 3.1.12 规定，脉动直流电量的峰值与谷值之差的一半，与直流电量平均值之比。
直流电流整定误差检验		在测量充电装置、AINV 的电流值 I_z 时，同时记录电流整定值 I_{ZO}，按公式计算直流电流整定误差的试验。
直流电压整定误差检验		在测量充电装置、电力用 DC/DC、双向 DC/DC、通信用 DC/DC 输出电压 U_Z 时，同时记录整定值 U_{Z0}，按公式计算电压整定误差的试验。
谐波电流检验		在额定电压或按要求的最高运行电压下，用谐波分析仪测量电流的试验。
限流及限压特性检验		按照 GB/T 19826—2014 中 6.5 规定，充电装置在恒流充电状态下运行，调整负载电阻，使直流输出电压增加，当输出电压超过限压整定值时，应能自动限制输出直流电压的增加。充电装置在稳压状态下运行，调整负载电阻，使输出电流逐渐上升而超过限流整定值，充电装置将自动限制直流输出电流。当输出电流减小到限制电流以下时，能自动恢复工作的试验。
动态电压瞬变范围检验		按照 DL/T 781—2021 中 3.4 规定，输入电压不变、负载突变时，测量输出电压变化量的试验。
瞬变响应恢复时间检验		按照 DL/T 781—2021 中 3.5 规定，从输出电压突变并超出稳压精度范围的时刻起，到恢复至稳压精度范围内并不再超出该范围的时刻止，所需的时间。
软启动特性		按照 GB/T 19826—2014 中 6.8 规定，交流输入电压为额定值，负载电流为 50% 额定负载电流，启动充电装置，用存储示波器适当的量程观察充电装置从输出直流电压开始到输出电压稳定的过程，同时记录该过程的时间，电压从 10% 到 90%的时间应符合该标准 5.2.1.8 的要求。
开关机过冲幅度		按照 DL/T 781—2021 中 6.18 规定，模块的输入电压、输出电压和输出电流均为额定值。模块处于上电自动开机状态，反复三次闭合模块的交流输入电源开关，相邻 2 次的时间间隔不小于 2min。用存储示波器测量模块输出电压波形，并找出最大的过冲电压值，最大过冲电压值与额定输出电压值之比应符合标准规定的试验。

表 A.7（续）

中类	小类	说明
启动冲击电流		接通电源瞬间，电源电压为最大输入电压的最高电压瞬值（90°或 270°相位），电源承受的电流冲击情况。
同步精度检验（UPS 和 INV 的其他要求）		按照 GB/T 19826—2014 中 6.9.4 规定，旁路输入为标准正弦波，UPS 输出接阻性额定负载，当 UPS 与旁路输入同步后，用存储示波器测量旁路输入波形和 UPS 输出波形的相位差，按公式计算同步精度。
频率检验（UPS 和 INV 的其他要求）		按照 GB/T 19826—2014 中 6.9.5 规定，断开 UPS 或 INV 的旁路输入，在阻性额定负载下，测量出输出频率。
电压不平衡度试验（UPS 和 INV 的其他要求）		按照 GB/T 19826—2014 中 6.9.6 规定，输入额定电压和频率，在阻性负载下，分别在对称负载和不对称负载下，测量三相输出的相电压，计算电压不平衡度的试验。
电压相位偏差试验（UPS 和 INV 的其他要求）		按照 GB/T 19826—2014 中 6.9.7 规定，UPS 三相输出接平衡阻性额定负载，测量三相输出相电压相位角的试验。
电压波形失真度试验（UPS 和 INV 的其他要求）		按照 GB/T 19826—2014 中 6.9.8 规定，在电源输入分别为交流输入和直流输入的情况下测试，电源在逆变输出工作状态，在空载、阻性额定负载及非线性额定负载（三相为平衡负载）条件下，测量出输出电压波形失真度的试验。
总切换时间试验（UPS 和 INV 的其他要求）		按照 GB/T 1074—2019 中 3.13 规定，测量从电力用交流不间断电源输出异常或输出超出允差条件的时刻起，到完成输出量切换时刻止，所需时间的试验。
维修旁路开关切换时间（UPS 和 INV 的其他要求）		旁路转换开关切换的时间。
隔离变压器试验（UPS 和 INV 的其他要求）		测量隔离变压器的绝缘电阻、工频耐压、冲击耐压的试验。
交流旁路输入调压器（UPS 和 INV 的其他要求）		测量交流旁路输入调压器的输出电压调节范围、输出电压稳压精度的试验。
电磁兼容		按照 GB/T 20840.1—2010 中 6.11 规定，是一种性能试验，表示设备或系统在其电磁环境中能正常工作且不对该环境中任何事物构成不能承受的电磁骚扰的试验。
	阻尼振荡波抗扰度检验	验证设备受到阻尼振荡波时的抗扰度。
	静电放电抗扰度检验	验证单个设备或系统的抗静电干扰能力的试验。
	电快速瞬变脉冲群抗扰度检验	设备或系统在其电磁环境中符合要求运行并不对其环境中的任何设备产生无法忍受的电磁干扰的能力。

表 A.7（续）

中类	小类	说明
	浪涌（冲击）抗干扰度检验	模拟雷击带来的干扰影响进行的电磁兼容试验。
	工频磁场抗扰度检验	工频磁场可对各种电气和电子设备造成不同程度的影响，工频磁场抗扰度用于评价处于工频（连续和短时）磁场中的家用、商用和工业用电气和电子设备的磁场抗扰度性能评估。
	阻尼振荡磁场抗扰度检验	当设备遭受与其特定位置和安装条件（例如设备靠近骚扰源）相关的阻尼振荡磁场时，本部分的试验可检验设备的抗扰度。
	传导发射限值检验	通常也被称为骚扰电压测试，只要有电源线的产品都会涉及，包括许多直流供电产品。另外，信号/控制线在不少标准中也有传导发射的要求，通常用骚扰电压或骚扰电流的限值（两者有相互转换关系）来表示。
	辐射发射限值检验	物质吸收能量后产生电磁辐射的现象，其实质为辐射跃迁，即当物质的粒子吸收能量被激发至高能（E2）后，瞬间返回基态或低能态（E1），多余的能量以电磁辐射的形式释放出来

表 A.8 配套高频开关电源整流模块检测报告数据表

中类	小类	说明
物料描述		以简短的文字、符号或数字、号码来代表物料、品名、规格或类别及其他有关事项的一种管理工具。
报告编号		按照 GB/T 15416—2014 中 3.2 规定，采用字母、数字混合字符组成的用以标识检测报告的完整的、格式化的一组代码，是检测报告上标注的唯一性标识。
试验类型		按不同试验方式进行区别分类。
委托单位		委托检测活动的单位。
产品制造单位		检测报告中送检样品的生产制造单位。
报告出具机构		应申请检验人的要求，对产品进行检验后所出具书面证明的检验机构。
报告出具日期		检测报告出具的年月日。
报告扫描件		通过专用仪器扫描证书原件生成的 PDF 文件或电子图片。
产品型号规格		按照 GB/T 4831—2016 中 2.1 规定，便于使用、制造、设计等部门进行业务联系和简化技术文件中产品名称、规格、型式等叙述而引用的一种代号。
外观检查		按照 GB/T 19826—2014 中 5.5.1 规定，检查产品的结构外形尺寸公差及形位公差，应符合该标准表 13 的规定。
绝缘电阻检验		在规定条件下，测量用绝缘材料隔开的两个导电元件之间的电阻。

表 A.8（续）

中类	小类	说明
效率及功率因数检验		按照 GB/T 19826—2014 中 6.6 规定，交流输入电压为额定电压，在稳压状态下，直流输出为额定电流、直流输出电压为电压调节范围上限值，测量交流输入有功功率 P、直流输出的电流值 I_n 和电压值 U_m，并计算出效率和功率因数的试验。
噪声检验		按照 GB/T 19826—2014 中 6.13 规定，在交流输入电压为额定输入电压，输出额定负载，周围环境噪声不大于 40dB，在距噪声源水平位置 1m，离地面高度 1～1.5m，测得产品的噪声；对风冷式产品，改变负载为 50% 额定负载，测试产品噪声的试验。
温升检验		在规定的工作条件下，通以规定的电流验证 UPS 电源（不间断电源）温升是否符合规定的试验。
通信功能检验		包括遥测功能试验，遥信功能试验，遥控功能试验。
	遥测功能试验	按照 GB/T 19826—2014 中 6.16.3 规定，测量与通信接口连接的主站应能正确接收到当前运行状态下参数的试验。
	遥信功能试验	按照 GB/T 19826—2014 中 6.16.4 规定，模拟各种故障及动作信号，与产品通信接口连接的主站应能正确接收到各种相应的报警信号及设备运行状态指示信号。
	遥控功能试验	按照 GB/T 19826—2014 中 6.16.5 规定，与通信接口连接的主站应能对设备工作状态进行转换操作的试验。
保护及告警功能检验		包括绝缘监察要求试验、电压监察要求试验、闪光报警要求试验、过电压和欠电压保护试验、过负荷和短路保护试验、故障报警要求试验。
	绝缘监察要求试验	按照 GB/T 19826—2014 中 6.14.1 规定，模拟绝缘降低故障，观察绝缘监察装置的动作和触点输出等情况的试验。
	电压监察要求试验	按照 GB/T 19826—2014 中 6.14.2 规定，调整母线电压，观察电压监察装置的动作和触点输出等情况的试验。
	闪光报警要求试验	按照 GB/T 19826—2014 中 6.14.3 规定，观察闪光信号装置动作情况与相应配置的试验。
	过电压和欠电压保护试验	按照 GB/T 19826—2014 中 6.14.4 规定，分别调整输入电压为过电压和欠电压值，观察产品动作情况；分别调整输出电压为过电压和欠电压值，观察产品动作情况的试验。
	过负荷和短路保护试验	按照 GB/T 19826—2014 中 6.14.5 规定，模拟过载和短路故障，观察产品动作情况的试验。
	故障报警要求试验	按照 GB/T 19826—2014 中 6.14.6 规定，模拟故障，观察故障报警情况及触点输出情况的试验。
工频耐压检验		检验工频电压耐受强度。
冲击耐压检验		用来验证设备在运行过程中耐受瞬态快速上升冲击电压的能力。

表 A.8（续）

中类	小类	说明
防护检验		检验产品是否具有防尘和防水的能力，测试该产品的密封性是否完好，并依据 GB/T 4208—2017 评定防护等级。
电压和电流调节范围检验		测量电压调节范围、充电电流调节范围、负荷电流调节范围的试验。
稳流精度检验		按照 GB/T 19826—2014 中 6.3.2 规定，充电装置在恒流充电状态下，充电电流设定为该标准表 2 规定的整定范围内任一点，交流输入电压在 85%～120%额定值（电压表 2PV 所示值）内变化，调整充电电压在该标准表 2 规定的变化范围内变化，分别测量充电电流（电流表 1PA 所示值），找出上述变化范围内充电电流的极限值 I_M，按公式计算稳流精度。
稳压精度检验		电源输入端分别单独输入直流电源和单独输入交流电源进行的试验。
纹波系数检验		按照 DL/T 459—2017 中 3.1.12 规定，脉动直流电量的峰值与谷值之差的一半，与直流电量平均值之比。
限流及限压特性检验		按照 GB/T 19826—2014 中 6.5 规定，充电装置在恒流充电状态下运行，调整负载电阻，使直流输出电压增加，当输出电压超过限压整定值时，应能自动限制输出直流电压的增加。充电装置在稳压状态下运行，调整负载电阻，使输出电流逐渐上升而超过限流整定值，充电装置将自动限制直流输出电流。当输出电流减小到限制电流以下时，能自动恢复工作的试验。
并机均流性能检验		按照 GB/T 19826—2014 中 6.9.7 规定，电源输入为额定值，输出负载电流分别为额定值的 50%和 100%，测量各个单元的输出电流，按公式计算负载电流不均衡度的试验。
输出电压整定误差检验		按照 GB/T 19826—2014 中 6.4.2 规定，充电装置在稳压状态下，直流输出电压设定在该标准表 2 规定的整定范围内，交流输入电压为额定值（电压表 2PV 所示值），调整负载电流为 50%额定值（电流表 1PA 所示值），分别测量其充电装置的输出电压 U_Z（电压表 1PV 所示值），按公式计算整定误差。
输出电压温度系数检验		输出电压随温度的变化而变化，这种变化的系数称为输出电压温度系数。
谐波电流检验		在额定电压或按要求的最高运行电压下，用谐波分析仪测量电流的试验。
动态电压瞬变范围检验		按照 DL/T 781—2021 中 3.4 规定，输入电压不变、负载突变时，测量输出电压变化量的试验。
瞬变响应恢复时间检验		按照 DL/T 781—2021 中 3.5 规定，测量从输出电压突变并超出稳压精度范围的时刻起，到恢复至稳压精度范围内并不再超出该范围的时刻止，所需时间的试验。

表 A.8（续）

中类	小类	说明
软启动特性检验		按照 GB/T 19826—2014 中 6.8 规定，交流输入电压为额定值，负载电流为 50% 额定负载电流，启动充电装置，用存储示波器适当的量程观察充电装置从输出直流电压开始到输出电压稳定的过程，同时记录该过程的时间，电压从 10% 到 90% 的时间应符合该标准 5.2.1.8 的要求。
开关机过冲幅度检验		按照 DL/T 781—2021 中 6.18 规定，模块的输入电压、输出电压和输出电流均为额定值。模块处于上电自动开机状态，反复三次闭合模块的交流输入电源开关，相邻 2 次的时间间隔不小于 2min。用存储示波器测量模块输出电压波形，并找出最大的过冲电压值，最大过冲电压值与额定输出电压值之比应符合标准规定的试验。
防止输出端电流反灌性能检验		按照 DL/T 781—2021 中 6.19 规定，设定耐压测试仪直流输出电压不低于该标准 5.21 规定的二极管反向击穿电压值、漏电流不高于该标准 5.21 规定的反灌电流值。模块处于关机状态，将耐压测试仪直流输出的正极连接到模块输出端的正极，耐压测试仪直流输出的负极连接到模块输出端的负极。启动耐压测试，并持续 1min 的试验。
面板指示与操作功能检验		按照 DL/T 781—2021 中 6.20 规定，通过模块的按键设定模块运行参数并通过监控装置或模块的按键控制其运行状态，观察模块的显示和运行参数的试验。
耐湿热性能检验		按照 GB/T 19826—2014 中 5.3.6 规定，产品应能承受 GB/T 2423.4—2008 规定的交变湿热试验，产品在最高温度为 +40℃、试验周期为两周期（48h）的条件下，经交变湿热试验，在试验结束前 2h 内，用规定开路电压值的测试仪表，分别测量规定部位的绝缘电阻，不应小于 0.5MΩ，其介质强度为规定试验电压的 75% 的试验。
电磁兼容		按照 GB/T 20840.1—2010 中 6.11 规定，是一种性能试验，表示设备或系统在其电磁环境中能正常工作且不对环境中任何事物构成不能承受的电磁骚扰的试验。
	工频磁场抗扰度检验	工频磁场可对各种电气和电子设备造成不同程度的影响，工频磁场抗扰度用于评价处于工频（连续和短时）磁场中的家用、商用和工业用电气和电子设备的磁场抗扰度性能评估。
	阻尼振荡磁场抗扰度检验	当设备遭受与其特定位置和安装条件（例如设备靠近骚扰源）相关的阻尼振荡磁场时，本部分的试验可检验设备的抗扰度阻尼振荡磁场时，本部分的试验可检验设备的抗扰度。
	传导发射限值检验	通常也被称为骚扰电压测试，只要有电源线的产品都会涉及，包括许多直流供电产品。另外，信号/控制线在不少标准中也有传导发射的要求，通常用骚扰电压或骚扰电流的限值（两者有相互转换关系）来表示。

表 A.8（续）

中类	小类	说明
	辐射发射限值检验	物质吸收能量后产生电磁辐射的现象，其实质为辐射跃迁，即当物质的粒子吸收能量被激发至高能（E2）后，瞬间返回基态或低能态（E1），多余的能量以电磁辐射的形式释放出来。
	阻尼振荡波抗扰度检验	验证设备受到阻尼振荡波时的抗扰度。
	静电放电抗扰度检验	验证单个设备或系统的抗静电干扰能力的试验。
	电快速瞬变脉冲群抗扰度检验	验证设备或系统在其电磁环境中符合要求运行并不对其环境中的任何设备产生无法忍受的电磁干扰能力的试验。
	浪涌（冲击）抗干扰度检验	模拟雷击带来的干扰影响进行的电磁兼容试验

表 A.9　直流电源系统检测报告数据表

中类	小类	说明
物料描述		以简短的文字、符号或数字、号码来代表物料、品名、规格或类别及其他有关事项的一种管理工具。
报告编号		按照 GB/T 15416—2014 中 3.2 规定，采用字母、数字混合字符组成的用以标识检测报告的完整的、格式化的一组代码，是检测报告上标注的唯一性标识。
试验类型		按不同试验方式进行区别分类。
委托单位		委托检测活动的单位。
产品制造单位		检测报告中送检样品的生产制造单位。
报告出具机构		应申请检验人的要求，对产品进行检验后所出具书面证明的检验机构。
报告出具日期		检测报告出具的年月日。
报告扫描件		通过专用仪器扫描证书原件生成的 PDF 文件或电子图片。
产品型号规格		按照 GB/T 4831—2016 中 2.1 规定，便于使用、制造、设计等部门进行业务联系和简化技术文件中产品名称、规格、型式等叙述而引用的一种代号。
结构及工艺检查		包括结构要求，表面涂敷层及系统模拟图要求，元件安装要求，母线、连接导线的要求，绝缘导线的敷设和连接，其他要求。
	结构要求	按照 GB/T 19826—2014 中 5.5.1 规定，产品的结构外形尺寸公差及形位公差应符合标准要求。
	表面涂敷层及系统模拟图要求	按照 GB/T 19826—2014 中 5.5.2 规定，产品表面涂敷层与系统模拟图应符合标准要求。

表 A.9（续）

中类	小类	说明
	元件安装要求	按照 GB/T 19826—2014 中 5.5.3 规定，产品元件安装应符合标准要求。
	母线、连接导线的要求	按照 GB/T 19826—2014 中 5.5.4 规定，产品母线、连接导线应符合标准要求。
	绝缘导线的敷设和连接	按照 GB/T 19826—2014 中 5.5.5 规定，产品绝缘导线的敷设和连接应符合标准要求。
	其他要求	其他的结构及工艺检查要求。
稳流精度检验		按照 GB/T 19826—2014 中 6.3.2 规定，充电装置在恒流充电状态下，充电电流设定为该标准表 2 规定的整定范围内任一点，交流输入电压在 85%~120%额定值（电压表 2PV 所示值）内变化，调整充电电压在该标准表 2 规定的变化范围内变化，分别测量充电电流（电流表 1PA 所示值），找出上述变化范围内充电电流的极限值 I_M，按公式计算稳流精度。
稳压精度检验		电源输入端分别单独输入直流电源和单独输入交流电源进行的试验。
纹波因数检验		脉动量直流电量的峰值与谷值之差的一半对直流分量的绝对值之比的试验。
直流电流电压输出误差检验		包括充电电流整定误差试验、直流输出电压整定误差试验。
	充电电流整定误差试验	按照 GB/T 19826—2014 中 6.4.1 规定，充电装置在恒流充电状态下，充电电流设定在该标准表 2 规定的整定范围内，交流输入电压为额定值（电压表 2PV 所示值），调整充电电压在该标准表 2 规定的变化范围内的中间值，分别测量充电电流值 I_Z（电流表 1PA 所示值）的试验。
	直流输出电压整定误差试验	按照 GB/T 19826—2014 中 6.4.2 规定，电装置在稳压状态下，直流输出电压设定在该标准表 2 规定的整定范围内，交流输入电压为额定值（电压表 2PV 所示值），调整负载电流为 50%额定值（电流表 1PA 所示值），分别测量其充电装置的输出电压 U_Z（电压表 1PV 所示值）的试验。
限流及限压特性检验		按照 GB/T 19826—2014 中 6.5 规定，充电装置在恒流充电状态下运行，调整负载电阻，使直流输出电压增加，当输出电压超过限压整定值时，应能自动限制输出直流电压的增加。充电装置在稳压状态下运行，调整负载电阻，使输出电流逐渐上升而超过限流整定值，充电装置将自动限制直流输出电流。当输出电流减小到限制电流以下时，能自动恢复工作的试验。
效率及功率因数检验		按照 GB/T 19826—2014 中 6.6 规定，交流输入电压为额定电压，在稳压状态下，直流输出为额定电流、直流输出电压为电压调节范围上限值，测量交流输入有功功率 P、直流输出的电流值 I_n 和电压值 U_m 的计算出效率和功率因数的试验。

表 A.9（续）

中类	小类	说明
均流不平衡度检验		按照 GB/T 19826—2014 中 6.7 规定，充电装置在浮充电状态下，调整高频开关电源模块总输出电流为 50%I_n，测量各模块输出电流值的试验。
蓄电池检验		包括蓄电池容量试验、大电流放电能力试验。
直流供电能力检验		包括合闸冲击放电试验、直流母线连续供电试验、控制母线的电压调节功能试验。
噪声检验		按照 GB/T 19826—2014 中 6.13 规定，在交流输入电压为额定输入电压，输出额定负载，周围环境噪声不大于 40dB，在距噪声源水平位置 1m，离地面高度 1～1.5m，测得产品的噪声；对风冷式产品，改变负载为 50% 额定负载，测试产品噪声的试验。
报警及保护功能检验		包括绝缘监察要求试验、电压监察要求试验、闪光报警要求试验、过电压和欠电压保护试验、过负荷和短路保护试验、故障报警要求试验。
	绝缘监察要求试验	按照 GB/T 19826—2014 中 6.14.1 规定，模拟绝缘降低故障，观察绝缘监察装置的动作和触点输出等情况的试验。
	电压监察要求试验	按照 GB/T 19826—2014 中 6.14.2 规定，调整母线电压，观察电压监察装置的动作和触点输出等情况的试验。
	闪光报警要求试验	按照 GB/T 19826—2014 中 6.14.3 规定，观察闪光信号装置动作情况与相应配置的试验。
	过电压和欠电压保护试验	按照 GB/T 19826—2014 中 6.14.4 规定，分别调整输入电压为过电压和欠电压值，观察产品动作情况；分别调整输出电压为过电压和欠电压值，观察产品动作情况的试验。
	过负荷和短路保护试验	按照 GB/T 19826—2014 中 6.14.5 规定，模拟过负荷和短路故障，观察产品动作情况的试验。
	故障报警要求试验	按照 GB/T 19826—2014 中 6.14.6 规定，模拟故障，观察故障报警情况及触点输出情况的试验。
监控装置检验		按照 GB/T 19826—2014 中 6.14.6 规定，检查监控装置的一般功能、控制功能、显示与检测功能、保护和故障管理。
通信功能要求检验		包括遥测功能试验，遥信功能试验，遥控功能试验。
	遥测功能试验	按照 GB/T 19826—2014 中 6.16.3 规定，与通信接口连接的主站应能正确接收到当前运行状态下参数的试验。
	遥信功能试验	按照 GB/T 19826—2014 中 6.16.4 规定，模拟各种故障及动作信号，与产品通信接口连接的主站应能正确接收到各种相应的报警信号及设备运行状态指示信号。
	遥控功能试验	按照 GB/T 19826—2014 中 6.16.5 规定，与通信接口连接的主站应能对设备工作状态进行转换操作。

表 A.9（续）

中类	小类	说明
产品的充电功能要求检验		按照 GB/T 19826—2014 中 6.17.2 规定，交流输入电压为额定电压，调整充电装置的充电电流值（铅酸蓄电池充电装置为 I_{10}），按蓄电池要求的充电方式进行充电，测量蓄电池每个单体电池的端电压和蓄电池组电压的试验。
产品配置要求检验		检查产品配置要求的试验。
电气间隙及爬电距离检验		检验两个导电部件之间的最短直线距离和两导电部件之间沿绝缘材料表面的最短距离。
绝缘电阻试验		在规定条件下，测量用绝缘材料隔开的两个导电元件之间的电阻。
介电强度检验		验证设备的绝缘性能的试验。
冲击耐压检验		用来验证设备在运行过程中耐受瞬态快速上升冲击电压的能力。
温升检验		在规定的工作条件下，通以规定的电流验证 UPS 电源（不间断电源）温升是否符合规定的试验。
防护等级检验		检验产品是否具有防尘和防水的能力，测试该产品的密封性是否完好，并依据 GB/T 4208—2017 评定防护等级。
防触电措施检验		防止触电措施的检验。
温度变化对性能的影响检验		检查温度变化对电源性能的影响。
耐湿热性能检验		产品应能承受 GB/T 2423.4—2008 规定的交变湿热试验，产品在最高温度为＋40℃、试验周期为两周期（48h）的条件下，经交变湿热试验，在试验结束前 2h 内，用规定开路电压值的测试仪表，分别测量规定部位的绝缘电阻，不应小于 0.5MΩ，其介质强度为规定试验电压的 75%的试验。
动态电压瞬变范围检验（交流不间断电源和逆变电源）		按照 DL/T 781—2021 中 3.4 规定，输入电压不变、负载突变时，输出电压变化量的试验。
瞬变响应恢复时间检验（交流不间断电源和逆变电源）		按照 DL/T 781—2021 中 3.5 规定，测量从输出电压突变并超出稳压精度范围的时刻起，到恢复至稳压精度范围内并不再超出该范围的时刻止，所需时间的试验。
同步精度检验（交流不间断电源和逆变电源）		旁路输入为标准正弦波，交流不间断电源和逆变电源输出接阻性额定负载，当交流不间断电源和逆变电源与旁路输入同步后，用存储示波器测量旁路输入波形和 UPS 输出波形的相位差，按公式计算同步精度。
频率检验（交流不间断电源和逆变电源）		按照 GB/T 19826—2014 中 6.9.5 规定，断开 UPS 或 INV 的旁路输入，在阻性额定负载下，测量出输出频率的试验。

表 A.9（续）

中类	小类	说明
电压不平衡度检验（交流不间断电源和逆变电源）		按照 GB/T 19826—2014 中 6.9.6 规定，输入额定电压和频率，在阻性负载下，分别在对称负载和不对称负载下，测量三相输出的相电压，计算电压不平衡度。
电压相位偏差检验（交流不间断电源和逆变电源）		交流不间断电源和逆变电源三相输出接平衡阻性额定负载，测量三相输出相电压的相位角。
电压波形失真度检验（交流不间断电源和逆变电源）		按照 GB/T 19826—2014 中 6.9.8 规定，在电源输入分别为交流输入和直流输入下测试，电源在逆变输出工作状态，在空载、阻性额定负载及非线性额定负载（三相为平衡负载）条件下，测量出输出电压波形失真度。
输出电流峰值因数检验（交流不间断电源和逆变电源）		按照 GB/T 19826—2014 中 6.9.9 规定，在交流输入额定电压和直流输入额定电压下分别测试，电源在逆变输出工作状态，接非线性负载（平衡负载），调节非线性负载的峰值电流，使电源保持额定输出，测量输出电流的峰值 I_P 和均方根值 I_R。
反灌纹波电压检验（直流变换电源装置、交流不间断电源和逆变电源）		按照 GB/T 19826—2014 中 6.10.5 规定，蓄电池组处于浮充电状态，被测装置输出额定电压和额定电流，用真有效值表测量一体化电源设备蓄电池组进线处纹波电压均方根值，按公式计算纹波电压因数。
总切换时间检验（交流不间断电源和逆变电源）		按照 GB/T 1074—2019 中 3.13 规定，测量从电力用交流不间断电源输出异常或输出超出允差条件的时刻起，到完成输出量切换时刻止，所需时间的试验。
交流旁路输入要求检验（交流不间断电源和逆变电源）		按照 GB/T 1074—2019 中 6.9.12 规定，在输入交流电压为额定值和阻性额定负载（三相为平衡负载）下，其输出电压调压范围和稳压精度应符合标准的要求。
杂音电压检验（直流变换电源装置）		用杂音计中电话衡重加权测量模式，选择输入阻抗，并选择适当的量程，读取并记录杂音计的最大电压测量读数的试验。
电磁兼容		按照 GB/T 20840.1—2010 中 6.11 规定，是一种性能试验，表示设备或系统在其电磁环境中能正常工作且不对该环境中任何事物构成不能承受的电磁骚扰的试验。
	阻尼振荡波抗扰度检验	验证设备受到阻尼振荡波时的抗扰度。
	静电放电抗扰度检验	验证单个设备或系统的抗静电干扰能力的试验。
	电快速瞬变脉冲群抗扰度检验	验证设备或系统在其电磁环境中符合要求运行并不对其环境中的任何设备产生无法忍受的电磁干扰能力的试验。
	射频电磁场辐射抗扰度检验	验证设备或系统在其电磁环境中符合要求运行并不对其环境中的任何设备产生无法忍受的电磁干扰能力的试验。

表 A.9（续）

中类	小类	说明
	浪涌（冲击）抗干扰度检验	模拟雷击带来的干扰影响进行的电磁兼容试验。
	射频场感应的传导骚扰抗扰度检验	由射频发射机产生空间电磁场，这些电磁场可以在敏感设备的各种连接馈线上感应电流（或电压），作用于设备的敏感部分，对设备产生骚扰；各种骚扰源，通过连接到设备上的电源线或信号线、天线等直接对设备产生骚扰。
	工频磁场抗扰度检验	工频磁场可对各种电气和电子设备造成不同程度的影响，工频磁场抗扰度用于评价处于工频（连续和短时）磁场中的家用、商用和工业用电气和电子设备的磁场抗扰度性能评估。
	阻尼振荡磁场抗扰度检验	当设备遭受与其特定位置和安装条件（例如设备靠近骚扰源）相关的阻尼振荡磁场时，本部分的试验可检验设备的抗扰度。
	传导发射限值检验	通常也被称为骚扰电压测试，只要有电源线的产品都会涉及，包括许多直流供电产品。另外，信号/控制线在不少标准中也有传导发射的要求，通常用骚扰电压或骚扰电流的限值（两者有相互转换关系）来表示。
	辐射发射限值检验	物质吸收能量后产生电磁辐射的现象，其实质为辐射跃迁，即当物质的粒子吸收能量被激发至高能（E2）后，瞬间返回基态或低能态（E1），多余的能量以电磁辐射的形式释放出来。
	谐波电流限值检验	在额定电压或按要求的最高运行电压下，用谐波分析仪测量电流限值的试验

附 录 B
（规范性）
生 产 制 造

生产厂房、主要生产设备、生产工艺控制的信息应符合表 B.1～表 B.3 的规定。

表 B.1 生产厂房

中类	小类	说明
生产厂房所在地		生产厂房的地址，包括所属行政区划名称，乡（镇）、村、街名称和门牌号。
厂房权属情况		厂房产权在主体上的归属状态。
	自有	产权归属自己。
	租赁	按照达成的契约协定，出租人把拥有的特定财产（包括动产和不动产）在特定时期内的使用权转让给承租人，承租人按照协定支付租金的交易行为。
租赁起始日期		租赁的起始年月日。
租赁截止日期		租赁的截止年月日。
厂房总面积（m²）		厂房总的面积（m²）。
厂区总面积（m²）		厂区的总面积（m²）。
客户用电户号		客户的用电户号。
是否含净化车间		具备空气过滤、分配、优化、构造材料和装置的房间，其中特定规则的操作程序用以控制空气悬浮微粒浓度，从而达到适当的微粒洁净度级别。
净化车间总面积（m²）		净化车间的总面积（m²）。
降尘量检测记录来源		测定环境空气中可沉降的颗粒物多少的记录来源。
	厂房自行检测	指由本厂（公司、集团等）实施，根据标准对降尘量进行的检测。
	第三方检测	以公正、权威的非当事人身份，根据有关法律、标准或合同所进行降尘量的检测。
	未提供检测记录	没有提供降尘量检测记录。
净化车间洁净度等级		净化车间空气环境中空气所含尘埃量多少的程度，在一般的情况下，指单位体积的空气中所含大于等于某一粒径粒子的数量。含尘量高则洁净度低，含尘量低则洁净度高。

311

表 B.1（续）

中类	小类	说明
	万级	净化车间洁净度等级为万级。
	十万级	净化车间洁净度等级为十万级。
	十万级以上	净化车间洁净度等级为十万级以上。
	千级	净化车间洁净度等级为千级。
	无净化车间	没有净化车间。
卷制净化车间面积（m²）		卷制净化车间的面积（m²）。
卷制净化车间温度（℃）		卷制净化车间的温度（℃）。
净化车间平均温度（℃）		净化车间的平均温度（℃）。
净化车间平均相对湿度（%RH）		净化车间中水在空气中的蒸汽压与同温度同压强下水的饱和蒸汽压的比值。
净化车间洁净度检测报告扫描件		通过专用仪器扫描净化车间洁净度检测报告证书原件生成的 PDF 文件或电子图片

表 B.2　主要生产设备

中类	小类	说明
生产设备类别		将设备按照不同种类进行区别归类。
	冲床	冲压式压力机。
	剪板机	借于运动的上刀片和固定的下刀片，采用合理的刀片间隙，对各种厚度的金属板材施加剪切力，使板材按所需要的尺寸断裂分离的一种设备。
	密封电池装配设备	用于密封电池装配的生产设备。
	折弯设备	钣金行业工件折弯成形的重要设备，其作用是将钢板根据工艺需要压制成各种形状的零件。
	整机装配类设备	用于整机装配类的生产设备。
	母排加工设备	用于各种高、低压输配电成套电气以及电力变压器等铜、铝排母线工艺的一种设备。通过选择不同的模具，可达到不同的功能，分别用于铜、铝排进行折弯、冲孔、剪切、平弯、压花等工序。
	电池架生产设备	用于电池架的生产设备。
	电焊设备	利用正负两极在瞬间短路时产生的高温电弧来熔化电焊条上的焊料和被焊材料，以实现焊接工艺的一种装备。
	起吊设备	用于垂直升降或者垂直升降并水平移动重物的机电设备。

表 B.2（续）

中类	小类	说明
	自动剪线机	借于运动的上刀片和固定的下刀片，采用合理的刀片间隙，对各种厚度的布料施加剪线力，使线头按所需要的尺寸断裂分离的设备。
	贴片机	通过移动贴装头把表面贴装元器件准确地放置在焊盘上的一种设备。
	整流类生产设备	用于整流类的生产设备。
	逆变类生产设备	用于逆变类的生产设备。
	波峰焊设备	将熔化的软钎焊料（铅锡合金），经电动泵或电磁泵喷流成设计要求的焊料波峰的设备。根据机器所使用不同，几何形状的波峰、波峰焊系统也可分许多种。
	芯片程序烧写机	把芯片程序写上数据的工具。
	无铅回流焊	采用相同于锡铅焊接温度的工艺来处理无铅的焊接工艺。
	高温老化室	用于产品高温老化测试的场所。
	电脑剥线机	用电脑程序控制电子线材加工的机器。
	全自动视觉印刷机	具备高印刷效率和印刷精度的全自动印刷机。
	铅粉生产设备	用于蓄电池铅粉的生产设备，包括铅条生产设备、铅粒生产设备和铅粉机。
	和膏生产设备	用于蓄电池和膏的生产设备，包括输铅阀、和膏机、搅拌机、输送泵等。
	铸板生产设备	用于铸板的生产设备。
	涂板生产设备	用于涂板的生产设备。
	规格电池加酸机	用于与加酸壶组配合，对蓄电池组进行负压注酸的设备。
	化成设备	用于蓄电池电芯化成的设备。
	其他	其他用于电源系统制造的设备。
生产设备名称		生产设备的专用称呼。
生产设备型号		便于使用、制造、设计等部门进行业务联系和简化技术文件中产品名称、规格、型式等叙述而引用的一种代号。
数量		设备的数量。
生产设备制造商		制造设备的生产厂商。
设备国产/进口		在国内/国外生产的设备。
	国产	在本国生产的设备。
	进口	向非本国居民购买生产或消费所需的原材料、产品、服务。
设备购置单价		单台设备购买的完税后价格，一般以万元为单位。

表 B.2（续）

中类	小类	说明
设备自制/外购		由自己生产/从外部购进的设备。
	外购	从外部购进的设备。
	自制	自己组织生产的设备

表 B.3　生产工艺控制

中类	小类	说明
产品类别		将适用的产品按照一定规则归类后，该类产品对应的适用的产品类别名称。
工序名称		对产品的质量、性能、功能、生产效率等有影响的工序。
主要工序名称		对产品的质量、性能、功能、生产效率等有重要影响的工序。
现场核实日期		开展现场核实的年月日。
工艺文件名称		描述通过过程控制实现最终产品的操作文件。
主要关键措施及作用		起到决定性作用的措施及其具体的作用体现。
智能化描述		对生产工艺智能化情况进行具体的描写叙述。
工艺文件扫描件		通过专用仪器扫描工艺文件原件生成的 PDF 文件或电子图片。
生产工艺过程是否具有可追溯性		生产工艺的各工序中，制造商、供应商、销售商等信息是否处于可追踪历史记录的状态

附 录 C
（规范性）
试 验 检 测

试验检测场所、试验检测人员、试验检测设备、现场抽样的信息应符合表 C.1～表 C.3 的规定；检测记录表的信息应符合表 C.4 的规定。UPS 电源（不间断电源），充电屏，馈电屏，逆变电源，试验电源屏，一体化电源系统、一体化（智能）电源系统，直流电源系统，蓄电池组的现场抽查检测报告的信息应符合表 C.5.1～表 C.5.8 的规定。

表 C.1 试验检测场所

中类	小类	说明
独立试验场所		与生产场所相对隔离，开展检验检测活动的独立场所。
试验大厅长度(m)		试验大厅的长度（m）。
试验大厅宽度(m)		试验大厅的宽度（m）。
试验大厅高度(m)		试验大厅的高度（m）

表 C.2 试验检测人员

中类	小类	说明
姓名		在户籍管理部门正式登记注册、人事档案中正式记载的姓氏名称。
岗位名称		从事岗位的具体名称。
上岗证		证明从事某种行业或岗位所具有的资格证明。
相关检验资质证书		从事某种行业或项目所取得的检验资质认定证明。
证书出具机构		资质评定机关的中文全称。
有效期至		资质证书登记的有效期的终止日期。
资质证书扫描件		通过专用仪器扫描资质证书原件生成的 PDF 文件或电子图片。
是否具有培训证明		是否具有证明参与培训的文件。
培训单位		进行培训的单位名称

表 C.3 试验检测设备

中类	小类	说明
试验设备名称		试验设备的专用称呼。
试验设备类别		将设备按照不同种类进行区别归类。
	功率分析仪	用于测量功率的仪器。

表 C.3（续）

中类	小类	说明
	回路电阻测试仪	测量各种开关设备导电回路电阻的设备，其测试电流不得小于 100A。
	大功率调压器	在规定条件下，输出电压可在一定范围内连续、平滑、无级调节的特殊大功率变压器。
	模拟断路器	模拟高压断路器跳合闸的动作行为，以完成继电保护的跳合闸试验。
	水平垂直燃烧仪	适用于塑料、橡胶及其他非金属材料、防火封堵材料等水平或垂直方向燃烧性能的测试仪器。
	绝缘电阻测试仪	进行绝缘电阻试验的仪器。
	蓄电池综合测试仪	不需放电准确测量内阻和估算容量，提前发现落后电池，确保电池组供电系统安全运行，并指导蓄电池组在正确的参数下运行，延长蓄电池的使用寿命，对异常状况进行报警的仪器。
	防爆箱	用于安装仪表设备的特殊箱体，能够在危险环境中保护设备免受爆炸和火灾的影响。
	回路电阻测试仪	用于开关控制设备的接触电阻、回路电阻测量的专用仪器。
	耐压测试仪	进行主回路试验的仪器，由调压器、试验变压器、测量、控制和保护等基本组件组成的试验装置。用于对各种电气产品、电器元件、绝缘材料等进行规定电压下的绝缘强度试验，考核产品的绝缘水平，发现被试品的绝缘缺陷，衡量过电压的能力。
	高低温湿热试验箱	满足高低温储存/工作测试，恒定湿热/交变循环湿热试验等可靠性测试的试验箱。
	多通道示波器	在一个具有多个通道的显示面板上同时显示不同频率或不同幅值的多种信号，也可以将多种信号按一定时间间隔依次交替显示于一块屏幕上，以便对信号进行分析和比较。
	噪声计	一种能把工业噪声、生活噪声和交通噪声等，按人耳听觉特性近似地测定其噪声级的仪器。
	可调直流负载	在电力系统中，利用来自外部的能量去驱动一定电压、电流或功率进行有效使用的一种装置。
	输入输出阻抗测试仪	用于测量输入输出阻抗的仪器。
	继电保护测试仪	用于继电保护测试的仪器名称。
	高、低温箱	通过控制高温、低温和湿度来对产品进行检测的试验箱。
	电池内阻测试仪	用于测量电池内部阻抗和电池酸化薄膜破损程度的仪器，是对被测对象施加 1kHz 交流信号，通过测量其交流压降而获得其内阻的仪器。

表 C.3（续）

中类	小类	说明
	恒温槽	提供一个受控的、温度均匀的恒定场源，对试验样品或生产的产品在槽内直接进行恒定温度试验或测试，可用于直接加热或制冷，作为辅助加热或制冷的温度来源。
	红外热像仪	按照 GB/T 19870—2018 中 3.1 规定，通过红外光学系统、红外探测器及电子处理系统，将物体表面红外辐射转换成可见图像的设备。
试验设备型号		便于使用、制造、设计等部门进行业务联系和简化技术文件中产品名称、规格、型式等叙述而引用的一种代号。
数量		试验检测设备的数量。
设备自制/外购		由自己生产/从外部购进的设备。
	外购	从外部购进的设备。
	自制	自己组织生产的设备。
是否具有有效的检定证书或校准证书		是否具备由法定计量检定机构对仪器设备出具的证书，且在规定的有效检测期内。
试验设备制造商		制造试验设备的生产厂商，不是代理商或贸易商。
设备国产/进口		在国内/国外生产的设备。
	国产	在本国生产的设备。
	进口	向非本国居民购买的生产或消费所需的原材料、产品、服务。
设备购置单价		单台设备购买的完税后价格，一般以万元为单位

表 C.4　现场抽样检测记录表

中类	小类	说明
现场抽样检测时间		现场随机抽取产品进行试验检测的具体日期。
物料描述		以简短的文字、符号或数字、号码来代表物料、品名、规格或类别及其他有关事项的一种管理工具。
产品规格型号		一般由汉语拼音字母和阿拉伯数字组成，不应使用罗马数字和其他数字；字母应采用大写汉语拼音字母，I 和 O 不应使用，字母不应加角标；符号应采用乘号、左斜杠、短划、小数点。
检验项目是否合格		为了解产品性能而进行的检验项目是否合格。
检测报告扫描件		通过专用仪器扫描检测报告原件生成的 PDF 文件或电子图片。
不合格原因		对不合格的试验项目进行描述及分析。
抽查试验项目		从欲检测的全部样品中抽取一部分样品单位进行检测的项目

表 C.5.1 UPS 电源（不间断电源）现场抽查检测报告

中类	小类	说明
现场抽查报告时间（现场核实时间）		现场随机抽取产品进行试验检测的具体日期。
物料描述		以简短的文字、符号或数字、号码来代表物料、品名、规格或类别及其他有关事项的一种管理工具。
检测报告名称		应申请检验人的要求，对物品进行检验以后所出具的一种客观的书面证明。
检测报告编号		采用字母、数字混合字符组成的用以标识检测报告的完整的、格式化的一组代码，是检测报告上标注的唯一性标识。
检测报告是否满足要求		检测报告是否满足标准、规范或设计的要求。
检测报告扫描件		通过专用仪器扫描检测报告原件生成的 PDF 文件或电子图片。
不合格原因		对不合格的试验项目进行描述及分析。
出厂试验		用于确定产品是否符合出厂某一准则而进行的试验。
	一般检查	包括设备配置检查，柜体结构及安装、外形尺寸、保护接地的检查，元器件检查。
	电气间隙和爬电距离检验	检验两个导电部件之间的最短直线距离和两导电部件之间沿绝缘材料表面的最短距离。
	电气绝缘性能试验	检验电气绝缘材料或电工设备绝缘结构的介电强度（见介质击穿）的试验。
	稳压精度测试	电源输入端分别单独输入直流电源和单独输入交流电源进行的试验。
	并机均流性能检验	按照 GB/T 19826—2014 中 6.9.7 规定，电源输入为额定值，输出负载电流分别为额定值的 50% 和 100%，测量各个单元的输出电流，按公式计算负载电流不均衡度。
	频率检验	按照 GB/T 19826—2014 中 6.9.5 规定，断开 UPS 或 INV 的旁路输入，在阻性额定负载下，测量出输出频率。
	电压不平衡度试验	按照 GB/T 19826—2014 中 6.9.6 规定，输入额定电压和频率，在阻性负载下，分别在对称负载和不对称负载下，测量三相输出的相电压，计算电压不平衡度。
	电压相位偏差试验	按照 GB/T 19826—2014 中 6.9.7 规定，UPS 三相输出接平衡阻性额定负载，测量三相输出相电压的相位角。
	电压波形失真度试验	按照 GB/T 19826—2014 中 6.9.8 规定，在电源输入分别为交流输入和直流输入下测试，电源在逆变输出工作状态，在空载、阻性额定负载及非线性额定负载（三相为平衡负载）条件下，测量出输出电压波形失真度。
	隔离变压器试验	测量隔离变压器的绝缘电阻、工频耐压、冲击耐压的试验。

表 C.5.1（续）

中类	小类	说明
	交流旁路输入调压器	测量交流旁路输入调压器的输出电压调节范围、输出电压稳压精度的试验。
	保护及报警功能测试	包括绝缘监察要求试验、电压监察要求试验、闪光报警要求试验、过电压和欠电压保护试验、过负荷和短路保护试验、故障报警要求试验。
	绝缘监察要求试验	按照 GB/T 19826—2014 中 6.14.1 规定，模拟绝缘降低故障，观察绝缘监察装置的动作和触点输出等情况的试验。
	电压监察要求试验	按照 GB/T 19826—2014 中 6.14.2 规定，调整母线电压，观察电压监察装置的动作和触点输出等情况的试验。
	闪光报警要求试验	按照 GB/T 19826—2014 中 6.14.3 规定，观察闪光信号装置动作情况与相应配置的试验。
	过电压和欠电压保护试验	按照 GB/T 19826—2014 中 6.14.4 规定，分别调整输入电压为过电压和欠电压值，观察产品动作情况；分别调整输出电压为过电压和欠电压值，观察产品动作情况的试验。
	过负荷和短路保护试验	按照 GB/T 19826—2014 中 6.14.5 规定，模拟过载和短路故障，观察产品动作情况的试验。
	故障报警要求试验	按照 GB/T 19826—2014 中 6.14.6 规定，模拟故障，观察故障报警情况及触点输出情况的试验。
	监控装置检验	按照 GB/T 19826—2014 中 6.14.6 规定，检查监控装置的一般功能、控制功能、显示与检测功能、保护和故障管理的试验

表 C.5.2　充电屏现场抽查检测报告

中类	小类	说明
现场抽查报告时间（现场核实时间）		现场随机抽取产品进行试验检测的具体日期。
物料描述		以简短的文字、符号或数字、号码来代表物料、品名、规格或类别及其他有关事项的一种管理工具。
检测报告名称		检验机构应申请检验人的要求，对物品进行检验以后所出具的一种客观的书面证明。
检测报告编号		采用字母、数字混合字符组成的用以标识检测报告的完整的、格式化的一组代码，是检测报告上标注的唯一性标识。
检测报告是否满足要求		检测报告是否满足标准、规范或设计的要求。
检测报告扫描件		通过专用仪器扫描检测报告原件生成的 PDF 文件或电子图片。
不合格原因		对不合格的试验项目进行描述及分析。

表 C.5.2（续）

中类	小类	说明
出厂试验		用于确定产品是否符合出厂某一准则而进行的试验。
	结构及工艺检查	包括结构要求，表面涂敷层及系统模拟图要求，元件安装要求，母线、连接导线的要求，绝缘导线的敷设和连接，其他要求。
	结构要求	按照 GB/T 19826—2014 中 5.5.1 规定，产品的结构外形尺寸公差及形位公差应符合标准要求。
	表面涂敷层及系统模拟图要求	按照 GB/T 19826—2014 中 5.5.2 规定，产品表面涂敷层与系统模拟图应符合标准要求。
	元件安装要求	按照 GB/T 19826—2014 中 5.5.3 规定，产品元件安装应符合标准要求。
	母线、连接导线的要求	按照 GB/T 19826—2014 中 5.5.4 规定，产品母线、连接导线应符合标准要求。
	绝缘导线的敷设和连接	按照 GB/T 19826—2014 中 5.5.5 规定，产品绝缘导线的敷设和连接应符合标准要求。
	其他要求	其他的结构及工艺检查要求。
	稳流精度检验	按照 GB/T 19826—2014 中 6.3.2 规定，充电装置在恒流充电状态下，充电电流设定为该标准表 2 规定的整定范围内任一点，交流输入电压在 85%～120%额定值（电压表 2PV 所示值）内变化，调整充电电压在该标准表 2 规定的变化范围内变化，分别测量充电电流（电流表 1PA 所示值），找出上述变化范围内充电电流的极限值 I_M，按公式计算稳流精度的试验。
	稳压精度检验	电源输入端分别单独输入直流电源和单独输入交流电源进行的试验。
	纹波因数检验	脉动量直流电量的峰值与谷值之差的一半对直流分量的绝对值之比的试验。
	直流电流电压输出误差检验	包括充电电流整定误差试验、直流输出电压整定误差试验。
	充电电流整定误差试验	按照 GB/T 19826—2014 中 6.4.1 规定，充电装置在恒流充电状态下，充电电流设定在该标准表 2 规定的整定范围内，交流输入电压为额定值（电压表 2PV 所示值），调整充电电压在该标准表 2 规定的变化范围内的中间值，分别测量充电电流值 I_Z（电流表 1PA 所示值）的试验。
	直流输出电压整定误差试验	按照 GB/T 19826—2014 中 6.4.2 规定，电装置在稳压状态下，直流输出电压设定在该标准表 2 规定的整定范围内，交流输入电压为额定值（电压表 2PV 所示值），调整负载电流为 50%额定值（电流表 1PA 所示值），分别测量其充电装置的输出电压 U_Z（电压表 1PV 所示值）的试验。

表 C.5.2（续）

中类	小类	说明
	限流及限压特性检验	按照 GB/T 19826—2014 中 6.5 规定，充电装置在恒流充电状态下运行，调整负载电阻，使直流输出电压增加，当输出电压超过限压整定值时，应能自动限制输出直流电压的增加。充电装置在稳压状态下运行，调整负载电阻，使输出电流逐渐上升而超过限流整定值，充电装置将自动限制直流输出电流。当输出电流减小到限制电流以下时，能自动恢复工作的试验。
	均流不平衡度检验	按照 GB/T 19826—2014 中 6.7 规定，充电装置在浮充电状态下，调整高频开关电源模块总输出电流为 $50\%I_n$，测量各模块输出电流值的试验。
	杂音电压（直流变换电源装置）	用杂音计中电话衡重加权测量模式，选择输入阻抗，并选择适当的量程，读取并记录杂音计的最大电压测量读数的试验。
	控制母线的电压调节	按照 GB/T 19826—2014 中 6.12.3 规定，在装有硅链调压或其他调压装置的产品中，进行手动调压和自动调压试验。
	电气间隙及爬电距离检验	检验两个导电部件之间的最短直线距离和两导电部件之间沿绝缘材料表面的最短距离的试验。
	监控装置检验	按照 GB/T 19826—2014 中 6.14.6 规定，检查监控装置的一般功能、控制功能、显示与检测功能、保护和故障管理。
	报警及保护功能检验	包括绝缘监察要求试验、电压监察要求试验、闪光报警要求试验、过电压和欠电压保护试验、过负荷和短路保护试验、故障报警要求试验。
	绝缘监察要求试验	按照 GB/T 19826—2014 中 6.14.1 规定，模拟绝缘降低故障，观察绝缘监察装置的动作和触点输出等情况的试验。
	电压监察要求试验	按照 GB/T 19826—2014 中 6.14.2 规定，调整母线电压，观察电压监察装置的动作和触点输出等情况的试验。
	闪光报警要求试验	按照 GB/T 19826—2014 中 6.14.3 规定，观察闪光信号装置动作情况与相应配置的试验。
	过电压和欠电压保护试验	按照 GB/T 19826—2014 中 6.14.4 规定，分别调整输入电压为过电压和欠电压值，观察产品动作情况；分别调整输出电压为过电压和欠电压值，观察产品动作情况的试验。
	过负荷和短路保护试验	按照 GB/T 19826—2014 中 6.14.5 规定，模拟过负荷和短路故障，观察产品动作情况的试验。
	故障报警要求试验	按照 GB/T 19826—2014 中 6.14.6 规定，模拟故障，观察故障报警情况及触点输出情况的试验。
	产品的充电功能要求检验	按照 GB/T 19826—2014 中 6.17.2 规定，交流输入电压为额定电压，调整充电装置的充电电流值（铅酸蓄电池充电装置为 I_{10}），按蓄电池要求的充电方式进行充电，测量蓄电池每个单体电池的端电压和蓄电池组电压的试验。

表 C.5.2（续）

中类	小类	说明
	产品配置要求检验	检查产品配置要求的试验。
	绝缘电阻检验	在规定条件下，测量用绝缘材料隔开的两个导电元件之间的电阻。
	介电强度检验	验证设备的绝缘性能的试验。
	防触电措施检验	防止触电措施的检验。
	工频或直流耐压检验	工频耐受强度或直流耐受强度的试验。
	电压和电流调节范围检验	测量电压调节范围、充电电流调节范围、负荷电流调节范围的试验。
	输出电压整定误差检验	按照 GB/T 19826—2014 中 6.4.2 规定，电装置在稳压状态下，直流输出电压设定在该标准表 2 规定的整定范围内，交流输入电压为额定值（电压表 2PV 所示值），调整负载电流为 50%额定值（电流表 1PA 所示值），分别测量其充电装置的输出电压 U_Z（电压表 1PV 所示值），按公式计算整定误差

表 C.5.3　馈电屏现场抽查检测报告

中类	小类	说明
现场抽查报告时间（现场核实时间）		现场随机抽取产品进行试验检测的具体日期。
物料描述		以简短的文字、符号或数字、号码来代表物料、品名、规格或类别及其他有关事项的一种管理工具。
检测报告名称		检验机构应申请检验人的要求，对物品进行检验以后所出具的一种客观的书面证明。
检测报告编号		采用字母、数字混合字符组成的用以标识检测报告的完整的、格式化的一组代码，是检测报告上标注的唯一性标识。
检测报告是否满足要求		检测报告是否满足标准、规范或设计的要求。
检测报告扫描件		通过专用仪器扫描检测报告原件生成的 PDF 文件或电子图片。
不合格原因		对不合格的试验项目进行描述及分析。
出厂试验		用于确定产品其是否符合出厂某一准则而进行的试验。
	外观、结构要求检验	按照 GB/T 19826—2014 中 5.5.1 规定，产品的结构外形尺寸公差及形位公差应符合标准要求。
	配线、元器件及附件要求检验	检查接配线、元器件及附件是否符合标准的要求。
	电气间隙和爬电距离检验	检验两个导电部件之间的最短直线距离和两导电部件之间沿绝缘材料表面的最短距离。

表 **C**.5.3（续）

中类	小类	说明
	绝缘电阻检验	在规定条件下，测量用绝缘材料隔开的两个导电元件之间的电阻。
	介质强度检验	按照 GB/T 19826—2014 中 5.3.3 规定，能承受频率为（50±5）Hz 的工频耐压试验，历时 1min（也可采用直流电压，试验电压为交流电压有效值的 1.4 倍），不应出现击穿或闪络现象的试验。
	接地要求检验	为了保护系统的正常工作，在设备接地时对接地电阻提出要求的检验。
	防静电要求检验	防止静电措施的检验

表 **C**.5.4 逆变电源现场抽查检测报告

中类	小类	说明
现场抽查报告时间（现场核实时间）		现场随机抽取产品进行试验检测的具体日期。
物料描述		以简短的文字、符号或数字、号码来代表物料、品名、规格或类别及其他有关事项的一种管理工具。
检测报告名称		检验机构应申请检验人的要求，对物品进行检验以后所出具的一种客观的书面证明。
检测报告编号		采用字母、数字混合字符组成的用以标识检测报告的完整的、格式化的一组代码，是检测报告上标注的唯一性标识。
检测报告是否满足要求		检测报告是否满足标准、规范或设计的要求。
检测报告扫描件		通过专用仪器扫描检测报告原件生成的 PDF 文件或电子图片。
不合格原因		对不合格的试验项目进行描述及分析。
出厂试验		用于确定产品是否符合出厂某一准则而进行的试验。
	一般检查	包括设备配置检查，柜体结构及安装、外形尺寸、保护接地的检查，元器件检查应符合标准的要求。
	绝缘性能检验	检验电气绝缘材料或电工设备绝缘结构的介电强度（见介质击穿）的试验。
	电压不平衡度试验	按照 GB/T 19826—2014 中 6.9.6 规定，输入额定电压和频率，在阻性负载下，分别在对称负载和不对称负载下，测量三相输出的相电压，计算电压不平衡度的试验。
	电压相位偏差试验	按照 GB/T 19826—2014 中 6.9.7 规定，UPS 三相输出接平衡阻性额定负载，测量三相输出相电压的相位角的试验。
	稳压精度	电源输入端分别单独输入直流电源和单独输入交流电源进行的试验。

表 C.5.4（续）

中类	小类	说明
	过电压和欠电压保护	按照 GB/T 19826—2014 中 6.14.4 规定，分别调整输入电压为过电压和欠电压值，观察产品动作情况；分别调整输出电压为过电压和欠电压值，观察产品动作情况。
	保护及报警功能检验	包括绝缘监察要求试验、电压监察要求试验、闪光报警要求试验、过电压和欠电压保护试验、过负荷和短路保护试验、故障报警要求试验。
	绝缘监察要求试验	按照 GB/T 19826—2014 中 6.14.1 规定，模拟绝缘降低故障，观察绝缘监察装置的动作和触点输出等情况的试验。
	电压监察要求试验	按照 GB/T 19826—2014 中 6.14.2 规定，调整母线电压，观察电压监察装置的动作和触点输出等情况的试验。
	闪光报警要求试验	按照 GB/T 19826—2014 中 6.14.3 规定，观察闪光信号装置动作情况与相应配置的试验。
	过电压和欠电压保护试验	按照 GB/T 19826—2014 中 6.14.4 规定，分别调整输入电压为过电压和欠电压值，观察产品动作情况；分别调整输出电压为过电压和欠电压值，观察产品动作情况的试验。
	过负荷和短路保护试验	按照 GB/T 19826—2014 中 6.14.5 规定，模拟过负荷和短路故障，观察产品动作情况的试验。
	故障报警要求试验	按照 GB/T 19826—2014 中 6.14.6 规定，模拟故障，观察故障报警情况及触点输出情况的试验。
	"三遥"功能试验	包括遥测功能试验、遥信功能试验、遥控功能试验。
	遥测功能试验	按照 GB/T 19826—2014 中 6.16.3 规定，与通信接口连接的主站应能正确接收到当前运行状态下参数的试验。
	遥信功能试验	按照 GB/T 19826—2014 中 6.16.4 规定，模拟各种故障及动作信号，与产品通信接口连接的主站应能正确接收到各种相应的报警信号及设备运行状态指示信号。
	遥控功能试验	按照 GB/T 19826—2014 中 6.16.5 规定，与通信接口连接的主站应能对设备工作状态进行转换操作。
	显示和检测功能、通信功能	设备对运行参数的显示符合规定，对电压及电流的测量误差满足规定，遥测功能、遥控功能、遥信功能符合规定的试验

表 C.5.5 试验电源屏现场抽查检测报告

中类	小类	说明
现场抽查报告时间（现场核实时间）		现场随机抽取产品进行试验检测的具体日期。
物料描述		以简短的文字、符号或数字、号码来代表物料、品名、规格或类别及其他有关事项的一种管理工具。
检测报告名称		检验机构应申请检验人的要求，对物品进行检验以后所出具的一种客观的书面证明

表 C.5.5（续）

中类	小类	说明
检测报告编号		采用字母、数字混合字符组成的用以标识检测报告的完整的、格式化的一组代码，是检测报告上标注的唯一性标识。
检测报告是否满足要求		检测报告是否满足标准、规范或设计的要求。
检测报告扫描件		通过专用仪器扫描检测报告原件生成的 PDF 文件或电子图片。
不合格原因		对不合格的试验项目进行描述及分析。
出厂试验		用于确定产品是否符合出厂某一准则而进行的试验。
	一般检查（包括外观、电气配置、接线正确性检查）	检查外观、电气配置、接线正确性是否符合标准的要求。
	绝缘试验	在规定的条件和规定的时间下进行试验时，设备所能耐受的正弦工频电压有效值。
	电击防护和保护电路有效性的验证	防止成套设备内部故障、防止由成套设备供电的外部电路利用故障引起的后果。利用保护电路进行安全防护适用于电击防护措施中采用间接的防护。
	工频交流耐压试验	用于检验和评定电工设备绝缘耐受工频电压的考验。
	通电试验	通电试验开关、插座安装完毕后，且各条支路的绝缘电阻摇测合格后，向三相通入额定电压试运行

表 C.5.6　一体化电源系统、一体化（智能）电源系统现场抽查检测报告

中类	小类	说明
现场抽查报告时间（现场核实时间）		现场随机抽取产品进行试验检测的具体日期。
物料描述		物料描述以简短的文字、符号或数字、号码来代表物料、品名、规格或类别及其他有关事项的一种管理工具。
检测报告名称		检验机构应申请检验人的要求，对物品进行检验以后所出具的一种客观的书面证明。
检测报告编号		采用字母、数字混合字符组成的用以标识检测报告的完整的、格式化的一组代码，是检测报告上标注的唯一性标识。
检测报告是否满足要求		检测报告是否满足标准、规范或设计的要求。
检测报告扫描件		通过专用仪器扫描检测报告原件生成的 PDF 文件或电子图片。
不合格原因		对不合格的试验项目进行描述及分析。
出厂试验		用于确定产品是否符合出厂某一准则而进行的试验。

表 C.5.6（续）

中类	小类	说明
	一般检查	检查外观、电气配置、接线正确性应符合标准的要求。
	电气间隙和爬电距离检验	检验两个导电部件之间的最短直线距离和两导电部件之间沿绝缘材料表面的最短距离。
	电气绝缘性能试验	检验电气绝缘材料或电工设备绝缘结构的介电强度（见介质击穿）的试验。
	并机均流性能检验	按照 GB/T 19826—2014 中 6.9.7 规定，电源输入为额定值，输出负载电流分别为额定值的 50% 和 100%，测量各个单元的输出电流，按公式计算负载电流不均衡度。
	监控装置检验	按照 GB/T 19826—2014 中 6.14.6 规定，检查监控装置的一般功能、控制功能、显示与检测功能、保护和故障管理。
	电压和电流调节范围检验	测量电压调节范围、充电电流调节范围、负荷电流调节范围的试验。
	遥测及显示功能测试	按照 GB/T 19826—2014 中 6.16.3 规定，与通信接口连接的主站应能正确接收到当前运行状态下的参数。
	遥信及遥控功能测试	遥信功能测试按照 GB/T 19826—2014 中 6.16.4 规定，模拟各种故障及动作信号，与产品通信接口连接的主站应能正确接收到各种相应的报警信号及设备运行状态指示信号。遥控功能测试按照 GB/T 19826—2014 中 6.16.5 规定，与通信接口连接的主站应能对设备工作状态进行转换操作。
	稳流精度测试	按照 GB/T 19826—2014 中 6.3.2 规定，充电装置在恒流充电状态下，充电电流设定为该标准表 2 规定的整定范围内任一点，交流输入电压在 85%～120% 额定值（电压表 2PV 所示值）内变化，调整充电电压在该标准表 2 规定的变化范围内变化，分别测量充电电流（电流表 1PA 所示值），找出上述变化范围内充电电流的极限值 I_m，按公式计算稳流精度。
	稳压精度测试	电源输入端分别单独输入直流电源和单独输入交流电源进行的试验。
	绝缘监察测试	利用绝缘监测装置监测直流电源的电压和电流的试验。
	充电机限流及限压测试	按照 GB/T 19826—2014 中 6.5 规定，充电装置在恒流充电状态下运行，调整负载电阻，使直流输出电压增加，当输出电压超过限压整定值时，应能自动限制输出直流电压的增加。充电装置在稳压状态下运行，调整负载电阻，使输出电流逐渐上升而超过限流整定值，充电装置将自动限制直流输出电流。当输出电流减小到限制电流以下时，能自动恢复工作。
	纹波系数测试	按照 DL/T 459—2017 中 3.1.12 规定，脉动直流电量的峰值与谷值之差的一半，与直流电量平均值之比。
	保护及报警功能检验	包括绝缘监察要求试验、电压监察要求试验、闪光报警要求试验、过电压和欠电压保护试验、过负荷和短路保护试验、故障报警要求试验。

表 C.5.6（续）

中类	小类	说明
	绝缘监察要求试验	按照 GB/T 19826—2014 中 6.14.1 规定，模拟绝缘降低故障，观察绝缘监察装置的动作和触点输出等情况的试验。
	电压监察要求试验	按照 GB/T 19826—2014 中 6.14.2 规定，调整母线电压，观察电压监察装置的动作和触点输出等情况的试验。
	闪光报警要求试验	按照 GB/T 19826—2014 中 6.14.3 规定，观察闪光信号装置动作情况与相应的配置的试验。
	过电压和欠电压保护试验	按照 GB/T 19826—2014 中 6.14.4 规定，分别调整输入电压为过电压和欠电压值，观察产品动作情况；分别调整输出电压为过电压和欠电压值，观察产品动作情况的试验。
	过负荷和短路保护试验	按照 GB/T 19826—2014 中 6.14.5 规定，模拟过负荷和短路故障，观察产品动作情况的试验。
	故障报警要求试验	按照 GB/T 19826—2014 中 6.14.6 规定，模拟故障，观察故障报警情况及触点输出情况的试验。
	控制程序测试	按照一定的步骤、一定的反应方式执行一定的操作的测试。
	蓄电池测试仪测试	利用蓄电池测试仪对蓄电池进行的测试试验。
	交流系统切换及输出测试	通过设置相应的电压或电流为变量，赋予变量一定的变化步长，并且选择合适的试验方式，方便测试各种电压电流保护的动作值、返回值，以及动作时间和返回时间等的试验。
	通信电源输出测试	包括动态测试和稳态测试。
	动态测试	主要是测试通信电源的负载忽然改变的时候，它输出的电压波形变化是怎样的，通过这个测试，可以检查通信电源的动态特性和能量反馈时通过的路线。
	稳态测试	在空载的情况下，或者百分之五十、百分之百额定负载条件下，测试通信电源的输入、输出时的相电压和线电压，以及功率因素、效率等一系列数据的测试。
	UPS 电源输出测试	包括输出过电压试验、输出电压周期性变化试验。
	输出过电压试验	按照 GB/T 7260.503—2020 中 6.4.2.6 规定，输出过电压保护应通过将输出电压提高至高于宣称的额定电压、稳态电压变化上限值以附加 5%的总和，或提高至制造商与买方商定的值检查的试验。
	输出电压周期性变化试验	按照 GB/T 7260.503—2020 中 6.4.2.7 规定，应在不同负载和运行条件下通过记录电压检查的试验。
	UPS 掉电测试	UPS 因断电、失电或电的质量达不到要求而不能正常工作的测试

表 C.5.7　直流电源系统现场抽查检测报告

中类	小类	说明
现场抽查报告时间（现场核实时间）		现场随机抽取产品进行试验检测的具体日期。
物料描述		以简短的文字、符号或数字、号码来代表物料、品名、规格或类别及其他有关事项的一种管理工具。
检测报告名称		检验机构应申请检验人的要求，对物品进行检验以后所出具的一种客观的书面证明。
检测报告编号		采用字母、数字混合字符组成的用以标识检测报告的完整的、格式化的一组代码，是检测报告上标注的唯一性标识。
检测报告是否满足要求		检测报告是否满足标准、规范或设计的要求。
检测报告扫描件		通过专用仪器扫描检测报告原件生成的 PDF 文件或电子图片。
不合格原因		对不合格的试验项目进行描述及分析。
出厂试验		用于确定产品是否符合出厂某一准则而进行的试验。
	结构及工艺检查	包括结构要求，表面涂敷层及系统模拟图要求，元件安装要求，母线、连接导线的要求，绝缘导线的敷设和连接，其他要求。
	结构要求	按照 GB/T 19826—2014 中 5.5.1 规定，产品的结构外形尺寸公差及形位公差应符合标准要求。
	表面涂敷层及系统模拟图要求	按照 GB/T 19826—2014 中 5.5.2 规定，产品表面涂敷层与系统模拟图应符合标准要求。
	元件安装要求	按照 GB/T 19826—2014 中 5.5.3 规定，产品元件安装应符合标准要求。
	母线、连接导线的要求	按照 GB/T 19826—2014 中 5.5.4 规定，产品母线、连接导线应符合标准要求。
	绝缘导线的敷设和连接	按照 GB/T 19826—2014 中 5.5.5 规定，产品绝缘导线的敷设和连接应符合标准要求。
	其他要求	其他的结构及工艺检查要求。
	稳流精度检验	按照 GB/T 19826—2014 中 6.3.2 规定，充电装置在恒流充电状态下，充电电流设定为该标准表 2 规定的整定范围内任一点，交流输入电压在 85%～120% 额定值（电压表 2PV 所示值）内变化，调整充电电压在该标准表 2 规定的变化范围内变化，分别测量充电电流（电流表 1PA 所示值），找出上述变化范围内充电电流的极限值 I_M，按公式计算稳流精度。
	稳压精度检验	电源输入端分别单独输入直流电源和单独输入交流电源进行的试验。
	纹波因数检验	脉动量直流电量的峰值与谷值之差的一半对直流分量的绝对值之比的试验。

表 C.5.7（续）

中类	小类	说明
	直流电流电压输出误差检验	包括充电电流整定误差试验、直流输出电压整定误差试验。
	充电电流整定误差试验	按照 GB/T 19826—2014 中 6.4.1 规定，充电装置在恒流充电状态下，充电电流设定在该标准表 2 规定的整定范围内，交流输入电压为额定值（电压表 2PV 所示值），调整充电电压在该标准表 2 规定的变化范围内的中间值，分别测量充电电流值 I_z（电流表 1PA 所示值）的试验。
	直流输出电压整定误差试验	按照 GB/T 19826—2014 中 6.4.2 规定，电装置在稳压状态下，直流输出电压设定在该标准表 2 规定的整定范围内，交流输入电压为额定值（电压表 2PV 所示值），调整负载电流为 50%额定值（电流表 1PA 所示值），分别测量其充电装置的输出电压 U_z（电压表 1PV 所示值）的试验。
	限流及限压特性检验	按照 GB/T 19826—2014 中 6.5 规定，充电装置在恒流充电状态下运行，调整负载电阻，使直流输出电压增加，当输出电压超过限压整定值时，应能自动限制输出直流电压的增加。充电装置在稳压状态下运行，调整负载电阻，使输出电流逐渐上升而超过限流整定值，充电装置将自动限制直流输出电压。当输出电流减小到限制电流以下时，能自动恢复工作。
	充电电流整定误差试验	按照 GB/T 19826—2014 中 6.4.1 规定，充电装置在恒流充电状态下，充电电流设定在该标准表 2 规定的整定范围内，交流输入电压为额定值（电压表 2PV 所示值），调整充电电压在该标准表 2 规定的变化范围内的中间值，分别测量充电电流值 I_z（电流表 1PA 所示值）的试验。
	直流输出电压整定误差试验	按照 GB/T 19826—2014 中 6.4.2 规定，电装置在稳压状态下，直流输出电压设定在该标准表 2 规定的整定范围内，交流输入电压为额定值（电压表 2PV 所示值），调整负载电流为 50%额定值（电流表 1PA 所示值），分别测量其充电装置的输出电压 U_z（电压表 1PV 所示值）的试验。
	限流及限压特性检验	按照 GB/T 19826—2014 中 6.5 规定，充电装置在恒流充电状态下运行，调整负载电阻，使直流输出电压增加，当输出电压超过限压整定值时，应能自动限制输出直流电压的增加。充电装置在稳压状态下运行，调整负载电阻，使输出电流逐渐上升而超过限流整定值，充电装置将自动限制直流输出电流。当输出电流减小到限制电流以下时，能自动恢复工作。
	均流不平衡度检验	按照 GB/T 19826—2014 中 6.7 规定，充电装置在浮充电状态下，调整高频开关电源模块总输出电流为 $50\%I_n$，测量各模块输出电流值的试验。

表 C.5.7（续）

中类	小类	说明
	同步精度检验（交流不间断电源和逆变电源）	旁路输入为标准正弦波，交流不间断电源和逆变电源输出接阻性额定负载，当交流不间断电源和逆变电源与旁路输入同步后，用存储示波器测量旁路输入波形和 UPS 输出波形的相位差，按公式计算同步精度。
	频率检验（交流不间断电源和逆变电源）	按照 GB/T 19826—2014 中 6.9.5 规定，断开 UPS 或 INV 的旁路输入，在阻性额定负载下，测量出输出频率。
	电压不平衡度检验（交流不间断电源和逆变电源）	按照 GB/T 19826—2014 中 6.9.6 规定，输入额定电压和频率，在阻性负载下，分别在对称负载和不对称负载下，测量三相输出的相电压，计算电压不平衡度。
	电压相位偏差检验（交流不间断电源和逆变电源）	交流不间断电源和逆变电源三相输出接平衡阻性额定负载，测量三相输出相电压的相位角。
	电压波形失真度检验（交流不间断电源和逆变电源）	按照 GB/T 19826—2014 中 6.9.8 规定，在电源输入分别为交流输入和直流输入下测试，电源在逆变输出工作状态，在空载、阻性额定负载及非线性额定负载（三相为平衡负载）条件下，测量出输出电压波形失真度。
	总切换时间检验（交流不间断电源和逆变电源）	按照 GB/T 19826—2014 中 6.9.8 规定，在电源输入分别为交流输入和直流输入下测试，电源在逆变输出工作状态，在空载、阻性额定负载及非线性额定负载（三相为平衡负载）条件下，测量出输出电压波形失真度。
	交流旁路输入要求检验（交流不间断电源和逆变电源）	按照 GB/T 1074—2019 中 6.9.12 规定，在输入交流电压为额定值和阻性额定负载（三相为平衡负载）的情况下，其输出电压调压范围和稳压精度应符合标准的要求。
	蓄电池组容量检验	按照 DL/T 1074—2019 中 6.7 规定，将蓄电池组充满电，充电装置停止工作。按该标准表 4 规定的放电电流恒流放电，测量蓄电池组中每只蓄电池的端电压。记录首只蓄电池达到放电终止电压时的放电时间，并依此时间计算蓄电池组的容量（Ah）的试验。
	控制母线的电压调节功能检验	按照 GB/T 19826—2014 中 6.12.3 规定，在装有硅链调压或其他调压装置的产品中，进行手动调压和自动调压试验。
	监控装置检验	按照 GB/T 19826—2014 中 6.14.6 规定，检查监控装置的一般功能、控制功能、显示与检测功能、保护和故障管理。
	报警及保护功能检验	包括绝缘监察要求试验、电压监察要求试验、闪光报警要求试验、过电压和欠电压保护试验、过负荷和短路保护试验、故障报警要求试验。
	绝缘监察要求试验	按照 GB/T 19826—2014 中 6.14.1 规定，模拟绝缘降低故障，观察绝缘监察装置的动作和触点输出等情况的试验。
	电压监察要求试验	按照 GB/T 19826—2014 中 6.14.2 规定，调整母线电压，观察电压监察装置的动作和触点输出等情况的试验。

表 C.5.7（续）

中类	小类	说明
	闪光报警要求试验	按照 GB/T 19826—2014 中 6.14.3 规定，观察闪光信号装置动作情况与相应的配置的试验。
	过电压和欠电压保护试验	按照 GB/T 19826—2014 中 6.14.4 规定，分别调整输入电压为过电压和欠电压值，观察产品动作情况；分别调整输出电压为过电压和欠电压值，观察产品动作情况的试验。
	过负荷和短路保护试验	按照 GB/T 19826—2014 中 6.14.5 规定，模拟过载和短路故障，观察产品动作情况的试验。
	故障报警要求试验	按照 GB/T 19826—2014 中 6.14.6 规定，模拟故障，观察故障报警情况及触点输出情况的试验。
	通信功能要求检验	包括遥测功能试验、遥信功能试验、遥控功能试验。
	产品的充电功能要求检验	按照 GB/T 19826—2014 中 6.17.2 规定，交流输入电压为额定电压，调整充电装置的充电电流值（铅酸蓄电池充电装置为 I_{10}），按蓄电池要求的充电方式进行充电，测量蓄电池每个单体电池的端电压和蓄电池组电压的试验。
	产品配置要求检验	检查产品配置要求的试验。
	绝缘电阻试验	在规定条件下，测量用绝缘材料隔开的两个导电元件之间的电阻。
	介电强度检验	验证设备的绝缘性能的试验。
	防触电措施检验	防止触电措施的检验

表 C.5.8　蓄电池组现场抽查检测报告

中类	小类	说明
现场抽查报告时间（现场核实时间）		现场随机抽取产品进行试验检测的具体日期。
物料描述		物料描述以简短的文字、符号或数字、号码来代表物料、品名、规格或类别及其他有关事项的一种管理工具。
检测报告名称		检验机构应申请检验人的要求，对物品进行检验以后所出具的一种客观的书面证明。
检测报告编号		采用字母、数字混合字符组成的用以标识检测报告的完整的、格式化的一组代码，是检测报告上标注的唯一性标识。
检测报告是否满足要求		检测报告是否满足标准、规范或设计的要求。
检测报告扫描件		通过专用仪器扫描检测报告原件生成的 PDF 文件或电子图片。
不合格原因		对不合格的试验项目进行描述及分析。

表 C.5.8（续）

中类	小类	说明
出厂试验		用于确定产品是否符合出厂某一准则而进行的试验。
	外观、极性及尺寸检查	用目视检查蓄电池外观质量，用目视或反极仪器检查蓄电池极性，用符合精度的量具测量蓄电池外形尺寸的试验。
	密封性检查	按照 GB/T 19638.1—2014 中 6.6 规定，通过蓄电池安全阀的孔内冲入（或抽出）气体，当正压力（或负压力）为 50kPa 时，压力计指针应稳定 3～5s 的试验。
	容量性能试验	用放电电流值 I（A）乘以放电持续时间 T（h）。
	端电压均衡性试验	按照 GB/T 19638.1—2014 中 6.16.1 规定，完全充电蓄电池组在 20℃～25℃的环境中开路静置 24h，分别测量和记录每只蓄电池的开路端电压值（测量点在端子处），计算开路端电压最高值与最低值差值的试验。
	内阻试验	蓄电池组表面温度与环境温度基本一致时，通过两点测定法测定每只蓄电池的内阻的试验

附 录 D
（规范性）
原 材 料/组 部 件

原材料/组部件的信息应符合表 D.1。

表 **D**.1 原材料/组部件

中类	小类	说明
原材料/组部件名称		生产某种产品的基本原料的名称，或产品的组成部件的名称。
	显示屏	将一定的电子文件通过特定的传输设备显示到屏幕上的显示工具。
	电容	容纳电荷的能力。
	变压器	利用电磁感应的原理来改变交流电压的装置。
	电阻	描述导体导电性能的物理量。
	断路器	能够关合、承载和开断正常回路条件下的电流并能在规定的时间内关合、承载和开断异常回路条件下的电流的开关装置。
	蓄电池监测模块	监测蓄电池的模块。
	电源模块	将电源输入转换为稳定的电压输出，以满足电子设备的需求。
	电度表	用来测量电能消耗量的仪器。
	直流馈线监测模块	监测直流供电线路的模块。
	安全阀	起到安全保护的阀门。
	槽盖	线槽的盖板。
	极柱	一端直接与汇流排连接，另一端或与外部导体连接，或与电池组中相邻的单体电池的一极连接的部件。
原材料/组部件规格型号		反映原材料/组部件的性质、性能、品质等一系列的指标，一般由一组字母和数字以一定的规律编号组成，如品牌、等级、成分、含量、纯度、大小（尺寸、重量）等。
原材料/组部件制造商名称		所使用的原材料/组部件的制造商的名称。
原材料/组部件国产/进口		所使用的原材料/组部件是国产或进口。
	国产	本国（中国）生产的原材料或组部件。
	进口	向非本国居民购买生产或消费所需的原材料、产品、服务。

表 **D**.1（续）

中类	小类	说明
检测方式		为确定某一物质的性质、特征、组成等而进行的试验，或根据一定的要求和标准来检查试验对象品质的优良程度的方式。
	本厂全检	由本厂（公司、集团等）实施，对整批产品逐个进行检验，把其中的不合格品拣出来。
	本厂抽检	由本厂（公司、集团等）实施，从一批产品中按照一定规则随机抽取少量产品（样本）进行检验，据以判断该批产品是否合格的统计方法和理论。
	委外全检	委托给其他具有相关资质的单位实施，对整批产品逐个进行检验，把其中的不合格品拣出来。
	委外抽检	委托给其他具有相关资质的单位实施，从一批产品中按照一定规则随机抽取少量产品（样本）进行检验，据以判断该批产品是否合格的统计方法和理论。
	不检	不用检查或没有检查。
原材料/组部件入厂检测项目		原材料/组部件入厂时进行检测的项目名称。
原材料/组部件入厂检验是否具有可追溯性		追溯所考虑对象的历史、应用情况或所处场所的能力。
	具有	原材料/组部件入厂检验具有可追溯性。
	不具有	原材料/组部件入厂检验不具有可追溯性。
原材料/组部件供应方式		物资从生产领域生产出来之后，经过交换流向用户所采取的方式。
	自制	自行制定、自己制造。
	外购	向外界购买，是为了与外包相对应而出现的词汇，其实含义与采购相同，只是外购在国际贸易中用的更多。
	外协	外包的一种形式，主要指受组织控制，由外协单位使用自己的场地、工具等要素，按组织提供的原材料、图纸、检验规程、验收准则等进行产品和服务的生产和提供，并由组织验收的过程。
	其他	其他的供应方式